R.M.S. TITANIC

LA DECOUVERTE DU
TITANIC

LA DECOUVERTE DU
TITANIC

Pr. Robert D. Ballard

en collaboration avec
Rick Archbold

Introduction par Walter Lord

Illustrations du Titanic
par Ken Marschall

Traduit de l'anglais
par Pierre Reyss

Glénat / **Madison Press**

ISBN 2.7234.0867-1

Imprimé en Italy

Produit par Madison Press, 40 Madison Avenue
        Toronto, Ontario, Canada M5R 2S1

Sommaire

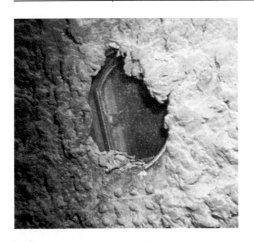

Le Titanic *prêt pour son lancement
des chantiers navals Harland & Wolff.*

Introduction
par Walter Lord

EST-CE L'IMMENSITÉ DU DÉSASTRE — LE PLUS GRAND NAVIRE DU MONDE, RÉPUTÉ insubmersible, partant pour son voyage inaugural et entraînant dans une mort terrifiante tant de vies humaines ? Est-ce la fatalité d'une tragédie grecque qui baigne, tout au long, cette histoire ? Si seulement, on avait tenu compte des alarmes..!! Si seulement il avait emporté assez d'embarcations de sauvetage..!! Si seulement... Si seulement...! Traduit-il la moralité inexprimée, l'éternel axiome qui veut que l'orgueil conduise à la chute ? Ou bien, est-ce parce qu'il symbolise emphatiquement la fin de l'Epoque Edwardienne, le dernier regard nostalgique sur tout un art de vivre ?

Tout s'y retrouve mais ce tout ne suffit pas. Récemment, j'ai appris que « *A Night to Remember* » le petit livre que j'avais écrit sur le *Titanic*, voici plus de trente ans, allait être édité en Bulgarie. Je doute vraiment qu'il y ait encore tant de Bulgares à s'intéresser encore au déclin et à la chute de l'ère Edwardienne...

Non ! La fascination qu'il exerce sur nous est plus universelle et la pensée nous vient que le *Titanic* est le modèle du symbôle auquel nous pouvons tous nous raccrocher : la progression de tous les drames de notre vie depuis l'innocence originelle jusqu'à la totale prise de conscience de notre fin, passant par l'inquiétude grandissante. Cet enchainement nous est familier et nous le voyons se dérouler, encore et encore, avec le *Titanic*, comme un film au ralenti.

Au début, c'est le refus de croire que la gravité de la situation est une menace — les parties de cartes se poursuivant dans le fumoir, les jeux de ballon sur le pont, avec les glaçons tombés de l'iceberg — vient ensuite la lente émergence du danger — la gîte accentuée des ponts, le tir des fusées de détresse. Enfin, enfin seulement, la perception de ce que la fin est proche, inéluctablement. Pétrifiés, nous guettons les réactions diverses de la foule : les Strauss qui s'embrassent, l'orchestre qui continue de jouer, les mécaniciens qui s'efforcent de conserver l'éclairage. Nous nous demandons ce que nous, nous ferions.

Quelle que soit l'explication, la fascination demeure. D'où l'excitation générale lorsque, en 1985, tomba la nouvelle de ce que l'expédition conduite par le Pr. Robert D. Ballard, de l'Institut Océanographique de Woods Hole, et par Jean-Louis Michel, de l'IFREMER, avait localisé l'épave.

D'abord, j'avais craint que la découverte ne rompe le charme. Une partie de l'envoûtement paraissait dépendre de ce grand vaisseau, toujours superbement troublant jusque dans ses derniers instants, s'engloutissant à jamais dans la mer. Les magnifiques photographies de l'étrave fantômatique ont leur propre puissance d'évocation qui nous hante. Plus tard, les gros-plans pris lors de l'expédition de 1986 composeraient un tableau vivant : un bossoir vide, un hublot ouvert, le nid-de-pie. Et à quelle petite fille appartenait la poupée dont la tête apparaît si nettement sur une vue prise près de l'étambot ?

Aujourd'hui, ces photographies sensationnelles ont été rassemblées en un album. En les admirant, et en lisant le récit de l'expédition, nous pouvons comprendre pourquoi Robert D. Ballard lui-même a succombé à la magie du *Titanic*. Initialement, la recherche était pour lui, principalement, un défi professionnel — l'Everest d'un plongeur — mais, remontant de sa dernière plongée, il éprouvait une émotion différente :

« Un sentiment mélancolique de vide m'enveloppa. Comment pouvais-je ressentir cette sensation de manque ? me demandai-je. Après tout, le *Titanic* n'était en dernière analyse qu'une grande épave dans les abysses. Notre mission avait été un succès technologique. J'aurais dû en être profondément heureux. Au lieu de cela, je me sentais comme un bachelier disant adieu à sa petite amie attitrée avant d'entrer à l'Université. Je voulais tourner mes regards vers l'avenir mais je ne pouvais m'empêcher de me pencher sur le passé. »

Notre impression est la même, lorsque la dernière page de ce livre magnifique est tournée. La mystique du *Titanic* demeure.

Le navire de recherches océaniques
Knorr *de nuit.*

CHAPITRE 1

En quête d'une légende

L E NAVIRE DE RECHERCHE *KNORR* ROULAIT ET TANGUAIT DANS LA houle de l'océan tandis que je m'appuyais au bastingage, scrutant l'obscurité. J'étais épuisé — une accumulation de fatigue et de désespoir naissant — Nous bouclions notre cinquième semaine à la recherche du *Titanic* ; il ne restait que cinq jours à courir et toujours rien en vue. Tout ce que nous avions vu jusqu'ici était le panorama d'une étendue sans fin d'océan et les images d'un fond stérile boueux défilant sous notre quille. M'attendai-je à voir le fantôme du *Titanic* surgir dans le noir ? J'imaginais Fred Fleet, veilleur sur le *Titanic*, arrivant au terme de son quart par une claire nuit sans lune : il aperçut subitement quelque chose droit devant, s'approchant rapidement. Il eut à peine le temps de réagir...

Comme en cette nuit fatale d'avril, soixante treize ans auparavant, l'air était frisquet. L'été est fugitif dans l'Atlantique Nord ; et la rembarde était froide et humide au toucher. A travers l'acier froid, je pouvais sentir les vibrations des puissants moteurs du *Knorr*, alors qu'ils propulsaient laborieusement le navire à la vitesse de 1,5 nœud.

Le 31 août 1985, *la majeure partie du temps fixé s'était écoulée et aucun indice du* Titanic *n'était en vue.*

Une fois de plus, je réfléchissais à l'incongruité de notre mission : localiser une épave sous deux miles et demi d'eau salée, au milieu de nulle part... C'était bien pire que de rechercher une aiguille dans une meule de foin, et jusqu'ici, j'avais eu l'ingénuité de penser que trouver le *Titanic* serait chose facile avec l'équipement et le personnel adéquats. Pour cette expédition, nous avions les deux. Qu'est-ce qui avait mal marché ?

Ensemble mon co-chef de mission français Jean-Louis Michel et moi-même avions soigneusement préparé notre expédition pour retrouver l'épave légendaire du « R.M.S. *Titanic* » (R.M.S. : Royal Mail Ship : Paquebot-poste) perdu corps et biens en 1912. Nous avions fidèlement suivi notre plan. Mais le temps avait couru en vain. Avions-nous, d'une manière ou d'une autre, manqué l'épave ? Cherchions-nous au mauvais endroit ? Allions-nous revenir les mains vides, comme les trois expéditions lancées avant la nôtre ? Je savais qu'un échec me serait très dur. Je n'aime jamais perdre. De plus, j'avais beaucoup sacrifié à mon combat pour réaliser ce rêve qui me hantait depuis 12 ans.

Je me dirigeais, perdu dans mes pensées, vers la plate-forme arrière déserte du *Knorr*. Un peu plus loin gisait la longue forme inanimée de ANGUS, sa peinture blanche luisant doucement sous les lumières du pont. Ce n'était pas une compagnie très vivante mais nous entendions utiliser ce traîneau de tubes d'acier et d'appareils photo pour prendre de belles vues de l'épave — si nous la trouvions ! Au-delà de ANGUS, je pouvais à peine distinguer la silhouette encore plus fantômatique de la grue du *Knorr* avec laquelle nous mettions à l'eau et repêchions ANGUS et son petit frère *Argo*, un autre traîneau équipé de caméras de télévision pour filmer en étant tracté à quelques pieds au-dessus du fond de la mer. Dans l'état d'esprit où je me trouvais, la grue ressemblait à un bras plié au coude et prêt à frapper. Pour le moment, *Argo* était hors de toute vue, traînant juste au-dessus du fond de l'océan, au bout d'un mince câble. Avec ses objectifs vidéo perfectionnés, il accomplissait de jour et de nuit notre quête du *Titanic*. Pendant ce temps, j'attendais, pensant tristement au profond fossé qui sépare le stéréotype exaltant de l'aventure sous-marine et l'engourdissante réalité de notre quête monotone et sans fin.

Quelques mètres plus loin, un cube trapu se détachait dans l'obscurité. C'était la salle de contrôle, le centre nerveux de notre mission. Tout ce que j'avais à faire était de m'y diriger, d'ouvrir la porte et entrer alors dans un monde de lumière, de chaleur et d'amitié. Le magnétophone débitait sans doute quelque musique douce et les événements journaliers du bord y étaient passés en revue. Comme je n'y étais pas, il devait s'y faire entendre, probablement, l'inévitable ronchonnement. Le moral était à son plus bas niveau et certains membres de l'équipage avaient commencé à se poser des questions sur notre stratégie d'exploration.

Qu'en était-il, au fond, du *Titanic* ? Pourquoi exerce-t-il une si puissante attraction sur tant de gens ? J'avais certainement attrapé le virus, alors que je passais pour un scientifique à grosse tête, invoquant la présence d'une épave comme prétexte à l'expérimentation de quelque nouveau matériel sophistiqué. Mais, depuis longtemps, le *Titanic* avait cessé d'être considéré comme une épave banale.

Le paquebot transatlantique « R.M.S. Titanic » à son voyage inaugural.

Dans l'imagination populaire, les événements de la nuit du 14 avril 1912 s'étaient transformés en un exemple hautement moral d'un orgueil mal placé aboutissant inéluctablement à un destin tragique. Un grand paquebot, le plus vaste et le plus luxueux jamais construit, appareille pour son voyage inaugural. Il est solidement réputé « insubmersible », encore que ni ses constructeurs ni ses armateurs l'aient jamais affirmé, et il n'emporte pas suffisamment d'embarcations de sauvetage... A son bord sont rassemblés les plus beaux fleurons de la société anglaise et américaine : les célébrités d'une époque qui croient aux vertus d'une monnaie forte et du sang bleu. Aux commandes se trouve un capitaine, un vétéran, dont l'assurance symbolise la confiance que les passagers éprouvent dans le monde qu'ils dirigent. Malgré de nombreux avertissements sur la présence de glaces au long de sa route, il ne réduira pas sa vitesse et ne prendra qu'un minimum de précautions. Il a tant de fois déjà parcouru ce trajet où les glaces sont chose fréquente en avril.

Le navire aborda l'iceberg à pleine vitesse, sans brutalité mais sans rémission... et il commença à couler. Au début, les passagers furent simplement surpris, prenant l'incident pour une diversion dans la routine de la vie quotidienne à bord. Mais lorsque le vaisseau commença à accuser une inclinaison prononcée vers l'avant et à prendre une gîte, faible mais sensible, sur tribord, ils se préparèrent, non sans répugnance, à embarquer dans les chaloupes de sauvetage dont plusieurs prirent le large à moitié pleines. Moins de trois heures plus tard, le grand paquebot avait disparu dans les eaux glacées de l'Atlantique nord. Sur plus de 2 200 personnes à bord, 705 à peine furent sauvées. Désormais, le monde ne paraîtrait plus jamais aussi ferme et fiable.

Sur le coup, le désastre fit sensation. Pourtant les gens d'alors étaient trop proches du sinistre pour deviner qu'il deviendrait le symbole de la fin d'une époque et de la naissance d'une autre. Ils furent suffoqués d'horreur devant l'immensité de la tragédie où s'additionnaient le nombre de vies humaines perdues, la taille du navire et les convictions qui avaient sombré avec lui. Avec le temps, le naufrage du *Titanic* viendrait à être considéré comme le jour de notre siècle où le monde perdit son innocence et son sens des certitudes. En cette fin de l'âge post-Edwardien, avant le carnage de la Première Guerre Mondiale, les peuples avaient foi en leurs croyances. Comme Walter Lord l'a éloquemment écrit dans son livre récent « *The night lives on* » : « En 1912, les gens avaient confiance. Maintenant, personne n'est plus sûr de rien et, plus nos convictions vacillent, plus nous plaçons d'espoir dans des jours meilleurs, pareils à ceux où nous pensions trouver les réponses à nos questions. Le *Titanic* symbolise ces jours, ou, de façon plus poignante, leur fin. Plus les choses se dégradent aujourd'hui, plus nous pensons à lui et à tout ce qui s'est englouti avec lui... ».

Tout ce qui s'est englouti avec lui... Comme je me tenais à la poupe du *Knorr*, pas très loin de là où le *Titanic*, le vrai et non le vaisseau de la légende et des demi-vérités, avait sombré, je méditais sur la fascination persistante qu'il exerçait. Je me demandais ce que nous découvririons dans le noir absolu et sous l'écrasante pression qui règnent au-dessous de nous. En quel état se trouverait l'épave, si nous la localisions ? Quels bouleversements l'abîme aurait-il provoqués pendant toutes ces années ? Le *Titanic* avait-il coulé en un seul morceau, comme beaucoup d'autres épaves ? Cela paraissait probable. Reposait-il intact, au fond après une chute de deux miles et demi, ayant subi les incroyables pressions sous-marines et heurté le fond à une vitesse considérable ? Il y avait toutes raisons de le croire. Et le tremblement de terre des Grands Bancs, en 1929... aurait-il déclenché une avalanche, enfouissant l'épave sous des tonnes de boue, l'ensevelissant à tout jamais ?

J'avais rêvé que notre robot sous-marin, maintenant au point, pourrait descendre le Grand Escalier du *Titanic*. Mais que serait-il demeuré de cette magnifique architecture ? La Renault 1912 était-elle toujours arrimée dans la cale n° 2, attendant de parader dans la 5ᵉ Avenue ou, au contraire, ses pneumatiques avaient-ils été dévorés par les animalcules marins cependant que les aciers de son chassis s'étaient dissous en une ferraille méconnaissable ? Les lambris boisés de la salle à manger de première classe montraient-ils encore leur décoration délicate ? Et cette pensée plus macabre : y aurait-il encore des restes humains ?

Toutes ses questions risquaient de rester purement académiques si nous ne pouvions retrouver le navire. Je frissonnais et pris le chemin de ma cabine. Cinq jours encore et il faudrait regagner la terre ferme, comme des héros ou comme des vaincus. Peut-être, après tout, le *Titanic* était-il un navire maudit et notre expédition, malgré toute sa haute technologie, ne serait-elle que la dernière à en être la victime !

Nous avions tant investi dans cette aventure, tant d'années, tant d'argent, tant de travail ! Si nous devions échouer, nul doute que bon nombre de mes collègues scientifiques grommelleraient qu'on avait détourné les droits chemins de la Science vers la vaine gloriole et hors de ses voies... Et, néanmoins, il me faudrait faire bonne figure, confirmer à la Presse que le but officiel de la mission était de tester les qualités techniques de nos appareils de prises de vues sous-marines et que, le *Titanic* n'étant qu'un prétexte, les essais avaient été concluants.

Mais, pour moi, ç'aurait été du bluff. Traversant le laboratoire obscur, passant devant le sonar toujours en marche, par les coursives désertes, grimpant vers ma cabine, je savais que le sommeil ne me viendrait pas facilement. Trop de questions attendaient leur réponse.

Ce dessin d'imagination du Titanic *coulé parut peu après le naufrage.*

CHAPITRE 2

Cette nuit-là

D ANS LA CABINE RADIO DU R.M.S. *TITANIC*, LE CINQUIÈME JOUR DU voyage transatlantique inaugural, l'opérateur Jack Philipps était absorbé par le trafic du jour, principalement les messages personnels des ou pour les passagers. En 1912, la télégraphie sans fil était encore une nouveauté ; beaucoup de navires n'en étaient pas équipés ; et Philipps, avec son adjoint Harold Bride, comme employés de la Société Britannique Marconi ne dépendaient pas de la hiérarchie de l'équipage et ils ne suivaient aucune procédure réglementaire pour délivrer les messages à la passerelle.

A 9 heures du matin, ce dimanche 14 avril, la cabine radio capta un message du *Caronia* de la Compagnie Cunard signalant : « Icebergs grands et petits et banquise par 42° Nord « entre 49 et 51° Ouest ». Ce n'était pas le premier avertissement sur la présence de glaces reçu par le navire en cours de route et ce ne serait pas le dernier. Lorsqu'il eut un moment de répit, Bride porta le message à la timonerie où il fut probablement réceptionné par le 4e Officier Joseph G. Boxhall. Selon toute vraisemblance, Boxhall reporta les indications sur la carte.

Les Officiers de pont prêtèrent peu d'attention à cette nouvelle. La glace n'est pas rare dans ces parages de l'Atlantique Nord au cours des traversées d'avril et ils pensaient n'avoir aucune difficulté à repérer un iceberg à temps. Surtout, la mer était calme, le temps frais et ensoleillé et, par ailleurs, quel danger quelques glaçons pourraient-ils faire courir à leur magnifique vaisseau tout neuf ?

Ailleurs à bord, les passagers goûtaient les charmes d'une croisière transatlantique typique — lisant, écrivant des lettres, parcourant les ponts promenade, bavardant avec des amis ou de nouvelles connaissances, ou se reposant dans des chaises longues au soleil avec une tasse de bouillon et des biscuits. Comme c'était dimanche, des services religieux avaient été célébrés. Celui des passagers de première classe, à 10 heures 30, s'était tenu dans la salle à manger où il avait été présidé par l'imposant commandant, Edward J. Smith. A 62 ans, Smith devait prendre sa retraite après le voyage inaugural du *Titanic*, fin glorieuse d'une brillante carrière consacrée au service de la compagnie White Star Line. Aux yeux de cet aréopage de personnalités riches et titrées, Smith, par sa dignité et son assurance, devait paraître le meilleur des guides.

Les passagers de première classe embarqués sur le « *Titanic* » représentaient la fine fleur de la haute société anglo-américaine de l'époque. Le plus riche d'entre eux était incontestablement un colonel de 47 ans, John Jacob Astor, arrière-petit-fils d'un opulent marchand de fourrures qui avait multiplié la fortune familiale par des investissements immobiliers, notamment dans l'hôtellerie. Astor avait récemment défrayé la chronique scandaleuse lorsque sa femme avait demandé et obtenu le divorce et qu'il avait épousé en secondes noces une jeune New-Yorkaise de 18 ans. Lui et son épouse Madeline, qui était enceinte, revenaient d'un long voyage d'hiver qui les avait conduits en Egypte et en Europe où ils s'étaient cachés des journalistes.

Rejeton « playboy » d'une famille propriétaire de mines et de fonderies,

(Ci-dessus) le commandant Edward J. Smith, photographié ici à bord du jumeau du Titanic, *le paquebot* Olympic.

(Ci-contre) le Titanic *arborant le grand pavois, accosté au quai de la compagnie White Star Line à Southampton, le vendredi saint, 5 avril 1912, cinq jours avant d'appareiller pour son voyage inaugural.*

Benjamin Guggenheim était aussi du voyage. De même que, accompagné de sa femme Ida, Isidor Strauss, le propriétaire de Macy's, le plus grand magasin à succursales multiples du monde. La liste des Crésus s'achevait sur Georges Widener, de Philadelphie, voyageant avec son épouse et Harry, leur fils de 27 ans, Les Widener avaient accumulé une énorme fortune en construisant des tramways.

Outre ces « Super-Riches », d'autres personnes fortunées participaient à ce voyage inaugural du *Titanic*, telles, par exemple, que Arthur Ryerson, magnat de l'acier, John B. Thayer, second vice-président de la compagnie des Chemins de Fer de Pennsylvanie, Charles M. Hays, président de la compagnie canadienne des Chemins de Fer Grand Trunk, et Harry Molson, descendant d'une dynastie de banquiers et de brasseurs de Montréal. Parmi les membres de l'aristocratie britannique se trouvaient Sir Cosmo et Lady Duff Gordon. Il était Pair du Royaume et son épouse, une talentueuse dessinatrice de mode ayant des magasins à Paris et à New York.

Outre ce gratin, le navire comptait bon nombre de personnalités de premier plan. Parmi celles-ci figurait le major Archibald Butt, aide de camp du président Taft et ami personnel de Théodore Roosevelt, revenant à Washington après une permission d'absence et William T. Stead, spirite anglais renommé, directeur de journaux et homme politique, qui se rendait à New York pour participer à une conférence sur la paix.

Le recensement des fortunes et des renommées aurait été plus impressionnant encore si certaines personnalités n'avaient pas annulé leur passage. Le financier J.P. Morgan, dont la compagnie était armateur du *Titanic*, était tombé trop malade pour faire le voyage. Alfred W. Vanderbilt et sa femme décidèrent au tout dernier moment de ne pas partir et ceci, trop tard pour qu'ils puissent faire redescendre leurs bagages et leur domestique... qui coulèrent avec le navire. Lord Pirie, président des chantiers Navals Harland & Wolff de Dublin, où le navire avait été construit,

(En haut) John Jacob Astor et sa femme Madeleine. (Ci-dessus) Isidor Strauss.

annula son départ pour raisons de santé. Sa place fut prise par Thomas Andrews, son directeur général.

Alors que les riches se faisaient accompagner de leurs femmes de chambre, de leurs valets et de montagnes de bagages, la plupart des membres de l'équipage percevaient un salaire si faible qu'il leur aurait fallu épargner pendant des années pour s'offrir un billet de passage en classe de luxe. En fait, le *Titanic* était comparable à un « millefeuille » flottant, comprenant toutes les couches de la société d'alors. La tranche inférieure était constituée par des chauffeurs, peinant dans la chaleur et la poussière des chaufferies et des chambres des machines situées juste au-dessus de la quille. La couche au-dessus était composée du magma des passagers de troisième classe, mélange polyglotte d'émigrants espérant prendre un nouveau départ dans le Nouveau Monde. Après quoi venait la strate des classes moyennes : professeurs, commerçants, travailleurs aux moyens modestes, en deuxième classe. Enfin, le glaçage du gâteau, les nantis et les nobles.

Le navire qui transportait tous ces passagers représentait le dernier cri en matière de luxe flottant ; avec ses salons richement décorés et ses splendides cabines privatives. Le « nec plus ultra » était les deux appartements de luxe, sur le pont B, qui, sur près de 15 mètres, offraient un pont promenade privé aux parois lambrissées jusqu'à mi-hauteur par des panneaux de style Elisabethain. Les cabines de première classe étaient décorées dans des styles allant du Louis XV au Queen Anne. De nombreuses salles étaient revêtues de panneaux de bois. Il existait des ascenseurs desservant les premières et deuxièmes classes, un gymnase doté des équipements sportifs les plus modernes, un hammam et une piscine. Il y avait aussi un restaurant indépendant avec un service « à la carte », comme d'ailleurs dans les salles à manger habituelles ; le « *Café parisien* », réplique d'un bistrot sur le trottoir où les jeunes se réunissaient, enfin, le plus somptueux escalier ayant jamais paradé sur les mers.

(Ci-dessus) Lord Pirrie et J. Bruce Ismay inspectant le Titanic *avant son lancement, le 31 mai 1911.*

(A gauche) le Titanic *au large de l'île de Wight, le 10 avril 1912, photographié par Frank Beken de Cowes.*

(Ci-dessus) ce document rare montre un groupe de passagers de première classe posant sur le pont des embarcations du Titanic à Queenstown. De gauche à droite : Stanley J. May ; sa sœur Mme Lily Odell ; son frère Richard May et son neveu Jack Dudley Odell. Peu après, le groupe débarqua. Avant de descendre, la tante de Jack Odell, Kate Odell, prit cinq photographies historiques du Titanic.

(A gauche) au moment où le Titanic levait l'ancre. Kate Odell prit cette photographie, depuis la chaloupe Irlande, *du flanc tribord du paquebot.*

(Ci-dessus) passagers de deuxième classe se promenant sur le pont des embarcations tribord, alors que le Titanic *est à l'ancre à Queenstown.*

(Ci-contre, centre) décorée en style « Vieille Hollande », la suite B 59 était l'une des plus luxueuses du bord.

(Ci-dessus) cette photographie fut prise par Frank M. Browne, un jeune précepteur, candidat à la prêtrise, qui voyagea avec la famille Odell/May jusqu'à Queenstown. Les photographies qu'il prit à bord constituent maintenant un reportage inestimable sur le Titanic, trois jours avant son naufrage.

(Ci-dessous) le Café Véranda et le Jardin Exotique.

(A droite) cette publicité indique qu'en offrant aux passagers de première classe le savon Vinolia, le Titanic donne « le plus haut degré du luxe pour la toilette et du confort sur mer ».

Même les aménagements de la troisième classe faisaient impression, selon les critères de l'époque, et le navire lui-même, comme son nom le claironnait emphatiquement, était vraiment le géant des ondes.

Avec un déplacement de 52.310 tonnes, une longueur de 270 mètres à la flottaison, une largeur totale de près de 29 mètres (la coque elle-même dépassait 28 mètres), une hauteur de plus de 53 mètres de la quille au sommet des quatre cheminées, le *Titanic* avait les mêmes dimensions qu'un immeuble haut de onze étages sur plus d'un quart de kilomètre. Il n'était donc pas étonnant que ses quelque 1 300 passagers puissent penser que rien ne pouvait menacer leur sécurité.

A 11 heures 40, ce matin-là, la radio capta un message du bateau hollandais *Nordam* faisant état de : « Beaucoup de glaces » dans les parages que le *Cardonia* avait traversés plus tôt dans la matinée. Il n'est pas sûr que cette information ait été communiquée à la timonerie.

Vers 13 heures 30, le commandant Smith se disposait à déjeuner lorsqu'il rencontra Bruce Ismay, président de la White Star Line, sur le pont promenade. Les deux hommes bavardèrent un moment sur les performances du navire tout neuf pour son premier voyage. Entre samedi midi et dimanche midi, le *Titanic* avait parcouru 546 milles (1 010 km), sa meilleure allure jusque-là. Pour le lendemain, ils envisagèrent de le pousser à sa vitesse maximale pendant quelque temps, pour voir s'il était capable, en allumant les cinq dernières chaudières qui n'avaient pas encore été mises à feu, d'atteindre 23 nœuds (42,5 km/h). Le navire se comportait bien et, pour arranger les choses, l'incendie qui, la veille, avait couvé dans l'avant-soute à charbon de la chaufferie n° 5 avait été circonscrit. Ils parlèrent aussi, sans doute, du temps qui demeurait exceptionnellement clément. Avant de se séparer, le commandant communiqua à Lord Ismay le télégramme reçu juste avant du navire *Baltic* disant : « Le vapeur grec *Athenai* signale la présence d'icebergs et de nombreuses banquises aujourd'hui par 41°51 de latitude Nord et 49°52 de longitude Ouest. Vous souhaitons, ainsi qu'au *Titanic*, un plein succès ».

(Ci-dessus) J. Bruce Ismay.

(Ci-dessous) un personnage, peut-être le commandant Smith déambulant sur le pont promenade.

Ceci situait les glaces environ 250 milles (460 km) en avant du *Titanic*. Lord Ismay glissa négligemment le message dans une de ses poches. Plus tard, dans l'après-midi, Lord Ismay devait en parler avec deux passagères de marque. Mmes Arthur Ryerson et John B. Thayer. C'était comme s'il avait voulu insister sur le gigantisme et la toute-puissance du vaisseau. Malgré les avertissements déjà reçus, le commandant Smith et Burce Ismay, les deux hommes les plus importants du navire, demeurèrent impavides. Un nouvel avis de glaces, capté cette fois du paquebot *Amerika*, fut enregistré à 13 heures 45, mais il ne fut pas transmis à la passerelle.

La journée s'écoula sans incident. Il n'y avait ni protocole ni animation organisée. Bien que ce soit dimanche, quelques passagers jouaient aux cartes dans le fumoir de première classe. Au cours de la journée, on avait normalement sonné l'heure du déjeuner, puis du dîner. En fin d'après-midi, la température baissa rapidement. Sur ordre du commandant, le navire abattit légèrement vers le Sud, sans doute pour éviter la banquise annoncée droit devant. L'obscurité tombait.

Vers 19 h 30, au restaurant « à la carte », les Widener organisèrent un dîner en l'honneur du commandant Smith. La liste de leurs invités comprenait certains des Américains les plus en vue de la haute société de Philadelphie. Outre le fils des Widener, Harry, on y voyait les époux Thayer et un ménage de Philadelphiens fortunés, les Carter, qui avaient fait charger en cale une automobile Renault de 25 CV (pour laquelle ils réclamèrent plus tard une indemnisation de 5 000 dollars !) et enfin le major Butt.

Pendant que le commandant s'asseyait à table, l'aide radio-opérateur Harold Bride fit passer un nouvel avis de glaces à la passerelle. Il émanait du vapeur *Californian*, largement devant le *Titanic* et suivant une route légèrement plus au Nord. Le capitaine Stanley Lord, commandant le *Californian*, signalait qu'il avait passé trois grands icebergs à trois milles dans le Sud. Ce message ne fut jamais remis au Commandant Smith.

Vers 21 heures, le commandant s'excusa de devoir quitter la table et il rejoignit la passerelle où le 2e officier Charles Hubert Lightholler assurait le quart de 18 à 22 heures. Tous deux s'entretinrent du changement de temps. Il était possible que la chute de température soit le signe qu'ils entraient dans une zone de banquise et ils s'attendaient à en trouver devant eux. Ils étaient conscients de ce que les icebergs sont très difficiles à repérer par une nuit calme et sans lune, sans vent ni houle pour créer une frange d'écume. Lightholler informa le capitaine Smith que, devant la baisse de la température, il avait donné ordre à l'équipage de surveiller la situation des citernes d'eau douce en raison d'un gel possible. Peu auparavant, le premier officier William Murdoch avait ordonné de fermer les sabords du château avant, pour que les lumières de l'intérieur ne gênent pas la vision des guetteurs dans la hune. A 21 heures 20, le commandant se retira dans sa cabine pour la nuit, laissant Lightholler sur ces mots : « Si vous éprouvez le moindre doute, appelez-moi immédiatement. Je suis juste à côté ». Dix minutes plus tard, Lightholler envoya le sixième officier Moody insister auprès des guetteurs dans le nid-de-pie de... « veiller attentivement à toutes glaces, en particulier aux petites... ». Il était habituel, en ces temps-là, de naviguer à toute vapeur jusqu'à ce qu'un iceberg soit en vue, aussi était-il probable que n'était jamais venue à l'esprit de Smith l'idée de réduire sa vitesse par une nuit aussi claire. La mer était en fait si calme que la lumière des étoiles s'y reflétait et qu'il était très difficile de discerner la ligne d'horizon. Un marin, qui avait passé 26 ans en mer, devait déclarer plus tard qu'il n'avait jamais vu l'Océan si plat.

Ainsi, à ce moment, à part une légère déviation de la route vers le Sud, la fermeture des sabords du château avant et les consignes de vigilance

(En haut) photographie montrant ce à quoi pouvait ressembler une cabine radio à l'époque.

(Ci-dessus) message d'avis de glaces provenant du vapeur allemand Amérika, *reçu par le* Titanic *et dûment transmis à la timonerie.*

données aux veilleurs, les officiers du *Titanic* n'avaient pris aucune mesure de sécurité en cas de mauvaise rencontre. Il était de pratique courante de s'en remettre aux guetteurs et les officiers se fiaient à la maniabilité du navire pour éviter un abordage. En raison de l'absence de coordination entre la timonerie et la cabine radio et du défaut de toute procédure sur le traitement des avis de glaces, il semble que les officiers aient cru que la banquise se situait au Nord de leur route. Selon les mots de Walter Lord : « Le résultat fut qu'une insouciance, une désinvolture presque méprisante, régnait sur la passerelle !! »

Deux autres messages annonçant des glaces parvinrent au *Titanic* cette nuit-là. Aucun des officiers survivants ne se souvint de les avoir reçus sur la passerelle. Le premier, arrivé à la cabine radio à 21 heures 40, aurait dû inciter Lightholler à réagir : « Du *Mesaba* au *Titanic* : Entre 42° et 41°25 de latitude Nord et entre 49° et 50° de longitude Ouest, nous avons vu de grands icebergs et un champ de glaces. Le temps est beau et clair ». La banquise se trouvait manifestement droit devant, sur le trajet du *Titanic*.

Dans la cabine Marconi, le radio Harold Bride avait, pour l'heure, arrêté sa veille pour prendre un repos bien mérité. Les deux opérateurs se relayaient à poste 24 heures sur 24 et Jack Philipps était occupé à essayer de s'immiscer dans le trafic radio du réseau commercial. La station côtière américaine la plus proche était celle du Cap Race, à l'extrémité Sud-Est de Terre-Neuve et, arrivant à portée, les messages qui s'étaient empilés tout au long de la journée pouvaient maintenant être passés. En fait, Philipps était tellement occupé qu'il entassa l'ultime avertissement avec les autres messages arrivés. C'était encore le *Californian*, toujours devant, mais stoppé dans une banquise sur une route à peine 8 milles au Nord de celle du *Titanic*. Sa position était si proche que le message éclata littéralement dans les oreilles du radio. Furieux de cette interruption, Philipps coupa la parole à l'émetteur par ces mots : « Taisez-vous, taisez-vous, je travaille. Je suis branché sur Cap Race. »

Comme les autres, ce septième message du jour mentionnait un énorme champ de glaces, long de quelque cent cinquante kilomètres, droit devant le *Titanic*.

Dans le nid-de-pie, les veilleurs Fred Fleet et Reginald Lee avaient passé un quart monotone. Il était alors 23 heures 40. Dans vingt minutes, ils devaient être relevés et ils se précipiteraient en bas pour prendre une boisson chaude avant de se coucher dans une couchette accueillante. Un calme plat régnait sur la mer mais l'air était maintenant cruellement froid. Quelques minutes plus tôt, ils avaient aperçu quelque chose ressemblant à un léger banc de brume, s'étendant de part et d'autre et devant, à environ trois kilomètres. Mais ils étaient dépourvus de jumelles... qui avaient été mal rangées lorsque le navire avait levé l'ancre de Southampton.

Subitement, Fleet aperçut quelque chose sur la route du *Titanic*. En quelques secondes, la « chose » grandit. Dans un réflexe, il agita trois fois la cloche d'alarme pour alerter la passerelle puis empoigna le téléphone.

Le 6e officier James Moody, assistant le second Murdoch qui avait relevé Lightholler à 22 heures, prit le combiné et demanda calmement : « Qu'avez-vous vu ? ».

« Un iceberg, droit devant ! » répondit Fleet.

Les officiers du *Titanic* étaient des marins éprouvés, entraînés à parer aux événements. Quand Moody lui transmit la nouvelle, Murdoch réagit immédiatement. Il se précipita sur le transmetteur d'ordres et ordonna l'arrêt des machines, puis la marche arrière, tout en intimant à l'homme de barre, le quartier-maître Robert Hitchens, de mettre la barre à babord toute, afin de faire venir le navire sur tribord. Murdoch tira ensuite les leviers de manœuvre commandant la fermeture des cloisons des compartiments étanches au fond du navire. Hitchens vira la barre aussi vite qu'il put. Au dernier moment, le navire obliqua légèrement sur babord.

(Ci-dessus) le nid-de-pie avec la cloche d'alarme que sonna le veilleur Frederick Fleet pour alerter la passerelle de la survenance de l'iceberg.

(A droite) Frederick Fleet, photographié après le drame.

C'était trop tard. Un choc frontal avait été évité, mais le navire continuait sur son erre, heurtant en oblique l'iceberg qui défila le long du flanc tribord. Pour ceux de la passerelle, il sembla que le navire pourrait s'en tirer indemne. Plusieurs tonnes de glace tombèrent sur la plage avant mais le navire avait frissonné et passé... Quelques instants plus tard, il s'arrêtait.

Pour la plupart, les passagers du *Titanic* ne se rendirent pas compte de ce que le navire avait touché quelque chose qui l'avait blessé à mort. En raison du froid, presque tous étaient à l'intérieur et quelques-uns s'étaient déjà mis au lit. Le dîner offert par les Widener tirait à sa fin. Les dames s'étaient retirées dans leurs cabines et les hommes étaient restés pour un dernier cigare dans le fumoir de première classe, sur le pont A, où quelques groupes goûtaient le dernier verre d'avant minuit. Ils entendirent un faible grincement. Deux ou trois personnes sautèrent sur leurs pieds pour se précipiter sur le pont et regarder l'iceberg disparaître sur l'arrière. Ils y furent bientôt rejoints par d'autres, curieux de voir ce qui se passait. Quand ils surent que c'était « seulement un iceberg », ils regagnèrent leurs cartes, leurs verres ou se dirigèrent vers leurs cabines pour se coucher. Quand d'autres passagers apprirent la pluie de glace sur la plage avant, ils firent de joyeux projets de batailles de boules de neige pour le lendemain.

Lawrence Beesley, jeune professeur de sciences, lisait dans sa cabine, en deuxième classe, quand « ... vint ce qui me parut n'être rien d'autre qu'une accélération des machines et un mouvement un peu plus accentué de la couchette où j'étais assis. Rien de plus que cela, nul bruit d'un heurt ou autre, pas de sensation de choc, de grincement ou de chute comme lorsqu'une chose massive en cogne une autre... ». Ne voyant là rien que de très ordinaire, Beesley se replongea dans sa lecture. Sa première sensation de ce qu'il se passait quelque chose d'anormal lui vint lorsque, un peu plus tard, les machines stoppèrent.

Le 2e officier Lightholler venait de sombrer dans le sommeil lorsqu'il ressentit « ... une soudaine vibration faisant frémir tout le navire. Jusqu'alors, il avait navigué avec une telle douceur que cette rupture de régime en fut perçue d'autant plus nettement. Non pas que ç'ait été un choc violent, mais seulement un changement net et déplaisant dans le rythme harmonieux de sa marche ».

Beaucoup de passagers et de marins entendirent le raclement de l'iceberg le long de la carène et ils l'ont décrit de diverses manières : c'était comme « le roulement de milliers de billes », comme « si quelque géant avait gratté de son énorme doigt tout le long du bateau », un « bruit terrifiant de tissu déchiré ».

A fond de cale, la collision fut perçue de façon très différente. Le second mécanicien J.H. Hesketh était tout à fait à l'avant de la salle des machines n° 6 lorsque le signal « STOP » s'alluma sur le transmetteur d'ordres. Il avait à peine hurlé « Fermez les vannes ! », tarissant ainsi l'arrivée d'air sur les foyers, qu'il se produisit un bruit pareil à « une forte déflagration », quelqu'un d'autre le compara à « un coup de foudre ». Hesketh et le premier chauffeur Frederick Barret furent immédiatement frappés par une trombe d'eau glacée. La simultanéité du fracas et du contact de l'eau froide les jeta en une course effrénée dans le passage conduisant à la chaufferie 6, juste avant que la cloison étanche se referme. Les autres hommes de cette chaufferie couvrirent les feux avant de se ruer sur les échelles conduisant à la relative sécurité du pont E.

Vingt minutes après l'abordage, le commandant Edward J. Smith savait que tout était consommé. En compagnie de Thomas Andrews, ingénieur en chef du chantier naval, il avait effectué un tour rapide dans les étages inférieurs.

La salle de tri de la poste était envahie par la mer et des sacs de courrier flottaient partout. Le ballast du coqueron avant présentait une voie d'eau

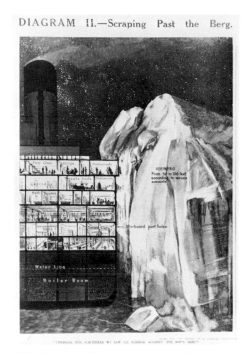

DIAGRAM II.—Scraping Past the Berg.

(Ci-dessus) illustration tirée du magazine « Illustrated London News », montrant l'iceberg surplombant le pont des embarcations alors qu'il raclait contre le flanc du Titanic. Les témoins, pour la plupart, ont rapporté que l'iceberg, en réalité, n'était pas plus haut que ce pont.

de même que les trois avant-cales et la chaufferie n° 6. La coque du *Titanic* était divisée par quinze cloisons étanches en seize compartiments. Le vaisseau était conçu de telle sorte qu'il conserve sa flotabilité avec deux compartiments noyés. En outre, il pouvait surnager si les quatre premiers étaient inondés, mais pas le cinquième. Le point critique était la chaufferie n° 6. Si les cinq premiers compartiments avaient une brèche, l'eau les remplirait et déborderait alors dans ceux situés derrière, l'un après l'autre, et là, le *Titanic* sombrerait inexorablement. Andrews estima que le navire disparaîtrait en une heure, une heure et demie au maximum.

Le capitaine Smith ne s'arrêta pas à méditer sur les fautes ayant provoqué le désastre. En homme d'action, ses pensées se cristallisèrent sur les procédures d'évacuation de son navire et les moyens de le maintenir à flot aussi longtemps que possible. Sans doute se battait-il contre l'évidence : son navire ne disposait de canots de sauvetage que pour à peine la moitié des personnes se trouvant à bord. Pourtant le *Titanic* portait des moyens de sauvetage plus importants que ne le lui imposaient les règlements du ministère britannique du Commerce de l'époque. Eu égard à son tonnage, il lui aurait suffi de disposer de 962 places... A pleine capacité, les canots pouvaient embarquer 1 178 personnes. Le capitaine Smith savait donc que plus d'un millier de gens — à supposer que chaque embarcation déhale à pleine charge — devraient être abandonnés sur l'épave... Il lui faudrait alors agir avec la plus grande prudence pour retarder la panique qui se déchaînerait inévitablement. Plus tard, demeuré à son poste, il aurait loisir de réfléchir sur ce qui avait péché, lorsqu'il sombrerait avec son bateau.

Cinq minutes après minuit, le court de squash, pourtant situé onze mètres au-dessus de la quille, était envahi par la mer. Smith donna ordre au second, Henry Wilde, de faire décapeler les chaloupes de sauvage. Le quatrième officier fut requis d'aller réveiller Lightholler, le troisième officier Herbert Pitman et le cinquième officier Lowe. Après quoi, le commandant, empruntant le pont babord des embarcations, se rendit à la cabine radio, située à une vingtaine de mètres, pour ordonner de vive voix à Philipps et à Bride d'émettre « C.Q.D. », le signal réglementaire de détresse. Plus tard dans la nuit, Bride décida d'essayer le nouvel indicatif « S.O.S. » qui venait tout juste d'être mis en usage. Et le *Titanic* lança sur les ondes un des premiers « S.O.S. » jamais émis par un navire en détresse. Sa position, calculée par Boxhall par un relèvement aux étoiles, était alors : 41°46' Nord par 50°14' Ouest.

A quelque distance de là, vers minuit et quart, à bord du paquebot *Californian* de la compagnie de navigation Leyland, l'opérateur radio Cyril Evans s'était retiré pour la nuit, peu après avoir reçu le message, qui serait bientôt tristement célèbre, par lequel Jack Philipps, depuis le *Titanic*, l'avait rabroué et juste avant que le premier appel de détresse soit lancé dans l'éther. Le troisième officier Charles Groves venait de terminer son quart et avait fait une halte dans la cabine radio. Il aimait jouer avec le poste. Peut-être pourrait-il capter un message du navire dont il pouvait voir les lumières dans le Sud-Est ? A ses yeux, il semblait que ce soit un

(Ci-dessus) le double sas d'un des compartiments étanches du Titanic. *Ces sas pouvaient être fermés immédiatement, depuis la passerelle, par une commande.*

(Ci-dessus) dessin montrant la division longitudinale du Titanic, *par quinze cloisons, en seize compartiments que l'on disait étanches, puisque les cloisons montaient bien au-dessus de la ligne de flottaison.*

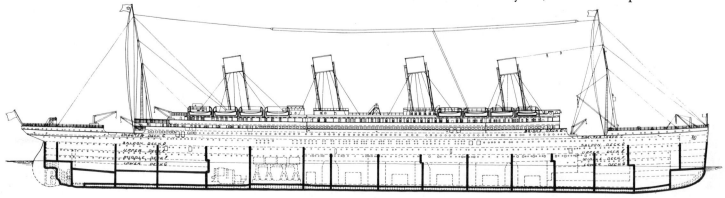

paquebot de ligne naviguant à environ dix milles. Mais sans l'aide d'Evans, il ne put faire fonctionner l'appareil. Après avoir tripoté les boutons, il se dirigea vers sa cabine. C'était quelques minutes avant que le *Titanic* commence à appeler au secours.

Sur la passerelle du géant des mers, peu après minuit, le quatrième officier Boxhall aperçut les feux d'un vapeur distant de quelques cinq milles et il en avertit le capitaine Smith qui l'incita à émettre de nouveaux signaux de détresse. Boxhall donna alors ordre au quartier-maître Georges Rowe de tirer des fusées blanches, ce que fit celui-ci, à intervalles de cinq minutes.

La première fut tirée vers minuit quarante cinq.

Dans la cabine radio, Bride et Philipps s'acharnaient fièvreusement à lancer des appels aux secours. Bien que plusieurs navires aient entendu et répondu à leurs cris d'alarme, le plus proche qu'ils aient pu contacter était le *Carpathia*, de la Cunard Line, commandé par Arthur Rostron, qui se trouvait 58 milles dans le Sud-Est du *Titanic*. Le commandant Rostron ne pouvait en croire ses oreilles mais il dérouta son navire pour foncer à toute vapeur vers le naufrage.

Sensiblement dans le même temps, le second officier Stone, qui était de quart sur la passerelle du *Californian*, aperçut l'éclat d'une fusée blanche au-dessus du curieux navire qu'il avait repéré dans le Sud-Est. Ses tentatives pour entrer en contact, en morse, avec un projecteur, n'avaient pas abouti et nul ne voulait se hasarder à réveiller Evans, le seul radio de bord, qui avait assuré dans la journée un service écrasant, restant à son poste de 7 heures du matin à 11 heures du soir. Il y eut encore, à intervalles de quelques minutes, d'autres fusées blanches — cinq en tout — et Stone se décida à appeler le commandant Stanley Lord par le tube acoustique. Ce dernier s'était assoupi dans la chambre des cartes mais avait demandé qu'on le prévienne si le navire étrange venait à se rapprocher. Lord demanda si les fusées correspondaient à un signal particulier et, quand Stone eut répondu qu'il n'en savait rien, il lui donna ordre de tenter, une fois encore, de faire la liaison avec le projecteur Scott.

(Ci-dessous) un des messages de détresse lancés par les opérateurs radio, Jack Philipps, à gauche, et son assistant Harold Bride, à droite.

(En bas) les premières fusées de détresse furent tirées vers 0 h 45.

Stone n'eut pas plus de succès que les premières fois. En compagnie de son stagiaire Gibson qui l'avait rejoint à la timonerie, il constata que trois autres fusées étaient tirées, la dernière à 1 heure 40. Vers 2 heures du matin, le navire parut faire route au Sud-Ouest. Stone envoya Gibson réveiller le commandant et le prier de venir. Lord s'enquit, une fois de plus, de la couleur des fusées et dit à son subordonné de continuer à appeler avec son projecteur. Entre 2 heures et 2 heures 20, le mystérieux navire disparut complètement à leurs yeux.

A bord du *Titanic*, près d'une heure après l'abordage, la majorité des passagers n'était toujours pas consciente de l'extrême gravité de la situation. Vers minuit et demi, la capitaine Smith avait ordonné à ses officiers de commencer l'embarquement dans les canots de sauvetage : « Les femmes et les enfants d'abord ». Pour la plupart, les passagers de première classe se tenaient sur le pont des embarcations, ayant revêtu leurs ceintures de sauvetage comme les stewards le leur avaient montré. Mais, en dépit de ce que Beesley a décrit comme « le hurlement et le vacarme de tonnerre de la vapeur jaillissant des chaudières », et bien que le navire se soit enfoncé sur l'avant en accusant une gîte sensible sur tribord, nombreux étaient ceux qui hésitaient à échanger la fallacieuse sûreté du vaisseau pour le risque apparent des minuscules canots. L'orchestre du bord créait une atmosphère presque joyeuse en continuant de jouer un pot-pourri d'airs à la mode, juste devant l'entrée du pont ouvrant sur le Grand Escalier.

Ensemble, le premier officier Murdoch, chargé de la sécurité à tribord, et le deuxième officier Lightholler, pour babord, rencontraient des difficultés pour persuader les gens de prendre place dans les canots. Vers 0 heure 45, et sans doute un peu plus tôt, le canot tribord n° 7 fut le premier à être mis à l'eau. Quoique sa capacité soit de 65 places, il prit le large avec seulement 28 personnes, dont la célèbre artiste Dorothy Gibson, et quelques hommes d'équipage affectés à la manœuvre.

Dans les étages inférieurs, la confusion et la peur régnaient. Beaucoup de passagers de troisième classe ne savaient même pas comment rejoindre les ponts supérieurs. Certains s'étaient rendus sur la plage arrière — qui leur était réservée — et d'autres se pressaient sur la plage avant. Presque tous ceux qui réussirent à gagner le pont des embarcations y parvinrent en sautant par-dessus les barrières séparant les premières des troisièmes classes en les détruisant. La compagnie White Star contestera formellement, plus tard, qu'il ait été fait preuve d'une quelconque discrimination pour favoriser les passagers de première classe, mais la sécheresse brutale des statistiques fera apparaître une tout autre vérité.

A 0 heure 55 — alors que le navire s'inclinait très nettement sur l'avant — le premier canot babord, le n° 6, amorça sa descente le long de ses garants. Margaret « Molly » Brown, femme de la meilleure société de Denver, qui s'était reculée sur le pont, fut empoignée et jetée sans ménagements dans la chaloupe glissant à demi-pleine, avec 28 personnes à bord. Lorsque Lightholler se rendit compte qu'il ne s'y trouvait qu'un seul marin — le quartier-maître Hitchens —, il fit descendre Arthur Peuchen, un ingénieur chimiste de Toronto, yachtman émérite, pour aider à la manœuvre. A tribord, le canot n° 5 fut largué avec 41 passagers, puis le n° 3 avec seulement 32 dont 11 hommes d'équipage. Vers 1 heure 10, un autre canot, le n° 8, déhala, n'emportant que 39 personnes. Comme il n'y avait pas assez de marins, la comtesse de Rothes prit la barre du gouvernail d'une main ferme.

De tous les canots mis à l'eau cette nuit-là, le n° 1 de tribord essuya le plus de critiques : bien qu'ayant 40 places, il déborda avec seulement 12 occupants, dont sir Cosmo et lady Duff Gordon, leur secrétaire particulière, L.M. Francatelli, et deux Américains. Le reste était composé de membres de l'équipage. Plus tard, ce canot — comme d'ailleurs bien

Le chef d'orchestre Wallace Harley *(au centre) et ses musiciens jouèrent des airs entraînants pendant la descente des embarcations. Aucun d'eux ne survécut.*

(Ci-dessus) « Molly » Brown, *avec le commandant Rostron, du navire sauveteur* Carpathia, *lors d'une cérémonie en l'honneur de sa conduite héroïque.*

d'autres loin d'être pleins — ne devait même pas revenir sur les lieux du naufrage pour repêcher ceux qui se noyaient...

L'orchestre jouait toujours, cependant que la proue s'enfonçait dans l'eau sous la lumière blafarde des fusées de détresse. Les passagers grouillant de toutes parts commençaient à se rendre compte que le *Titanic* était en péril de mort. Sur le pont des embarcations, on assistait à des scènes déchirantes comme celle d'un mari faisant ses adieux à sa femme et à ses enfants, puis les aidant à monter dans les canots. Beaucoup d'épouses hésitaient à quitter leur mari et certaines s'y refusèrent. L'histoire la plus connue qui nous soit parvenue concerne Mme Ida Strauss, femme du propriétaire des grands magasins Macy's. Au moment de prendre place dans la chaloupe n° 8, elle changea d'avis et dit à son époux : « Nous avons vécu de longues années ensemble. Où tu iras, j'irai ! » Calmement, tous deux s'installèrent au coude à coude dans des chaises longues et regardèrent le drame en attendant la mort.

A mesure que l'inclinaison des ponts augmentait et devenait alarmante, les canots se remplirent et gagnèrent le large ; mais ils étaient toujours loin d'être complets. De nombreux hommes continuaient comme si de rien n'était. Archibald Gracie en remarqua quatre, assis imperturbablement à une table dans le fumoir de première classe, sur le pont A : « Ils étaient quatre, étrangers à tout ce qui les entourait. Je connaissais bien trois d'entre eux : le major Butt, Clarence Moore et Franck Millet. Tous quatre paraissaient parfaitement détachés de ce qui se passait sur les ponts, à l'extérieur. » Il y avait aussi Benjamin Guggenheim qui, ayant compris que le navire allait sombrer, était redescendu dans sa cabine, avait enlevé sa ceinture de sauvetage et ses vêtements chauds pour se mettre en tenue de soirée. Quand il réapparut sur le pont, il déclara que s'il devait mourir, il entendait que ce soit comme un gentleman.

En bas, dans la salle des machines, le chef-mécanicien William Bell, aidé de quelques marins, s'efforçait de maintenir la pression dans les chaudières 1 et 2 pour pouvoir fournir la lumière électrique dans le bateau et assurer le fonctionnement des pompes de refoulement. Ceux qui erraient dans les salons de première classe désertés pouvaient voir que tout était éclairé. Vers 1 heure 30, la proue était profondément enfoncée et la gîte s'accentuait sur babord. Les gens avaient beaucoup de mal à garder leur équilibre et les premiers signes de panique apparurent. Alors que le canot babord 14 glissait le long de la coque, une meute de passagers se

(*Ci-dessus*) *cette peinture de 1912, montrant la mise à l'eau des canots de sauvetage, exagère la distance entre le pont des embarcations et la surface de la mer. En réalité, cette distance ne dépassait pas celle, déjà considérable, de vingt mètres.*

(*A gauche*) *le fumoir de première classe où le major Archibald Butt (ci-dessus) et trois autres personnes demeurèrent assis, ne paraissant pas concernés par le naufrage.*

(*Ci-dessous*) *le millionnaire Benjamin Guggenheim qui revêtit son habit de soirée, déclarant qu'il entendait mourir en gentleman.*

rua sur les garants pour tenter d'y prendre place. Il y avait déjà 40 personnes à son bord. Dans le canot, le 5e officier Harold Lowe tira deux coups de feu pour tenir la foule en respect et l'embarcation toucha l'eau sans dommage.

Dans la cabine radio, les opérateurs étaient toujours à leur poste ; mais le ton de leurs messages devenait de plus en plus désespéré. A 1 heure 25 : « Nous faisons embarquer les femmes ». A 1 heure 35 : « L'eau gagne la salle des machines. ». Dix minutes plus tard : « La salle des machines est inondée », ce qui signifiait que plusieurs chaudières étaient noyées.

Vers 1 heure 40, presque tous les canots avaient pris le large et le radeau C avait été placé sur les bossoirs du canot babord n° 1. Cette partie du pont était sensiblement déserte car la majorité des passagers avait reflué vers l'arrière qui commençait à se dresser hors de l'eau. L'appel du chef-mécanicien Wilde, pour faire embarquer des femmes et des enfants, resta sans écho et il ordonna de mettre le radeau à la mer. Lorsqu'il entama sa descente, William E. Carter et Bruce Ismay, qui avaient aidé à l'embarquement des passagers depuis que le premier canot avait été décapelé, sautèrent dedans. Ismay devait être, plus tard, cloué au pilori pour ce qui fut considéré comme une lâche désertion et il ne s'en remit jamais.

Du côté babord, les choses se passaient lentement sous les ordres de Lightholler. Celui-ci respectait à la lettre les consignes de sauvetage et il avait été beaucoup plus strict que le premier officier Murdoch pour admettre l'embarquement d'hommes dans les canots, même partiellement pleins. Il ne fit pas d'exception pour le colonel John Jacob Astor. A 1 heure 55, Astor aida sa jeune femme à monter dans le canot n° 4 et demanda alors la permission de partir avec elle. Lightholler répondit : « Non, Monsieur, aucun homme n'a le droit d'embarquer tant qu'il reste des femmes ». Astor demanda alors quel numéro portait le canot et Lightholler crut qu'il voulait porter plainte, puis il surveilla la descente et le largage du canot rempli seulement aux deux-tiers. Astor s'éloigna pour attendre la mort en gentleman. Son corps fut repêché par la suite et identifié grâce à la marque « J.J.A. » brodée sur son col.

Ce canot n° 4 avait chargé d'autres passagères de qualité, Mmes A.

(Ci-dessus) le second officier Lightholler, qui dirigea les opérations de mise à l'eau des canots à babord, fut l'officier le plus élevé en grade qui survécut à la catastrophe.
(Ci-dessous) vers 1 heure 40, tous les canots babord avaient gagné le large, le gaillard d'avant était sous l'eau et le radeau D était prêt à être mis à la mer.

Ryerson, G. Widener et J.B. Thayer. Jack, le fils des Thayer, avait été séparé de ses parents mais put sauter dans le canot au dernier moment.

Vers 2 heures 05, la plage avant était enfoncée profondément dans l'eau, la mer était parvenue à trois mètres du pont A et, à l'exception du radeau A, il ne restait plus à bord qu'un seul canot de sauvetage. Le radeau D était accroché aux palans des bossoirs du canot babord n° 2. Il demeurait plus de 1 500 personnes à bord du navire qui sombrait et cependant, le 2ᵉ officier Lightholler continuait de ne marquer aucune tolérance pour laisser embarquer les naufragés. Il ordonna à ses marins de nouer leurs mains pour former une chaîne et de ne laisser passer que les femmes et les enfants. Le radeau D s'éloigna avec seulement 44 rescapés. Ensuite, Lightholler, suivi de plusieurs hommes d'équipage, grimpa sur le toit du carré des officiers pour tenter de libérer le canot B, mais ils ne purent y parvenir en raison de la gîte croissante qui paralysait la manœuvre. Pendant ce même temps, Murdoch et Moody eurent plus de chance, sur tribord, avec le radeau A qu'ils réussirent à faire glisser du toit et à fixer aux palans des bossoirs d'où le canot n° 1 avait été descendu. Mais avant qu'il soit rempli, il fut balayé par une lame et jeté à la mer où il se mit à flotter, libre.

Comme Walter Lord a décrit la scène dans « A night to remember » : « Lorsque les canots eurent gagné le large, un calme bizarre envahit le Titanic. L'excitation et la confusion avaient cessé et les centaines d'abandonnés restaient comme pétrifiés sur les ponts supérieurs. On aurait dit qu'ils voulaient se cloîtrer à bord, loin des rambardes ». Le capitaine Smith, qui avait paru curieusement amorphe pendant l'agonie de son navire, se dirigea vers la cabine radio et déclara aux opérateurs qu'ils avaient bien rempli leur devoir : « Maintenant, chacun pour soi », leur dit-il. Puis, imperturbablement, il parcourut le pont, donnant à son équipage la même consigne. Enfin, il s'en retourna à son poste de commandement.

On recueillit des témoignages contradictoires sur les derniers mots et les derniers gestes de Smith. Connaissant le personnage et son orgueil, il est à penser qu'il a coulé avec son vaisseau, stoïquement.

Probablement, la dernière image qui fut conservée de Thomas Andrews, le concepteur du Titanic, fut celle d'un homme solitaire, se tenant dans le fumoir des premières classes, le regard perdu dans le vide (encore qu'un témoin se souvienne de l'avoir vu sur le pont, aidant à l'embarquement dans les canots).

Archibald Gracie fut un de ces malheureux, abandonnés à bord alors que toutes les embarcations de sauvetage avaient prit le large :

« C'est sensiblement à ce moment, environ un quart d'heure après la mise à flot du dernier canot de babord, que j'entendis un bruit qui jeta la consternation parmi nous. Ce n'était rien moins que la mer atteignant le pont et gargouillant dans l'écoutille avant. »

Gracie et son vieil ami J. Clinch Smith décidèrent de monter sur le pont pour donner un coup de main au largage du radeau A, mais il leur vint une meilleure idée et ils gagnèrent la poupe. « Nous avions à peine fait quelques pas dans cette direction que surgit en face de nous une véritable horde, sur plusieurs rangs de front, envahissant le pont des embarcations, nous barrant complètement le passage vers l'arrière. C'étaient les passagers de la troisième classe qu'on avait fait attendre dans les entreponts. » Alors que les flots montaient à l'assaut du navire, Gracie réussit à grimper sur le toit du carré des officiers, à babord, lorsqu'une lame le balaya.

« Avant que je puisse reprendre mes esprits, j'étais plongé dans un tourbillon, renversé, et je tentais de me cramponner au bastingage pendant que le bateau s'enfonçait. Je plongeai de plus en plus avec l'impression d'aller très profond ! » Il nagea sous l'eau, fit surface et finit par

(Ci-dessus) le pont arrière, à la poupe du Titanic, où les passagers restés à bord s'entassaient, alors que les canots s'étaient éloignés.

(Ci-dessus) Thomas Andrews, l'architecte du Titanic. (Ci-dessous) le colonel Archibald Gracie.

atteindre sain et sauf le radeau B qui flottait, sens dessus dessous, alors que le navire sombrait.

Quelques instants avant que Gracie plonge, le jeune Jack Thayer se penchait sur le bastingage alors que la mer ne se trouvait plus qu'à quelques pieds au-dessous de lui. Il sauta. Il fut suffoqué par le froid glacial de l'eau mais se mit à nager avec l'énergie du désespoir, afin de s'éloigner du navire. Quand il remonta à la surface, cherchant son souffle, le navire était à une dizaine de mètres et il ne vit aucun signe de son ami Milton Long qui avait plongé quelques secondes avant lui. Thayer ne devait jamais le revoir. Les lumières du navire, qui avaient brillé jusqu'à la fin, vacillèrent puis s'éteignirent, ainsi que Beesley l'avait raconté. Pour l'instant, il regardait, fasciné, oubliant le froid mortel, l'insubmersible vaisseau qui entrait en agonie. Il était exactement 2 heures 18.

« Le navire paraissait nimbé d'une lueur éblouissante et se détachait sur le fond obscur comme s'il était en flammes. L'eau léchait le pied de la première cheminée. Une foule de gens se ruait vers l'arrière, toujours vers l'arrière, pour rejoindre la poupe qui émergeait. Le vacarme et les hurlements continuaient, ponctués par les détonations et les craquements sourds des machines et des chaudières s'arrachant de leurs berceaux et se détachant de leurs socles. Soudain, les superstructures du navire parurent se briser en deux, assez nettement sur l'avant, une partie se couchant et l'autre se dressant vers le ciel. La deuxième cheminée, assez large pour permettre le passage de deux voitures de front, s'arracha de sa base en lançant une gerbe d'étincelles. J'ai cru qu'elle allait tomber juste sur moi et, de fait, elle ne m'a manqué que de 8 à 10 mètres. La succion qu'a

(Ci-dessous) à 2 heures 15, la poupe commence à se dresser hors de l'eau et les passagers refluent de plus en plus vers l'arrière. Tous les canots ont pris le large et il reste plus de 1 500 personnes à bord.

28

provoquée sa chute m'a entraîné vers le fond et j'ai dû me débattre en nageant, totalement épuisé. »

Quand Thayer revint à la surface, il vit que, miraculeusement, il était tout contre le radeau B retourné. Plusieurs hommes essayaient de le remettre à l'endroit. Ils aidèrent Jack à s'y hisser en sûreté. Il put alors assister aux tout derniers moments du *Titanic*, alors qu'il s'engloutissait dans l'eau calme.

« Les ponts étaient orientés vers nous. Nous pouvions voir le fourmillement des quelque 1 500 personnes encore à bord, s'agrippant et s'accrochant les unes aux autres, en troupes, en meutes, comme des essaims d'abeilles, se jetant à l'eau en masses compactes, ou par petits groupes ou séparément, d'une hauteur de 75 mètres, alors que la partie la plus importante du navire se dressait jusqu'à atteindre un angle de 65/70°. Le navire parut marquer une pause, comme s'il était suspendu, pendant ce qui nous parut durer quelques minutes. Graduellement, il s'est tourné comme pour dissimuler à nos yeux terrifiés la vue de cet horrible spectacle.

Pendant ces derniers instants, le radeau retourné fut littéralement aspiré par le bateau qui coulait et les hommes se battirent désespérément pour le tenir à distance du tourbillon. Je regardais vers le haut. Les énormes hélices nous surplombaient. J'ai même cru que nous allions être écrasés par elles. « Alors, dans le bruit terrifiant de l'implosion de ses derniers ballasts, le navire s'enfonça doucement, un peu plus loin, dans la mer. »

Ce fut la fin du plus grand vaisseau que le monde ait jamais vu. Les canots étaient éparpillés sur la mer ; aucun d'eux n'était plein. A peine le navire avait-il sombré que la nuit, quelques instants silencieuse, fut sillonnée des appels déchirants des survivants qui barbotaient à la surface, cris nombreux et de plus en plus angoissés, ce que Thayer a décrit comme « une interminable lamentation ». Mais longtemps avant l'aube, la clameur s'était éteinte.

Les gens qui grelottaient dans les canots, attendant l'aurore et les secours, furent les derniers à voir le *Titanic* jusqu'à ce que, soixante-treize ans plus tard...

(Ci-dessous, à gauche) le radeau D, lourdement chargé, sera le dernier engin de sauvetage débarqué du Titanic.

(Ci-dessous) le canot n° 14 remorquant le radeau D, s'approche du Carpathia.

*Vue aérienne de Woods Hole, dans
l'état de Massachusetts, montrant les
quais de l'Institut et le bâtiment
administratif d'origine. Dans le port,
les navires océanographiques* Atlantis II
(à gauche) et Knorr *(à droite).*

CHAPITRE 3

La recherche commence

QUAND L'IDÉE M'EST VENUE, POUR LA PREMIÈRE FOIS, DE PARTIR À LA recherche du *Titanic*, c'était réellement plus un prétexte qu'un but. Je sentais que la magie de cette épave perdue appâterait les mécènes grâce auxquels la technologie de la recherche sous-marine progresserait à pas de géant. Mais atteindre cette épave légendaire tourna bientôt à l'obsession. Pendant plus de dix ans, je me suis efforcé vainement de monter une expédition pour situer et filmer le plus célèbre de tous les navires coulés. A un moment donné, j'ai presque touché au but, mais le projet capota par suite d'un horrible accident technique, indépendant de ma volonté. J'avais alors pratiquement abandonné tout espoir et me résignais à accepter l'idée qu'un autre réaliserait mon rêve... lorsque dame Chance me fit de l'œil !

On m'a souvent demandé quand j'avais eu, pour la première fois, l'idée de partir chercher et filmer le *Titanic*. La réponse est difficile. Evidemment, je connaissais l'aventure de ce navire bien longtemps avant de penser à le rechercher. On ne peut passer comme moi une vie en symbiose avec la mer, sans connaître les grandes lignes de cette tragédie. Plus que tout, cependant, je voulais relever le défi scientifique d'aller parcourir et photographier le *Titanic*. Et puis... il excitait le côté romanesque de mon caractère : l'aventurier des abysses, le cow-boy sous la mer !! Les idoles de mon enfance avaient été ces explorateurs imaginaires qui se lancent aux frontières technologiques de la Science, tels les héros de Jules Vernes : le Capitaine Nemo et son *Nautilus*. Aussi loin que je puisse remonter, j'ai de tout temps été envoûté par la mer. Mais je me suis toujours passionné plus pour ce qui vit sous l'eau que dessus. A mes yeux, le panorama d'un océan constitue un spectacle magnifique mais mortellement ennuyeux ! Lorsque j'étais enfant, sur les plages californiennes, je portais aux objets rejetés à la côte beaucoup plus d'intérêt qu'aux rouleaux se brisant sur le sable. J'étais fasciné par la vie marine qu'on entrevoit dans les flaques laissées par la marée descendante. Plus tard, adolescent, je préférais un masque et un tube à une planche à voile et je commençais à découvrir le monde juste au-dessous de la surface. Au cours de ma carrière scientifique, je devais aller de plus en plus profond ! Je ne portais guère d'intérêt particulier aux épaves. A dire vrai, avant que le *Titanic* vienne s'ancrer dans mon esprit, la seule épave dont je me sois occupé était celle du voilier d'un de mes amis, auquel j'avais apporté mon aide pour la relever...

Pourtant, il ne faisait aucun doute que parvenir à localiser le *Titanic* relèverait de l'exploit d'un pionnier et que visiter et photographier son épave, à une telle profondeur, serait repousser bien loin les limites connues de l'exploration sous-marine. Mais je n'avais pas encore le feu sacré. Pour moi, ce n'était guère qu'une énorme épave, banale, gisant au fond des abîmes, hors de portée de tout matériel connu, lorsque, en 1967, je quittai la Californie pour l'Institut Océanographique de Woods Hole, dans le Massachusetts, où j'avais été nommé professeur de sciences pour le temps de mon service dans la Marine des Etats-Unis.

Peu après mon arrivée, je devins membre des « *Ecumeurs des mers de*

Boston », un fameux Club de plongée, parmi les plus anciens du monde, dont l'histoire remonte au-delà de l'époque où le commandant Jacques Cousteau avait inventé le scaphandre autonome. Les gens que je rencontrai aux réunions du Club ne cessaient de parler d'épaves et ils m'inoculèrent le virus de leur passion pour l'exploration des trésors archéologiques dans les fonds marins. Les « *Ecumeurs des mers* » représentaient une incroyable tranche d'humanité où des chirurgiens et des avocats cotoyaient aussi bien des acconiers que des employés du Gaz, tous unis dans un amour commun de la mer et du frisson qu'on éprouve à en explorer les secrets. A la fin des années 60, le Club était encore à son apogée et son assemblée générale annuelle réunissait les plus grands noms du monde sous-marin, des gens qui croisaient dans les mêmes eaux que Jacques Cousteau. L'un d'entre eux était Jacques Piccard, fils du célèbre Auguste Piccard, le fameux aérostier suisse qui était devenu le véritable inventeur de la plongée profonde. Jacques avait poursuivi l'œuvre de son père grâce aux bathyscaphes américain et français « *Trieste* » et « *Archimède* ». Une autre grande figure était le commandant George Bond, un chimiste de la Marine dont les travaux sur la physiologie de la plongée avaient permis de dresser les « Tables de Plongée de la Marine » que chaque plongeur utilise encore maintenant. Bond était le pionnier de la « plongée en saturation », technique qui permet à un homme de travailler pendant des heures et même des jours sous plus de trente mètres d'eau en ne subissant qu'une seule fois les fastidieuses étapes de la décompression. Participaient aussi à ces réunions certains des meilleurs photographes et cinéastes de cette spécialité, tels que Stan Waterman et Peter Gimbel à qui l'on doit « *Mer Bleue - Mort Blanche* ».

Une réunion des « Ecumeurs des mers de Boston » au début des années 70. De gauche à droite : Ballard, Len Pinaud et Stan Waterman.

J'étais jeune et plein de révérence pour ces héros du monde sous-marin, impressionné non seulement par leurs exploits professionnels mais aussi par leurs talents de vulgarisateurs. Le récit de leurs aventures sous-marines coupait le souffle, comme d'ailleurs leur don pour les raconter au public. Stan Waterman et les autres évoquaient parfois le *Titanic*, rêvant à haute voix de leur envie d'aller y plonger et de se promener sur ses ponts majestueux. J'attrapai bientôt leur virus !

Au début de mon séjour à Woods Hole, il m'aurait été bien difficile de réaliser ce rêve. J'étais jeune et je préparais mon doctorat, ce qui absorbait tout mon temps. Je ne bénéficiais d'aucune réputation scientifique mais Woods Hole se révèlerait un excellent tremplin.

L'Institut Océanographique de Woods Hole était à l'époque, et demeure encore, l'un des deux plus importants laboratoires américains dans cette discipline. Notre principal rival était l'Institut d'Océanographie Scripps de la Jolla en Californie, qui se trouvait près de chez moi et où j'avais toujours aspiré d'entrer. Un autre concurrent sérieux était l'Observatoire Géologique Lamont-Doherty, dans l'Etat de New York. Pendant les années 60, les géophysiciens de Woods Hole avaient apporté leur contribution pour constituer une documentation exhaustive sur les fonds marins et les glissements de la croûte terrestre. L'Institut était déjà renommé lorsque l'Océanographie se développa, cependant que les programmes spatiaux en étaient à leurs débuts, en ces jours où l'on parlait des « Programmes Mouillés » de la N.A.S.A. pour la conquête des mers. A cette époque, les portraits des Océanologues faisaient la couverture du magazine *Times* au même titre que ceux des astronautes.

Mais, aux yeux des visiteurs, Woods Hole, en ces temps-là comme maintenant, pouvait difficilement passer pour un endroit propice à une intense activité scientifique. Le village avait gardé l'aspect somnolent d'une bourgade de la Nouvelle-Angleterre, avec une population d'à peine un millier d'âmes en hiver, s'étendant autour d'un magnifique port naturel, à l'extrême Sud-Est de Cape Cod. Dans le lointain, on peut apercevoir les parages du Détroit de Nantucket et l'archipel de Martha's Vineyard. En été, les habitants sont noyés sous des flots de touristes, arrivant par cars entiers pour emprunter les bacs à destination de Nantucket ou du « Vignoble ».

L'Institut Océanographique de Woods Hole, surnommé « Whooey » par ses résidents, fut créé au début des années 30 par quelques océanologues qui cherchaient un endroit tranquille pour travailler l'été. Il s'étend maintenant sur plusieurs hectares dans un domaine privé autour du village. Pour la plupart, ses bâtiments se fondent dans le paysage environnant, à demi-cachés par des frondaisons d'arbres séculaires. De prime abord, l'Institut n'a rien qui puisse altérer l'image du village banal, implanté à l'embouchure d'une rivière serpentant à travers la campagne ; mais, depuis sa fondation, l'Institut est devenu un endroit très sophistiqué.

Il est un phénomène unique en Amérique car c'est à la fois un centre universitaire mondial et une entreprise privée, compétitive sur le marché. Chaque chercheur travaillant à Woods Hole est, en un sens, un travailleur indépendant, œuvrant sous les couleurs de l'Institut. Woods Hole leur donne la crédibilité qui s'attache à un grand nom de l'Océanographie ; mais chacun doit subvenir à ses besoins et à ceux des personnes coopérant à ses travaux. Les scientifiques qui ont des projets et des ambitions rassemblent parfois une équipe pouvant former aussi bien une vaste et complexe organisation qu'un simple petit noyau.

Woods Hole est « gouverné » selon un système fédéral avec une structure administrative légère aux pouvoirs mal définis, assurant essentiellement la liaison entre les « Etats », fortement individualisés sous la conduite de « Directeurs de travaux », souvent en concurrence les uns avec les autres. La direction de l'Institut, le « Gouvernement Central », perçoit une dîme sur les ressources de chaque « Etat » mais, à part cela, il leur laisse une très large autonomie, n'intervenant que s'il estime qu'un « Etat » ternit l'image de marque de l'Institut ou s'engage dans des programmes qu'il ne pourra pas réaliser.

En compagnie du professeur Wilfred B. Bryan à bord du « mother-ship » d'origine de Alvin, *le* Lulu, *en 1974 durant le projet Famous.*

Je me rappelle que la première fois où j'ai vraiment pensé à partir rechercher le *Titanic* fut en 1973. J'avais alors quitté la Marine et, comme maître-assistant à Woods Hole, j'étais, à 31 ans, un membre impétueux du Groupe « Alvin ». *Alvin* est un petit submersible, triplace, baptisé du nom d'un de ses premiers défenseurs, Al Vine ; et le Groupe se battait en première ligne, sur le front de la technologie de l'exploration sous-marine. Construit en 1964, il avait été conçu pour être un outil de recherche mais ses performances étaient cependant limitées par sa coque en acier HY-100 qui ne lui permettait de plonger qu'à 2 000 mètres, bien en deçà de la profondeur moyenne des océans (environ 4 000 mètres).

L'océanographie progressait alors rapidement. Partant d'un stade passablement primitif, elle prenait un profil de science à haute technologie, regroupant plusieurs disciplines. Au premier plan de la recherche, il fallait travailler sur la théorie révolutionnaire dite « des plaques tectoniques » avancée par les géophysiciens armés de sonars sophistiqués et de navires équipés pour des forages à grande profondeur. (La théorie des « plaques tectoniques » explique le phénomène de la « dérive des continents », c'est-à-dire le fait que la croûte terrestre est découpée en plaques mouvantes à la surface desquelles les continents se déplacent l'un par rapport à l'autre). Les géophysiciens étaient en train de bouleverser l'image que nous nous faisions de notre planète. Ils avaient déjà dressé la carte de la Dorsale Médio-Océane et celle de vastes étendues du plancher marin.

J'étais, pour ma part, un géologue et non un géophysicien. J'avais toujours été porté sur ce qui se voit — observation ou expérimentation directe — et c'est ainsi que je m'étais orienté vers la géologie qui est une science d'observation : les géologues marins se servent de leurs yeux, les océanographes de leurs mains. Par contre, les géophysiciens travaillent dans l'abstrait, adorant les équations touffues et les théories compliquées, mais, en général, ils ont horreur de se salir les mains ! L'un de leurs instruments favoris est le sonar. Ils aiment bien mieux faire rebondir un train d'ondes sur le fond de la mer que d'y descendre pour l'examiner « de visu » ! Il a toujours existé une compétition entre ces deux écoles, que ce soit sur terre, sur mer ou dans l'espace.

Au début des années 70, les géologues sous-marins, dont j'étais — ceux qui avaient foi dans les vertus de l'observation directe — étaient quelque peu « sur la touche ». Nous étions cantonnés aux hauts-fonds du plateau continental alors que les géophysiciens méditaient sur les grands problèmes du Globe. *Alvin*, avec ses performances modestes, était obsolète. Il ne pouvait plonger dans les fosses océaniques où les plaques tectoniques ripent. De fait, les géophysiciens nous ricanaient au nez, à nous géologues qui dépendions d'un sous-marin ou de nos yeux et ils reléguaient *Alvin* au rang de jouet coûteux. « Il est trop difficile de voir sous l'eau, disaient-ils, le sonar est ce qu'il y a de mieux ! ».

Mais, en 1973, la coque d'acier de *Alvin* fut reconstruite en un alliage de titane. Cette nouvelle enveloppe doublait ses performances, lui permettant de plonger à plus de 4 000 mètres, assez pour la crête de la Dorsale Médio-Atlantique et, le cas échéant, juste ce qu'il fallait pour atteindre les fonds où le *Titanic* gisait. Ainsi, les géologues du Groupe *Alvin* pouvaient-ils dès lors se battre à armes égales avec les géophysiciens.

Grâce à ses améliorations, *Alvin* devenait le seul engin submersible moderne capable d'atteindre le *Titanic*. Les seuls autres sous-marins, dirigés de main d'homme, pouvant descendre aussi profond, étaient les bathyscaphes *Trieste* et *Archimède* mais, comparés à *Alvin*, ils étaient primitifs, énormes, incommodes, difficiles à entretenir et incapables de manœuvrer. C'étaient essentiellement des « monte-charge sous-marins » ! Par contraste, *Alvin* était un tout petit appareil autonome, avec la totale flexibilité d'emploi que cela implique.

Le programme élaboré en fonction des nouvelles performances que l'on pouvait attendre de *Alvin* fut baptisé Projet Titanus. Titane, Titanus, *Titanic*, sans doute étais-je obsédé par la similitude de ces trois mots. Peut-être aussi les conversations tournant autour du *Titanic*, que j'enten-

Le sous-marin habité *Alvin*

Alvin tel qu'il apparaissait en 1974.

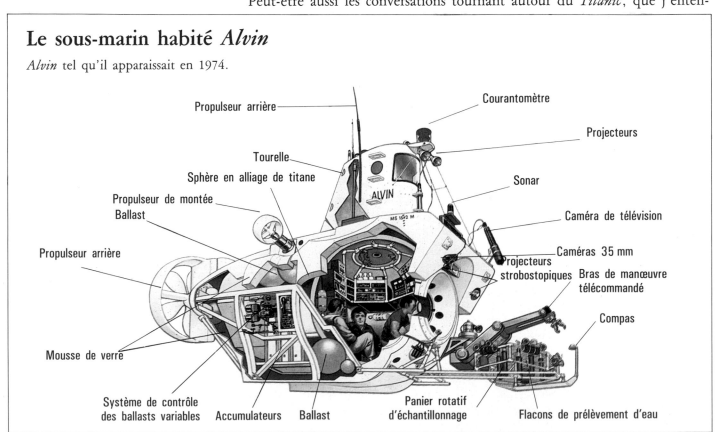

Propulseur arrière

Courantomètre

Projecteurs

Tourelle

Sphère en alliage de titane

Sonar

Propulseur de montée

Ballast

Caméra de télévision

Propulseur arrière

Caméras 35 mm

Projecteurs strobostopiques

Bras de manœuvre télécommandé

Compas

Mousse de verre

Système de contrôle des ballasts variables

Accumulateurs

Ballast

Panier rotatif d'échantillonnage

Flacons de prélèvement d'eau

dais depuis des années — particulièrement au sein des « Ecumeurs des mers » —, avaient-elles intoxiqué mon subconscient ? Quoi qu'il en soit, le *Titanic* commençait à polariser mes pensées. J'en venais fréquemment à m'imaginer pilotant *Alvin* pour le poser en douceur sur l'avant du *Titanic* ou le faisant défiler le long de la fameuse balafre laissée par l'iceberg.

Comme membre du Groupe Alvin, je pouvais combiner la recherche pure avec ma passion de l'aventure et le défi technologique. Descendre à grande profondeur et observer de mes propres yeux le fond des mers me semblait la seule vraie manière de faire de l'océanographie pratique.

En même temps, je rêvais aux moyens d'agrandir notre champ de vision en eau profonde. C'était certes passionnant de plonger à 4 000 mètres, comme un « astronaute sous-marin », mais je savais qu'il devait y avoir mieux à faire. J'étais déjà convaincu que le résultat optimal viendrait d'un engin tracté le long du fond et équipé de caméras spéciales et de projecteurs avec, éventuellement, l'aide de robots télécommandés. Parmi d'autres avantages, ce système économiserait énormément du temps que l'on consacre à descendre et à remonter dans des submersibles habités. Mais je savais aussi qu'il serait très difficile de faire partager ma vision des choses aux géophysiciens qui tenaient toujours les rênes du pouvoir. C'est pourquoi, en 1973, j'eus l'idée de présenter le *Titanic* non pas tant comme une aventure hasardeuse, que comme le point de départ du développement d'une technologie révolutionnaire de l'exploration visuelle des abysses. Pendant les sept années de préparation, de 1973 à 1980, ce fut ma ligne de conduite essentielle. Je pensais que l'idée de partir en chasse de ce navire de légende constituerait un merveilleux appât pour attirer les subventions indispensables pour disposer de tous les moyens techniques de repérage et pour filmer l'épave. Ainsi que des promoteurs comme Jack Grimm le prouveraient plus tard, ces ressources pouvaient être trouvées.

Mais avoir une idée et trouver son financement sont choses bien différentes ! Je devais voir bon nombre de mes propositions capoter au cours des années suivantes.

(A gauche) juste avant que le pilote de Alvin *ne purge les ballasts, un plongeur effectue les dernières vérifications.*

(Ci-dessus) Alvin *regagne le port du catamaran géant* Lulu, *son garage flottant. Le pilote se tient dans la tourelle (« voile ») du submersible et le dirige vers un berceau immergé entre les deux coques. Une fois en place, des plongeurs l'arriment et le sous-marin est hissé sur une plateforme où les techniciens préparent la plongée suivante.* Lulu *comporte les quartiers d'habitation et les ateliers de l'équipe de* Alvin *et de son propre équipage.*

Pendant ces années où je tentais de collecter des fonds pour monter une expédition sur le *Titanic*, je poursuivais parallèlement les études de géologie qui allaient me valoir une agrégation en 1974 et, ce faisant, je demeurais dans le droit chemin de Woods Hole. En 1973 et 1974, je pris part à l'exécution du « Projet Famous » (French American Mid-Atlantic Undersea Survey), l'expédition franco-américaine partie explorer la Dorsale Medio-Atlantique. Cette Dorsale est une immense chaîne de montagnes courant au milieu de l'Océan Atlantique ; elle est une branche d'un massif encore plus grand, s'étendant sur plus de 70 000 km autour de la Terre, nommé la Dorsale Medio-Océane. En 1973, an « un » du Projet Famous, je plongeai avec des chercheurs français dans leur bathyscaphe *Archimède*. En 1974, *Alvin*, avec sa nouvelle coque en alliage de titane, se joignit à *Archimède* et au sous-marin français d'exploration *Cyana* pour poursuivre cette expérience.

Dans les années qui suivirent, je descendis jusqu'à 6 000 mètres dans la fosse des Cayman, j'étudiai les oasis sous-marines, avec leurs vers géants et leurs bivalves, du Rift des Galapagos où prospérait un écosystème dépendant plus de l'énergie chimique que solaire et je découvris, dans la Dorsale Est-Pacifique, les extraordinaires « fumeurs noirs », qui sont des sources hydrothermales crachant des fluides riches en matières minérales, à une température dépassant celle de la fusion du plomb !

La deuxième année du Projet « Famous », en 1974, fut celle du voyage inaugural de ANGUS (Acoustically Navigated Geological Underwater Survey : Sous-marin de recherche géologique, guidé par sonar), équipé du procédé de positionnement acoustique mis au point avec *Alvin*. Ce système de positionnement, qui serait plus tard la clef de voûte de notre recherche du *Titanic*, permettait aux plongeurs comme aux techniciens en surface de localiser exactement *Alvin* au fond de la mer. Muni de cet équipement, n'importe quel engin porteur d'une petite balise d'interrogation sonar pouvait être situé avec une extrême précision. C'est pourquoi l'équipe de « Famous » se servit de ANGUS comme d'un sous-marin de complément. Au début, nous ne l'avons pas utilisé en liaison avec *Alvin*. Ceci viendrait plus tard.

Le nom fait sans doute impression, mais ANGUS devint bientôt un compagnon familier. On le surnomma rapidement « The Dope on the Rope » (« La ligne (de cocaïne) au bout d'une ficelle » !!). Réalisé en 1973, c'était une sorte de traîneau en tubes d'acier à haute résistance, sur lequel étaient montées des caméras « noir et blanc ». Il était remorqué au bout d'un long cable treuillé au-dessus de la zone à explorer ; ses appareils de prises de vues étaient orientés vers le bas, photographiant à jets continus. Le résultat fut une moisson de milliers de photos qui, une fois ajustées comme une mosaïque, fournissaient une vision directe du fond des mers.

ANGUS était parfaitement au point. Mais, avant de pouvoir examiner de nos yeux ce que les siens avaient vu, il fallait attendre qu'il soit remonté, que les films soient enlevés des caméras et développés. Par exemple, il n'aurait pas été très efficace pour rechercher le *Titanic*. En effet, avant que le film soit tiré, l'épave pouvait parfaitement se trouver loin derrière le navire de recherches et il aurait donc fallu repartir en sens inverse pour la retrouver. Déjà, en 1974, je pressentais qu'une nouvelle génération d'appareils remorqués à grande profondeur devait être mise en chantier. Nous devions en concevoir un qui donnerait, en temps réel, l'image du fond. Je nommai cette méthode la « téléprésence ». Pourtant, je n'avais pas encore la moindre idée du nom de l'engin que je voulais faire construire, mais, quand il fut réalisé, il fut baptisé du nom de *Argo*.

En 1976, pendant notre expédition dans la fosse des Iles Cayman, ANGUS commença de jouer le rôle primordial. Il devint un instrument d'exploration indispensable, désignant les lieux de plongée de notre sous-marin. Très vite, le Groupe *Alvin* ne put plus sortir en mer sans lui. C'était vraiment le commencement de l'ère des robots.

(En haut) à bord du *Lulu, j'examine le plus grand ver tubulaire que nous ayons ramené en surface ; son corps occupait plus de la moitié de la longueur du tube de 2,50 mètres.*
(Ci-dessus) vers tubulaires géants provenant des oasis sous-marines découvertes en 1977, près des sources hydrothermales proches du Rift des Galapagos, à l'Ouest de l'Equateur, dans l'Océan Pacifique.

Dans le même temps, j'explorai les potentialités de ANGUS pour dresser des cartes sous-marines. Je travaillai sur des techniques, de plus en plus élaborées, de photographie. Dans ce domaine, je fus aidé par l'Association « National Geographic Society » de Washington, et spécialement par son remarquable photographe, Emory Kristof, dont j'avais fait la connaissance en 1974 au cours du Projet « Famous ». Pendant longtemps, quand nous partions en mer, nous n'avions même pas de pellicules en couleurs, par contre il existait à bord un laboratoire de développement. Emory, à cette époque, vint partager mon rêve de découvrir le *Titanic*.

Ayant été reçu à l'agrégation, ma situation à Woods Hole se trouva sensiblement mieux assurée. J'étais, certes, toujours tenu pour son jeune chien fou par bon nombre de mes collègues plus vieux et mieux considérés et mon « abcès de fixation » sur le *Titanic* était regardé de très haut par d'aucuns trouvant que cette lubie n'était ni scientifique ni même décente de la part de quelqu'un qui avait l'honneur de travailler dans un Institut consacré essentiellement à la recherche scientifique pure ! Malgré cela, mon envie d'aller localiser l'épave grandissait... et je continuais de collectionner les diplômes.

Entre 1974 et 1977, aucun de mes projets sur le *Titanic* ne put quitter mes cartons. Quand je me penche sur ces années, je constate que 1977 fut l'année cruciale pour mes recherches. Ce fut celle de l'accident du *Alcoa* et de ma rencontre avec Bill Tantum, de l'Association Historique du *Titanic*.

Alors que la rumeur se propageait selon laquelle je m'efforçais de découvrir cette épave, des gens se manifestèrent auprès de moi. Un premier contact vint d'une firme nommée « Grands Evénements » qui m'écrivit au début de 1977. Cette Société avait le talent de transformer n'importe quelle astuce publicitaire en une source de profits. L'un de ses plus beaux succès avait été de racheter à la ferraille les câbles du pont suspendu du Golden Gate à San Francisco, de les découper en rondelles et de les revendre au prix fort comme souvenirs ! Je me rendis bientôt compte que leurs vues sur le *Titanic* n'avaient pour but que de le découper en petits morceaux pour en faire des presse-papiers !! Nos négociations tournèrent rapidement court... Mais, avant leur rupture, les dirigeants de « Grands Evénements » m'avaient présenté à Bill Tantum qu'ils avaient essayé d'embarquer dans leur galère !

Lorsque je fis sa connaissance, William H. Tantum IV était connu comme « Monsieur *Titanic* » par tous les fans nord-américains. Comme le disait sa femme Anne : « Il vécut et mourut pour le *Titanic* ». En vérité, Bill s'y était intéressé dès 1937, alors qu'il n'avait que sept ans, à l'occasion d'une croisière de vacances avec son père, à bord du *Duchess of Athol* de la Compagnie Canadian-Pacific. Au cours de ce voyage, le paquebot aborda le charbonnier danois *Maine* qui coula. Heureusement, le *Duchess of Athol* s'en tira, quant à lui, sans grand mal, mais l'incident fut pour les passagers le prétexte pour évoquer les tragédies maritimes anciennes. Ainsi, pour la première fois, le jeune Bill entendit-il les noms du *Empress of Ireland* (coulé en 1914 dans le Saint-Laurent, faisant de nombreuses victimes), du *Lusitania* (torpillé au large de l'Irlande en 1915, et perdu corps et biens) enfin, et non des moindres, du *Titanic*.

Je doute que qui que ce soit sur notre Terre en ait su autant que lui sur le *Titanic*. Petit à petit, surtout grâce à son rayonnement, ce navire devint beaucoup plus qu'une simple épave à retrouver dans les abysses. Il devint un chapitre passionnant de l'histoire de l'humanité. Tantum m'ouvrit toutes grandes les portes de sa bibliothèque, pleine de livres et de documents sur le sujet. Surtout, il me parla ! Bill adorait raconter et moi, assis près de lui, je ne me lassais pas de l'écouter. Il connaissait par cœur toute l'histoire de ce vaisseau. En l'écoutant, je commençais à percevoir toute l'étendue de ce

(En haut) notre engin remorqué à grande profondeur ANGUS *à la fin des années 70.*

(Au milieu) Bill Tantum et Ballard présentant à un mécène potentiel un projet d'expédition sur le Titanic.

(Ci-dessus) trouver et filmer le Britannic, *un des jumeaux du* Titanic, *fut sans doute le plus beau moment de la vie de Bill Tantum.*

drame et à partager la passion qu'il éprouvait. Quand il recréait les dernières heures du *Titanic*, il en faisait presque un être humain, dévoilant son âme. Très vite, je pus imaginer le commandant Smith parlant aux opérateurs radio alors que le bateau sombrait ; je voyais le colonel Gracie, courant partout, hors d'haleine, dans le dédale des ponts déjà inclinés, à la recherche, chevaleresque mais vaine, de l'introuvable Mrs. Candee...

Bill était un acteur né et possédait un don merveilleux pour vous remonter le moral. Il avait le chic de vous faire rire aux larmes, ayant toujours une nouvelle blague à raconter ou un tour à jouer et ceci, malgré une santé qui, depuis de nombreuses années, chancelait.

Quand je le rencontrai, il venait de travailler avec le commandant Cousteau à la recherche du *Britannic*, le jumeau du *Titanic*, dont la carrière avait été brève puisque, converti en navire-hôpital, il avait été coulé par une mine ou par une torpille, en 1916 dans la mer Egée.

Pendant les années qui ont précédé sa mort, il fut mon ami et ne cessa de me donner confiance. Quand je « cafardais » ou me sentais découragé, il trouvait toujours les mots qu'il fallait pour me réconforter. Il n'a jamais désespéré de moi. Aujourd'hui, sa femme Anne affirme que, depuis notre première rencontre, il avait acquis la certitude que je serais celui qui trouverait le *Titanic*. Pourtant, combien de fois en ai-je douté moi-même ? Son appui fut considérable, surtout à l'automne 1977, lorsque mon rêve parut s'abîmer définitivement au fond des mers.

Au printemps 1977, j'entrai en pourparlers avec la Société Alcoa Aluminium pour voir dans quelle mesure je pourrais utiliser son navire de recherches *Alcoa Sea Probe* pour mon « Opération *Titanic* ». Mais Alcoa m'avait devancé, en ce sens qu'elle était déjà en discussion avec l'Institut de Woods Hole pour lui faire don de son navire. Bien que les négociations n'aient, en définitive, pas abouti, cette nouvelle galvanisa mon énergie. Je me mis à étudier à fond les possibilités offertes par ce navire.

Le *Sea Probe*, enfant chéri de l'ingénieur naval Willard Bascom de l'Institut Scripps, était originairement un navire de forage, avec un énorme derrick planté au beau milieu, grâce auquel on utilisait un système de tubage conventionnel, non pas pour creuser des trous dans le sol, mais pour déposer au fond de la mer une lourde nacelle rectangulaire contenant toutes sortes d'instruments de mesures pour aider à la recherche, et notamment un sonar latéral, des caméras vidéo et des appareils de photographie. Cette nacelle était immergée au bout d'un train de tiges, longues de vingt mètres et, chaque fois que l'une était descendue, il fallait y visser la suivante, et ainsi de suite, tige après tige. Un câble fixé le long de ces tubes assurait la transmission des informations depuis la nacelle jusqu'au laboratoire en surface.

Quand on avait trouvé « quelque chose » au fond, la nacelle était hissée puis remplacée par un grappin que l'on descendait à son tour pour attraper l'objet et, laborieusement, on le remontait à l'air libre, vingt mètres par vingt mètres... Le train de tiges était capable de soulever un poids de 125 tonnes. Ce navire ainsi équipé représentait un sérieux progrès dans le domaine de la technologie sous-marine, mais c'était encore loin d'être l'idéal pour ce que j'avais en tête.

J'avais besoin d'un instrument traîné au bout d'un câble flexible, pouvant facilement être descendu et relevé... mais il fallait bien se contenter du *Sea Probe*. C'était à l'époque le « nec plus ultra ». En attendant, je dressais les plans d'une nouvelle caméra vidéo pouvant opérer à grande profondeur et qui serait placée dans la nacelle, au bout du train de tubes.

Il me fallut convaincre Woods Hole de m'aider dans cette aventure. Je fis valoir que si le *Sea Probe* retrouvait le *Titanic*, l'honneur en rejaillirait sur l'Institut qui y gagnerait une vaste notoriété dans le secteur de pointe de la recherche et de la cartographie du monde sous-marin, ce système pouvant être utilisé à des fins purement scientifiques. Le Dr Paul Fye, alors directeur, était un homme compréhensif et, quoique le « Gouverne-

(En haut) le Sea Probe *de la Société Alcoa, avec son haut derrick de forage.*

(Ci-dessus) descente de la nacelle du Sea Probe *dans la « Piscine de Lune » en préparation d'une série d'essais en 1977.*

ment » de l'Institut soit partagé, je reçus de lui le feu vert pour mener une série précise d'essais en mer. Officiellement, l'opération était destinée à mesurer l'intérêt que le *Sea Probe* pouvait présenter pour l'Institut. Ceci montrerait en même temps si je disposais ou non du matériel convenant à une expédition sur le *Titanic*.

Je commençais à rassembler un matériel sophistiqué : de Westinghouse, j'obtins un sonar latéral que l'on pouvait fixer à la nacelle pour « voir » les objets de part et d'autre ; du Laboratoire de Recherches de la Marine, je reçus un magnétomètre remorquable à grande profondeur (cet appareil, tiré par un long câble juste au-dessus du fond, mesurant le magnétisme de tout objet détecté, permettait d'écarter tout ce qui n'était pas métallique) ; la Marine de Guerre me fournit un LIBEC, appareil complexe de prises de vues sous-marines en noir et blanc, mis au point par Bucky Buchanan du Laboratoire de Recherches de la Marine. La Société Benthos me remit des caméras sous-marines et l'Association National Geographic Society compléta l'équipement photographique. Les diverses caméras et le sonar seraient placés dans la nacelle et le magnétomètre au bout d'un tangon. En même temps, j'entrepris de faire le tour des mécènes susceptibles de patronner (et de « sponso-riser ») mon « Projet *Titanic* », jusques et y compris la Société Alcoa !

Dans l'ordre chronologique, Bill Tantum et moi nous attaquâmes d'abord aux problèmes de la localisation de l'épave et de son état. Si nos essais en mer s'avéraient concluants, je pouvais espérer, en 1978, aborder le sujet de façon pratique. C'est ainsi qu'avec Bill, nous passâmes au crible toutes les informations disponibles et j'en tirai un plan de recher-ches. J'en vins à la conclusion que le *Titanic* devait se trouver dans une zone déterminée de cent milles carrés (350 kilomètres carrés) et j'estimai que le dépistage demanderait de dix à douze jours... J'aurais mieux fait de compter en années !!!

Il n'existait aucune controverse sur les données historiques. Le signal officiel de détresse « C.Q.D. » avait été émis par le *Titanic* alors qu'il était supposé se trouver par 41°46' Nord et 50°14' Ouest, selon le point cal-culé par le 4e Officier Boxhall qui avait la réputation d'être un excellent navigateur. Mais il y avait de bonnes raisons de penser que Boxhall s'était trompé. Le commandant Rostron, du *Carpathia*, fonçant à la rescousse à toute vapeur, venant du Sud-Est, était arrivé aux canots de sauvetage bien plus tôt qu'il ne l'avait calculé, ce qui signifiait que le naufrage avait eu lieu au Sud-Est de sa position « officielle ».

En fonction des éléments dont il disposait, il n'était guère surprenant que Boxhall se soit fourvoyé. Il avait déterminé sa position « à l'estime », prenant en compte la distance parcourue depuis le dernier point relevé au crépuscule et en extrapolant à partir de la vitesse supposée du navire et de l'orientation de sa route. Mais on sait qu'un relèvement pris sur un astre bas sur l'horizon (comme le soleil à son coucher) n'est pas précis et la navigation à l'estime ajoute à cette imprécision. De plus, Boxhall ne con-naissait rien des courants de l'Océan et, pour peu que le navire ait fait route un tout petit peu plus vite qu'il ne le pensait, sa position réelle pouvait facilement différer de dix milles ou plus.

Nous avions la certitude que l'épave ne pouvait pas reposer à l'Ouest du point mentionné dans le message de détresse, mais cela impliquait tout de même de prospecter une vaste zone pour être sûrs qu'elle gisait à l'inté-rieur. Par la suite, il s'avéra que la zone que j'avais déterminée en 1977 était virtuellement superposable à celle où nous travaillerions en 1985. De fait, Bill Tantum avait calculé où le *Titanic* devait se trouver et le point qu'il marqua sur la carte se révéla remarquablement proche de celui où nous le retrouvâmes. Il situait l'épave par 50°01' Ouest et 41°40' Nord, soit trois milles et demi à l'Ouest et légèrement au Sud du point réel.

Au début d'octobre 1977, tout était sensiblement prêt pour des essais en mer. Malheureusement, la santé déclinante de Bill Tantum l'empêcha

Le derrick du Sea Probe *de nuit. Au premier plan, se trouve l'aire de stoc-kage pour 1 000 mètres de tubages.*

de prendre part à cette expédition, mais Emory Kristof avait pu se joindre à nous. Il était devenu un de nos compagnons habituels, avec la bénédiction de l'Association National Geographic Society, et il s'occupait notamment du tirage des photographies sous-marines.

Le *Sea Probe* n'était sans doute pas le navire idéal pour notre projet, mais il exerçait une attirance profonde sur mon côté romanesque : je m'imaginais en Capitaine Nemo ! Il était percé en son milieu, au-dessous d'un haut derrick dépassant les superstructures, d'un grand puits pour laisser passer les trains de tiges. Au pied du derrick, sur le pont — au-dessus de l'immense cabine, froide comme une grotte, où les ingénieurs travaillaient sur la nacelle — des foreurs vissaient et dévissaient les tubes qu'on descendait et remontait, cependant que l'eau jaillissait en éclaboussures dans ce que nous appelions le « Puits de Lune » juste au-dessous. Sur un côté, derrière une vitre qui donnait une vue panoramique du spectacle bruyant des machines cliquetantes et des équipes en pleine agitation, se trouvait le centre de contrôle, propre, silencieux, accueillant et brillant de toutes ses lumières, rempli d'étincelants appareils scientifiques. C'était le royaume du Capitaine Nemo... et j'adorais m'y tenir.

Le *Alcoa Sea Probe* appareilla de Woods Hole exactement selon le programme. Un peu comme le *Titanic* pour son voyage inaugural. Et, comme lui, quelques jours après le départ, la catastrophe survint ! L'équipe de forage avait travaillé dur toute la journée pour descendre à 1 500 mètres de profondeur, vingt mètres par vingt mètres, notre nacelle avec ses coûteux appareils. A la fin, nous étions arrivés à vingt mètres du fond et l'équipe, recrue de fatigue, avait arrêté le travail pour la nuit. Pour ma part, je mettais au point, durant de longues heures, le programme des essais du sonar Westinghouse qui m'avait été confié. Alors que le jour tombait, aucun de nous ne se doutait qu'une erreur fatale avait été commise. Juste avant de lever l'ancre, notre chef-foreur nous avait quittés et nos foreurs ne savaient pas qu'un tubage spécialement renforcé devait être mis en place avant toute opération.

Vers deux heures du matin, alors que presque tout le monde à bord était couché, je travaillais au centre de contrôle avec une équipe réduite de trois techniciens, mettant la dernière main à la préparation du sonar pour la première vérification des caméras de la nacelle, le lendemain. Nous étions dans le même état de concentration que celui que l'on éprouve lorsque, au cours des longues heures de la nuit, on ne s'est laissé distraire par rien. Sauf le continuel « ping - ping » du sonar, le silence n'était rompu que par des bribes de conversations.

Vue aérienne de la « Piscine de Lune » à travers laquelle notre coûteux matériel tomba pour s'écraser au fond.

Soudain, la foudre tomba sur nos têtes ! Ce fut un bruit de fin du monde ! Nous nous ruâmes hors de la pièce et tombâmes sur une épouvantable scène de cataclysme. Le train de tiges s'était brisé et l'énorme contre-poids situé en haut du derrick avait chuté comme une bombe sur nos têtes ! Un kilomètre de tubes, pesant plus de vingt tonnes, avait plongé au fond de la mer avec une puissance telle que notre nacelle et tout ce qu'elle portait s'étaient enfouis à tout jamais dans la vase ! Les câbles de communication sectionnés, pendant du derrick, fouettaient l'air en faisant jaillir de dangereuses gerbes d'étincelles ! Quelqu'un se précipita pour couper le courant, d'autres vinrent se pencher sur la « Piscine de Lune » comme s'ils espéraient apercevoir la trace du tubage enfui… L'étendue du désastre nous frappa de stupeur : en un seul coup du sort, toute notre mission était anéantie… Ce n'était pas seulement un terrible retour à zéro, c'était aussi un coup formidable, frappé tant à la confiance que les autres avaient placée en moi qu'à celle que j'avais en moi-même.

Je revins donc à Woods Hole, ayant perdu tout l'équipement dont j'avais pu disposer, à l'exception du magnétomètre. Heureusement, Alcoa avait souscrit une police d'assurances garantissant la perte du matériel à hauteur de 600 000 dollars. Mais il était sûr que, la prochaine fois, les choses seraient infiniment plus difficiles. J'avais volé très haut, ayant toujours le sentiment que la chance me souriait, j'avais dépassé mes limites et, brutalement, j'étais rejeté à terre…

Mais je n'allais pas pour autant renoncer au *Titanic*, pas à cause d'un accident de parcours, même grave. Et même si j'avais eu l'idée de laisser tomber mes recherches, Bill Tantum ne l'aurait pas entendu de cette oreille. Il était encore plus convaincu que moi que le *Titanic* devait absolument être retrouvé.

Peu de temps après le drame du *Sea Probe*, il me présenta à un producteur anglais nommé Alan Ravenscroft, qui voulait tourner un documentaire sur cette découverte, d'autant plus qu'il avait déjà réalisé un film romancé sur la tragédie du *Titanic*. Avec l'aide des dirigeants de l'Association National Geographic Society et celle d'autres amis, je fis le tour de nouveaux sponsors potentiels, notamment la B.B.C., les principales chaînes de télévision américaines et Roy Disney.

Entre autres conséquences de l'accident du *Sea Probe*, les « Gouvernants » de Woods Hole prirent leurs distances par rapport à mon « Projet *Titanic* ». Rétrospectivement, je les comprends, mais, sur le coup, je me sentis abandonné. En particulier, il me fut demandé de ne pas continuer mon programme sous le couvert de l'Institut. Sachant combien Woods Hole travaille en association avec ses chercheurs, je me voyais en fort mauvaise posture. Jusque-là, j'avais eu l'habitude de solliciter des subventions pour mes projets en me parant du drapeau prestigieux de l'Institut. Dorénavant, ce patronage m'était refusé.

Je suis certain que les gens de Woods Hole pensaient que je rangerais mes bagages et que je reviendrais, penaud, à la Science Pure (que je n'avais jamais délaissée). Au lieu de cela, je constituai une société avec, pour associés : Bill Tantum, Emory Kristof et Alan Ravenscroft. Elle fut baptisée « Seaonics International » et avait pour unique objet social : Trouver des fonds pour construire des engins remorqués, capables de prendre des vues à grande profondeur… et de retrouver le *Titanic* ! Je pensais, une fois le financement assuré, revenir devant le Directoire de Woods Hole et le placer devant le fait accompli. John Steele, le nouveau patron de Woods Hole, ne parut pas spécialement ravi… et, en un sens, je le compris !

En mai 1978, toutes mes tentatives financières avaient échoué et il ne me restait plus d'espoir qu'en Roy Disney. Il était venu à Woods Hole et en avait paru fortement impressionné et vivement intéressé. C'est alors que, début juin, il me fit part de sa décision : « En raison de l'énorme mise de fonds dont vous avez besoin, il ne nous est pas possible de nous engager. » (Nous voulions rassembler un million et demi de dollars !). Ce

Ce dessin a été réalisé en 1978 pour montrer à Roy Disney comment nous projetions d'explorer le Titanic. *Le robot sous-marin qui y figure n'est pas éloigné de* Jason Junior *que nous devions utiliser en 1986.*

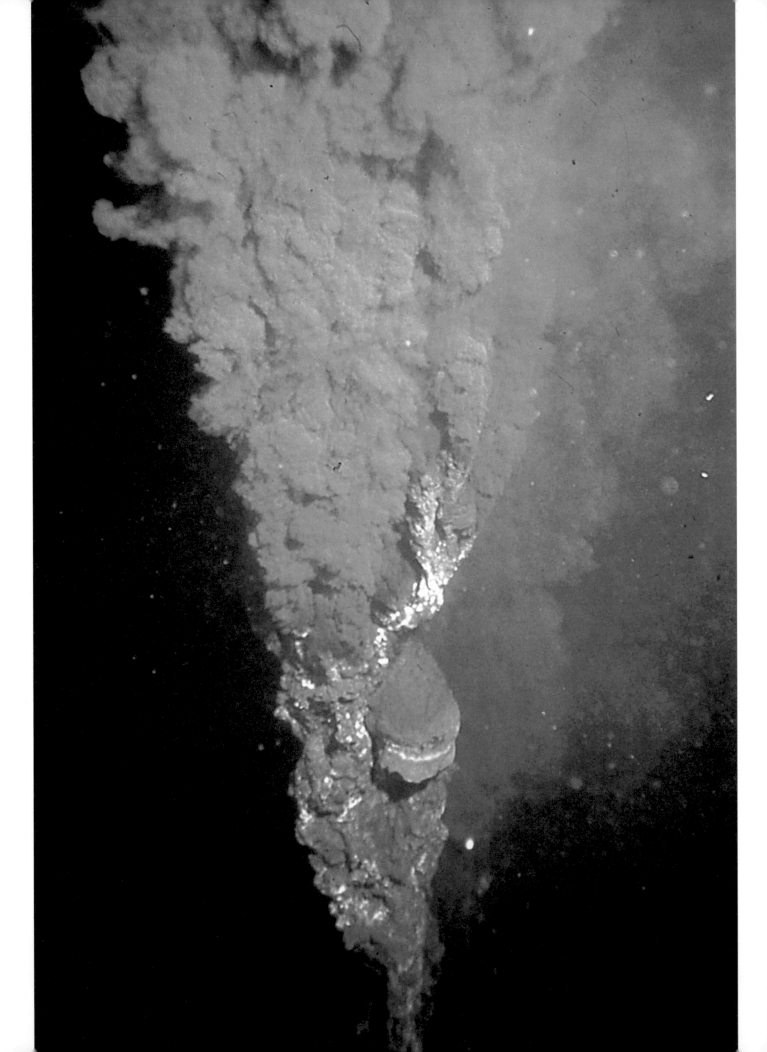

fut comme si la nacelle du *Sea Probe* s'écrasait une seconde fois au fond des mers. Je dois reconnaître que je demandais beaucoup. Je voulais trouver quelqu'un qui finance non seulement la construction de mes « mains » et de mes « yeux » sous-marins mais également assume les frais de l'expédition de recherches proprement dite.

En 1979, ayant toujours le « Projet *Titanic* » qui mijotait au coin du feu, Emory Kristof et moi eûmes l'opportunité d'entreprendre de nouvelles expériences dans le domaine de la photographie sous-marine. Emory et ses collègues de la National Geographic Society furent les artisans de l'élaboration de nouvelles caméras et de la réalisation d'un laboratoire de développement « couleurs », installé à bord d'un navire, pour le tirage des vues prises par notre ANGUS. Lorsque nous sommes repartis pour le Rift des Galapagos pour y observer à nouveau la vie des grands fonds que nous avions découverte en 1977, nous étions en possession du plus récent appareil existant sur le marché hautement compétitif de la technologie télévisuelle. Nous espérions qu'il nous donnerait des images vidéo très contrastées des profondeurs.

La caméra miniature de télévision fut montée sur *Alvin*, sur le bras mobile servant à saisir les échantillons. Cette fois, en observant les sources hydrothermales, nous pûmes revenir avec des images vidéo spectaculaires qui furent le clou d'une émission spéciale de la National Geographic Society intitulée « Plongée aux confins de la Création ». Fait encore plus remarquable, ce voyage fut le premier où des hommes de science à l'intérieur de *Alvin* se détournèrent des hublots pour contempler le spectacle sur leur écran de télévision. Je pouvais alors imaginer le jour où nous remplacerions *Alvin* par des objectifs télécommandés dans les abysses.

(En face) un « Fumeur Noir » crachant des fluides à plus de 650° Farenheit.

Pendant les années qui suivirent le drame du *Sea Probe*, je ne cessai de promouvoir mon « Projet *Titanic* » par l'intermédiaire de Seaonics International, en y consacrant tout le temps et toute l'énergie dont je disposais, mais je n'allais manifestement pas dans la bonne direction. A un moment, Seaonics fut contactée par un pétrolier texan millionnaire, nommé Jack Grimm, qui voulait monter une expédition sur le *Titanic*. Emory Kristof discuta brièvement avec lui mais aucun de nous n'aimait le style de Grimm et nos négociations avortèrent. Nous avions assez des brasseurs d'affaires et autres promoteurs. L'enthousiasme de Bill Tantum ne faiblit jamais, mais sa santé déclinait de plus en plus. Il me semblait que mes espoirs mourraient avec lui. J'appris alors que Jack Grimm avait fait équipe avec des chercheurs de l'Institut Scripps et de l'Observatoire Lamont-Doherty et qu'ils devaient partir, au cours de l'été 1980, à la recherche du *Titanic*. Le célèbre Dr Fred Spiess, que je considérais comme une Némésis, devait en faire partie.

Ceci me coupa le souffle ! « Bien, pensai-je, Fred aura son *Titanic* ! ». Il était temps pour moi de reprendre les errements normaux d'une carrière. En somme, si je voulais retrouver ma sérénité, je n'avais qu'à revenir sagement à mes livres. En juin 1979, je fis mes bagages et emmenai ma famille passer une période sabbatique à l'Université Californienne de Stanford. C'était un endroit merveilleux pour travailler... et pour me cacher pendant que d'autres réaliseraient mon rêve. Je ne doutais pas un instant que Fred Spiess et Bill Ryan, de l'Observatoire Lamont, parviennent à retrouver l'épave et je ne voulais pas que l'on puisse venir me narguer après leur succès. Je suis d'un naturel orgueilleux et je voyais là une lourde défaite dans une bataille où j'avais jeté toutes mes forces.

Un an plus tard, début juin 1980, Bill Tantum mourut. Jusqu'à la fin, il avait vécu pour et par le *Titanic*. A peine trois semaines avant la crise qui devait le terrasser il s'était rendu à Rimouski, dans la Province du Québec, pour y prononcer le discours d'inauguration du musée consacré au paquebot *Empress of Ireland*. Apparemment, jusqu'à son dernier souffle, il avait cru qu'il trouverait le *Titanic*. Sa foi était plus ardente que la mienne.

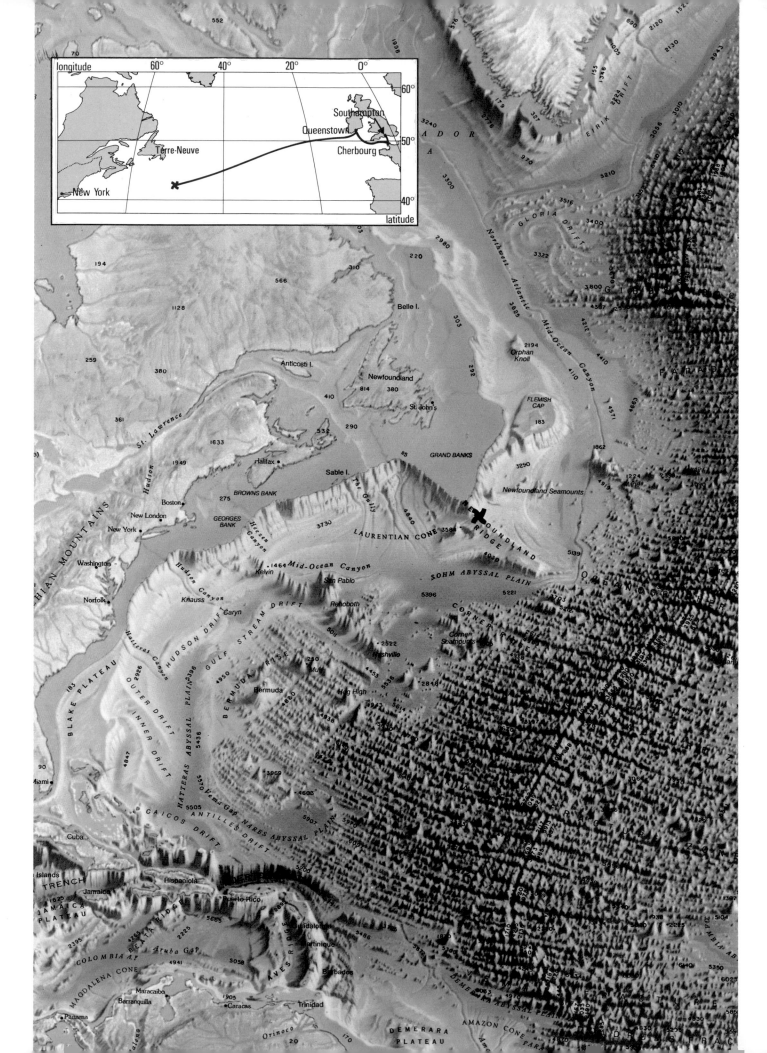

longitude

60° 40° 20° 0°

latitude

70

60°

Southampton
Queenstown

50°

Terre-Neuve

Cherbourg

New York

40°

552

1998

3240

970

3300

2776
3825

3322

2194
Orphan
Knoll

4110

4663
4571

183

FLEMISH
CAP

1862

Newfoundland Seamounts

5139

NEWFOUNDLAND RIDGE

5221
3703

5396

SOHM ABYSSAL PLAIN

4030

LAURENTIAN CONE

GRAND BANKS

3290

St. John's

Newfoundland

Belle I.

Anticosti I.

194

1128

566

310

220

2980

303

292

259

380

410

814

380

290

361

St. Lawrence

1633

1949

Halifax

Sable I.

45

The Gully

4840

BROWNS BANK

275

Hudson

Boston

New London

New York

GEORGES BANK

Heezen Canyon

3730

Washington

Hudson Canyon

1464 Mid-Ocean Canyon

Kelvin

San Pablo

Norfolk

Knauss

Caryn

Rehoboth

511

2522

Nashville

GULF STREAM DRIFT

HUDSON DRIFT

Hatteras Canyon

OUTER DRIFT

INNER DRIFT

BLAKE PLATEAU

185

BERMUDA RISE

4950

Bermuda

1820

Mutt

290

4453

5536

Hog High

2848

3969

HATTERAS ABYSSAL PLAIN

5436

4867

90

Miami

5505

Vema Gap

5570

NARES ABYSSAL PLAIN

ANTILLES DRIFT

CAICOS DRIFT

5907

4608

5970

Cuba

TRENCH

Jamaica

JAMAICA PLATEAU

1625

Hispaniola

Puerto Rico

5665

5200

BEATA RIDGE

2225

Aruba Gap

2295

COLOMBIA Ab.

4941

5059

MAGDALENA CONE

Maracaibo

Barranquilla

Panama

Caracas

Orinoco

20

Trinidad

Martinique

Barbados

AVES RIDGE

Guadaloupe

5486

DEMERARA PLATEAU

AMAZON CONE

1905

CHAPITRE 4

« Sur la touche »

QUAND, EN 1980, L'EXPÉDITION DE JACK GRIMM EMBARQUÉE SUR LE *H.J.W. Fay* appareilla de Port Everglades, en Floride, je me trouvais à l'autre bout du monde. Faisant équipe avec des océanologues français, j'avais mis mon sac à bord du navire océanographique *Suroît* et nous explorions le Pacifique Sud, quelque part entre l'Ile de Pâques et celle de Pitcairn. Il ne m'échappa pas que Pitcairn avait été le refuge où les mutins du *H.M.S. Bounty* étaient venus se cacher. J'avais un peu la sensation de faire la même chose !

Jack Grimm, l'exubérant pétrolier texan, surnommé « Cadillac Jack » en raison de son amour immodéré pour les vieux tacots, avait à coup sûr fait son plein de publicité. Il avait vendu par anticipation les droits de diffusion sur les médias de l'aventure en préparation, parlait des trésors qu'il entendait extraire de l'épave et dont il se proposait, du moins pour certains, de faire donation au Smithsonian Institute ! A la façon dont il l'évoquait, on aurait pu croire qu'il avait déjà trouvé le *Titanic*.

Grimm était un curieux mélange d'homme d'affaires rusé et d'écolier naïf et romanesque, de mercanti sordide et de Don Quichotte. Auparavant, il s'était déjà lancé dans bon nombre d'entreprises farfelues telles que la recherche du trou de l'Axe Terrestre au Pôle Nord, celle de l'Arche de Noé en Turquie, du Monstre du Loch Ness en Ecosse et de l'Abominable Homme des Neiges au Tibet ! Faire de l'argent ne lui suffisait pas : il voulait se faire une place dans les manuels d'Histoire. Cette fois, dès lors qu'il partait chercher quelque chose qui existait vraiment, il avait toutes chances de parvenir à ses fins.

Si Grimm aimait prendre des risques, ce n'était pas pour autant un imbécile. Pour diriger son expédition sur le *Titanic*, il s'était assuré les services de Fred Spiess et de Bill Ryan, deux des meilleures océanologues du monde, hommes de science de grande valeur et compétiteurs acharnés. Spiess, géophysicien, avait été désigné comme chef de l'expédition car il connaissait mieux que personne au monde le problème du remorquage des sonars latéraux au-dessus du fond des mers. Il accepta de participer à l'aventure car le succès de « l'Opération *Titanic* » serait un formidable atout pour le développement du sonar, conduisant à des appareils encore plus perfectionnés, donnant des résultats encore meilleurs. L'intérêt essentiel, pour Ryan, était de prendre et de conserver une avance absolue dans la technologie de la cartographie sous-marine. L'expédition était donc organisée pour répondre à ces objectifs scientifiques. Et, bien entendu, les deux hommes étaient motivés par le monumental défi à relever.

Déjà, au temps où je faisais mes études d'Océanographie, Fred Spiess était à l'apogée d'une brillante carrière qui l'avait porté au pinacle de la science sous-marine. Il avait glorieusement servi dans les submersibles au cours de la deuxième guerre mondiale, puis avait obtenu un doctorat de physique nucléaire. Il était entré à l'Institut Scripps pour revenir à ses premières amours : la mer. Arrivé en 1952, patron depuis 1958 du laboratoire de physique marine, il était au premier rang des chercheurs travaillant à l'amélioration du sonar, dans le domaine de la détection des objets existant dans les grands fonds. Parmi bien d'autres choses, il avait inventé

(Ci-contre, en haut) la route du Titanic *de Southampton jusqu'au lieu du naufrage. (Ci-contre) carte des fonds sous-marins dans la région où le* Titanic *coula.*

(Ci-dessus) Jack Grimm sur le quai de Boston, au retour de sa seconde expédition en 1981.

une plate-forme semi-submersible, baptisée Flip, utilisée pour l'étude de la réflexion des ondes sonores dans l'eau. Ce long et mince cylindre était remorqué jusqu'en un endroit déterminé où ses ballasts étaient remplis, le faisant basculer en position verticale, permettant alors aux chercheurs d'aller y faire leurs expériences. Pendant des années, il avait aidé la marine à retrouver plusieurs épaves de navires coulés.

La communauté des océanologues est peu nombreuse et assez soudée. Quand je travaillais à Woods Hole, j'avais fait la connaissance de Fred Spiess et une amicale rivalité s'était créée entre cet homme qui avait sensiblement l'âge de mon père et moi. Il m'avait blackboulé, au milieu des années 60, lorsque j'avais voulu m'inscrire au programme d'Études Supérieures de Scripps et je voulais encore lui prouver qu'il avait eu tort. Nous avions participé, ensemble, à diverses expéditions, comme celle de 1979, sur la Dorsale Est-Pacifique où furent découverts les « Fumeurs Noirs » et nous avions projeté, sans arrière-pensée, durant des années, d'unir nos forces pour chercher le *Titanic*. Mais il faut croire que je n'avais pas été capable de faire l'affaire...

Bill Ryan, de l'Observatoire Géologique Lamont-Doherty de New York, avait travaillé à Woods Hole au début de sa carrière et il avait ensuite effectué des recherches dont les résultats expliquaient la formation des canyons sous-marins et les mouvements géologiques des grands fonds. C'est maintenant l'un des meilleurs spécialistes mondiaux en matière de cartographie océanique. Comme Spiess, Ryan est en même temps un savant et un technicien remarquable dans le domaine de la technologie exploratoire.

*Fred Spiess, de l'Institut Océanographique Scripps (**à gauche**) et Bill Ryan, de l'Observatoire Géologique Lamont-Doherty.*

L'expédition de Grimm, en 1980, souffrit de sévères handicaps dont le plus sérieux fut qu'il ne put bénéficier des services de l'engin déjà éprouvé par l'Institut Scripps : la « Remorque Profonde ». La méthode consistait à tracter, à grande profondeur, un sonar latéral à courte portée, assez semblable à celui que les Français devaient utiliser au cours de la première partie de notre expédition commune en 1985 et que Spiess avait amélioré au début des années 60. Année après année, il l'avait perfectionné au point d'en faire un appareil de détection et de repérage parfaitement fiable. Mais lorsqu'en 1980, l'équipe de Grimm se rendit sur le site, la « Remorque Profonde » avait été réservée pour travailler ailleurs pendant l'été... et c'était le seul sonar qui eut pu faire l'affaire.

Pourtant, Bill Ryan convainquit Grimm de subventionner la mise au point du *Sea Marc*, un sonar de portée intermédiaire à large faisceau, destiné à l'exploration des zones géologiques telles que les affaissements sous-marins et les réseaux de canyons.

Malheureusement, *Sea Marc* n'était pas idéal, de loin, pour rechercher le *Titanic*. En son principe, il fonctionnait comme tous les sonars latéraux remorqués près du fond. « Planant » à 200 mètres au-dessus du fond au bout d'un câble, il jetait un « éclair » de chaque côté mais, au lieu de lumière, il émettait des ondes sonores. Tout objet se trouvant dans le faisceau d'ondes produisait une « ombre » et ses caractéristiques étaient enregistrées lorsque l'onde, rebondissant sur l'objet, était captée en retour par l'engin.

Le gros avantage de *Sea Marc* pour une telle recherche était qu'il pouvait « découper » le fond de l'océan en bandes de 3 à 6 kilomètres de large, soit deux fois et demie à cinq fois la largeur couverte par le sonar Scripps. Il scrutait donc beaucoup plus de terrain pendant la courte période de temps propice. Son inconvénient était, par contre, que les images qu'il donnait avaient une résolution beaucoup moins bonne que celle de la « Remorque Profonde », encore qu'il soit capable de repérer un objet de la taille du *Titanic*, même en limite de portée. Mais, pour peu que les conditions atmosphériques soient mauvaises, les enregistrements du sonar de *Sea Marc* devenaient encore plus imprécis car les mouvements de la surface avaient une incidence directe sur les performances de l'engin tracté en profondeur, le câble de traction amplifiant les secousses. Comme il couvrait une vaste superficie, un gros objet pouvait demeurer inaperçu dans le fouillis des ombres créées par un fond irrégulier. Pour rendre les choses encore plus hasardeuses, Ryan devait en outre travailler avec un matériel qui, outre toutes ses insuffisances, était tout neuf et non encore testé, alors que les recherches battaient leur plein. En somme, *Sea Marc* pouvait parfaitement passer au-dessus du *Titanic* et ne pas le « voir ».

L'expédition était programmée de telle sorte que la zone d'exploration soit atteinte à la fin de juillet. Ceci laissait à Ryan trois mois pour préparer *Sea Marc* et résoudre toutes les difficultés. Ce ne fut pas une surprise : quand le navire quitta son port de Floride, on travaillait encore à la mise au point des appareils. Les premiers essais furent effectués en cours de route et les réparations de dernière minute exigèrent une longue escale aux Bermudes. Mais Bill réussit le miracle de tout mettre en état... bien qu'il ait fallu aplanir bon nombre de rugosités !

Avant l'appareillage, Grimm avait fait de son mieux pour que l'opération tourne au carnaval publicitaire ! Par exemple, il voulut à toutes forces qu'un singe, nommé Titan, fasse partie du voyage ! Selon William Hoffman, qui écrivit « Hors d'atteinte », la relation de la seconde expédition de Grimm : « Ce singe avait été dressé à montrer sur la carte un point indiquant la position du *Titanic*. Grimm pensait que ce serait un excellent atout pour le film qu'il entendait tirer de l'expédition. Les savants, particulièrement le célèbre professeur Spiess, trouvaient cette idée bizarre, stupide, tout juste bonne pour une foire, ayant pour seul effet de rabaisser et ridiculiser ce qu'ils considéraient comme une très sérieuse entreprise. Ils posèrent un ultimatum : « Ce sera le singe ou nous ! » ; « Au diable les savants ! », répondit Grimm ! Heureusement, la raison l'emporta... et le singe fut laissé à terre ! »

En 1980, ils ne firent pas mieux que le singe ! Avant de partir, les chercheurs s'étaient concentrés sur les aspects scientifiques de l'opération, laissant à Grimm le soin de rassembler les documents historiques. Comme Bill Ryan le rappelle, ils avaient tout misé sur une unique hypothèse de travail : le *Titanic* avait coulé à l'Est de la barrière de glaces devant laquelle le *Californian* s'était arrêté pour la nuit. Quand les savants se rendirent compte des lacunes accusées par les analyses des documents d'archives, ils tentèrent en hâte de rectifier leurs données de base, alors qu'ils étaient déjà en route pour la zone.

Repêchage de Sea Marc 1. *Bill Ryan est à l'extrême droite.*

Le fondement de leur stratégie consistait à mener des investigations aux alentours de l'endroit d'où le *Titanic* avait lancé son S.O.S. S'ils devaient n'y rien trouver, ils prospecteraient un terrain plus vaste, rectangulaire, légèrement dans l'Est de cette position et circonscrit entre 41°40' et 41°50' Nord et entre 50° et 50°10' Ouest. Cette région est coupée en deux, dans le sens Nord-Est/Sud-Ouest par une profonde vallée sous-marine avec de nombreuses ramifications, que les scientifiques avait baptisée le « Canyon du *Titanic* ».

Conformément aux plans établis, le voisinage de la position officielle de détresse du *Titanic* fut ratissée… et on n'y trouva rien ! Alors, on décida d'entreprendre une série de trajets Nord/Sud pendant lesquels le sonar de *Sea Marc* balaya de vastes zones du sol marin, recouvrant soigneusement chaque bande explorée sur la suivante. Cette méthode, baptisée « tondre le gazon », consiste à aller et venir selon des routes parallèles, inflexibles et fastidieuses. Pendant ce temps, les conditions atmosphériques empiraient et le *Fay* se révélait fort mal adapté à cette tâche. On perdit souvent un temps précieux car il ne pouvait faire route utile que par vent arrière et qu'il allait alors trop vite pour traîner *Sea Marc* à la bonne profondeur. Selon Fred Spiess, 30 à 50% du temps passé sur le site fut gâché par le mauvais temps et les ennuis avec les équipements.

Le 2 août, après seulement un jour et demi de recherches, le mauvais sort frappa ! L'aileron de queue en fibre de verre de *Sea Marc* fut arraché dans un virage pris trop vite, entraînant avec lui dans l'abîme le magnétomètre. La perte de cet appareil, qui aurait signalé la présence de tout objet métallique de la taille d'une coque de navire, s'ajoutant aux difficultés initiales de *Sea Marc*, transforma la suite de l'expédition de 1980 en une sorte de colin-maillard joué dans le noir avec un œil fermé et l'autre qui louche ! Néanmoins, Ryan réussit à réparer son sonar et lui fit ratisser une zone de 1 700 kilomètres carrés où il recueillit quatorze échos sonar, largement dispersés, parmi lesquels plusieurs avaient une dimension comparable à la coque du *Titanic*. S'il avait disposé d'un magnétomètre, il aurait pu éliminer immédiatement, comme étant d'origine non-métallique, la plupart si ce n'est la totalité d'entre eux.

Tout au long de cette expédition, Spiess et Ryan souffrirent non seulement du mauvais temps et des ennuis techniques mais aussi des déclarations fracassantes de Grimm à terre. A un moment, il fit même croire à la presse que le *Titanic* avait été retrouvé !! Quand ceux du *Fay* entendirent cette nouvelle, elle déclencha une explosion de ricanements et d'incrédulité. Comme conséquence de cette stupide propagande, lorsque le navire arriva en rade de Boston au retour, les savants furent invités par Grimm à confirmer ce bobard ! Après l'accostage du *Fay*, une confrontation orageuse se déroula dans le laboratoire du navire. Grimm tenait absolument à ce que les scientifiques affirment avoir découvert l'épave puisque l'un des quatorze échos enregistrés était nécessairement le *Titanic* ! En hommes de science consciencieux, Spiess et Ryan s'y refusèrent catégoriquement. La discussion fut longue, serrée, et l'on convint finalement de donner à la presse un communiqué anodin. Tout ce que Grimm pouvait mettre en balance, pour compenser ce qu'il avait dépensé, se résumait à diverses questions laissées sans réponses…

La seconde expédition de Jack Grimm sur les lieux du naufrage appareilla de Woods Hole le 28 juin 1981 et la foule se pressait sur les quais pour saluer le départ du navire de recherches *Gyre*. Que le port d'appareillage ait été Woods Hole ne procédait pas d'une volonté délibérée de narguer quiconque (c'était simplement parce que les chercheurs de Woods Hole avaient affrété le *Gyre* juste avant), mais d'aucuns pensèrent néanmoins que Grimm versait du sel sur la blessure de mon désappointement… Alors surtout que, en 1981, il paraissait assuré du succès.

Cette fois-ci, Grimm participait au voyage avec Spiess et Bill Ryan et ils disposaient du sonar de recherche « Remorque Profonde » de l'Institut

Le navire océanographique Gyre *quittant le port de Woods Hole le 28 juin 1981.*

Scripps. (Ryan avait également emporté un nouvel appareil de prises de vues : le « Système Vidéo Couleur Sous-Marin », qui devait être utilisé pour photographier l'épave). Il ne s'en était servi qu'une seule fois auparavant, sur la route du retour de 1980 et il était très désireux de le tester en opération. Le *Gyre* n'était toujours pas l'idéal pour ce genre de travaux mais au moins les chercheurs étaient-ils convenablement équipés. Le drame est qu'ils allaient encore perdre tout leur temps à chercher au mauvais endroit !

Après l'aventure de l'année précédente, Grimm et les scientifiques avaient creusé à fond les données historiques et ce travail de compilation et d'analyse les conduisit à une conclusion finale correcte. Ils prirent pour hypothèse de base que le 4e officier Boxhall s'était trompé en calculant la position de détresse, car il avait mal tenu compte du retard du temps réel à bord d'un navire faisant route vers l'Ouest. Ceci, pensaient-ils, avait pour conséquence de donner une position réelle environ huit milles plus à l'Est. D'autre part, en fonction de la banquise telle que relevée par le *Californian* et plus tard par le *Mount Temple*, ils calculèrent que le *Titanic* pouvait fort bien être allé se perdre jusqu'à 50° 03' Ouest. Ils reprirent la vitesse à laquelle le *Carpathia* avait navigué pour parvenir sur les lieux de la catastrophe et en déduisirent que les embarcations de sauvetage n'avaient pu être repêchées au-delà du parallèle 40° 43' Nord. Ils pensèrent que le *Titanic* n'avait pas abordé l'iceberg plus à l'Est que le 50e degré de longitude Ouest et qu'il avait ensuite couru sur son erre pendant un maximum de 4 milles avant de s'abîmer.

Leur conclusion définitive, après traitement de toutes ces données, était qu'il existait une « forte probabilité » pour que le *Titanic* ne soit ni à l'Ouest de la longitude 50°20' (la position lors du S.O.S. étant 50°14') ni à l'Est de 49°55' Ouest. En outre, ils déterminèrent que le navire ne se trouvait pas au Nord du parallèle 41°55' ni au Sud du parallèle 41°35' Nord.

Ainsi, le *Titanic* gisait quelque part dans le rectangle délimité par ces droites... approximativement... Et, en 1981, les explorateurs passèrent tout près... mais, cette fois, ils avaient trop à faire pour repasser sur l'ancienne zone. S'ils avaient suivi leurs propres conclusions et prospecté franchement à l'Est du 50e degré de longitude Ouest, ils auraient, sans aucun doute, retrouvé le bateau. En fait, « Remorque Profonde » passa à moins d'un mille et demi de l'épave, mais c'était trop loin pour la portée de son sonar...

Hoffman donne un remarquable résumé des deux hypothèses de base sur lesquelles avait été assise la stratégie des recherches effectuées par Grimm en 1981 : « A la suite de la prospection intensive menée en 1980 et de la localisation des quatorze cibles possibles, les recherches de 1981 furent fondées sur le postulat selon lequel le *Titanic* était sans doute intact mais rendu acoustiquement indétectable par la proximité d'anomalies géologiques ». En d'autres termes, ils pensaient que s'ils ne l'avaient pas trouvé en 1980, c'était non pas parce que le navire se trouvait ailleurs mais seulement parce qu'il était caché dans « l'ombre » d'un accident de terrain. Cette fois, la vision plus perçante de « Remorque Profonde » dissiperait ces « ombres » et trouverait le navire. Hoffman ajoute : « Les savants savaient fort bien où devait se trouver le *Titanic*... à moins que la navigation n'ait été entachée d'une erreur si grossière qu'elle aurait abouti à un écart de plus de dix milles. Ceci était impensable et aurait signifié que la même erreur avait été commise par les autres navires ». Or, ces deux hypothèses étaient fausses. Elles conduisirent Grimm à perdre presque tout son temps à explorer le « Canyon du *Titanic* » et ses affluents, cette anomalie géologique qui nous hypnotiserait, nous aussi, en 1985.

Ainsi, au lieu de prospecter le site à l'Est du 50e degré de longitude Ouest (où le *Carpathia* avait recueilli les survivants), l'expédition Grimm

L'appareil de télévision en couleurs de l'observatoire Lamont avec lequel Grimm espérait filmer l'épave.

(Ci-dessous) *Fred Spiess dessine la position des balises sous le regard du producteur de films Mike Harris.*

de 1981 passa tout son temps à patrouiller dans une zone, pourtant plus petite que celle de 500 milles carrés que *Sea Marc* avait fouillée l'année précédente, pour examiner de très près les quatorze cibles repérées. Spiess était convaincu que « Remorque Profonde » trouverait le *Titanic* là où *Sea Marc* l'avait déjà cherché.

Une fois de plus, le mauvais temps perturba les recherches mais « Remorque Profonde » fournit un travail remarquable en couvrant les sentiers déjà battus par *Sea Marc*. L'une après l'autre, les quatorze cibles furent reconnues... et éliminées, s'agissant d'obstacles naturels...

Au bout de trois semaines, ils n'avaient pas décelé le moindre indice d'une quelconque épave et Grimm se laissait aller à désespérer. Comme le terme de leur séjour sur le site approchait, le treuil du navire cassa, obligeant l'équipe à remonter « Remorque Profonde » et faisant obstacle à toute autre exploration. Pendant qu'on s'acharnait à réparer le treuil en toute hâte, Grimm réussit à extorquer aux armateurs du navire qu'ils lui accordent de pouvoir rester dix heures de plus sur le site avant le *Gyre* prenne le chemin du retour. Déjà, à ce moment, les transpondeurs de « Remorque Profonde » (ces balises de positionnement acoustique à partir desquelles la navigation est calculée avec une totale précision) avaient été repêchés. Mais Bill Ryan voulut mettre à l'eau son engin vidéo, pour une dernière tentative.

« Remorque Profonde » de l'Institut Scripps, le sonar latéral d'expérimentation de Fred Spiess, avant sa mise à l'eau.

Le « Système Vidéo Couleur Sous-Marin » n'était nullement destiné à la prospection et Ryan savait que ses chances étaient absolument infimes ; mais il pensait que c'était l'occasion ou jamais de tester cet appareil tout neuf dans des conditions difficiles. Ils entamèrent donc un ultime passage dans la « Canyon du *Titanic* », en direction de l'Est jusqu'au moment où il fallut s'en retourner au Port.

C'est là une facétie de l'Histoire comme j'en raffole car la vidéo de Ryan, qui n'est qu'une caméra et non un sonar, trouva « l'hélice » de Grimm ! Cet appareil ne donne guère une bonne vision quand il travaille en temps réel. Ce que l'on peut voir sur l'écran du poste de télévision à bord du navire est une image en noir et blanc, brouillée, alors que celle à haute définition, en couleurs, est enregistrée et conservée dans la caméra et elle ne peut être visionnée qu'après que celle-ci a été remontée en surface. De plus, l'engin étant pourvu d'un microphone, on obtient alors un film en couleurs et sonore.

Le navire avait déjà repris la route du retour vers Boston et l'équipage s'était rassemblé pour assister à la projection du film, lorsque Grimm, Spiess et les autres purent contempler ce que l'appareil de Ryan avait « vu ». La surprise vint au cours de la dernière demi-heure du film qui avait été pris alors que le navire avait dépassé le « Canyon du *Titanic* » et se dirigeait vers l'Est, vers la zone où les canots de sauvetage avaient été repêchés. Comme Hoffman le raconte : « Dans une mer absolument déserte, « vide de toute vie, par enchantement, soudain, « Elle » apparut ! Cela ressemblait fort à une de ces hélices de vingt-six tonnes dont le vaisseau était pourvu. L'image T.V. fit une très forte impression car nous vîmes surgir sur l'écran ce que la caméra avait pris dans son objectif : une chose colossale apparut droit devant nous et disparut l'instant d'après ». Accompagnant cette image saisissante, on entendit un bruit de frottement métallique capté par le microphone. Il pouvait provenir du chassis de l'engin qui, ou bien raclait une vaste formation rocheuse, ou bien heurtant l'acier de la poupe du *Titanic* que l'on devinait au-dessus (faute de magnétomètre, il n'y avait aucun moyen de le distinguer). Mais la caméra ne prit aucune vue de ce sur quoi l'engin raclait, uniquement de l'hélice qui semblait être suspendue dans l'eau.

Bien sûr, Spiess et Ryan se refusaient à l'identifier formellement. Les vues n'étaient pas assez claires et il n'existait aucune « preuve magnétique » qui vienne conforter l'image visuelle. En fait, cette zone avait été ratissée par le sonar de *Sea Marc* en 1980 et par « Remorque Profonde » équipée d'un magnétomètre au cours de la campagne qui s'achevait, sans donner le moindre indice de la présence d'un navire. Mais les marins du bord, y compris le capitaine (et bien d'autres encore qui visionnèrent le film vidéo par la suite) déclarèrent unanimement que les images floues montraient bien une hélice ayant les dimensions et les formes de celles du *Titanic*. Si les savants demeuraient sceptiques, par contre Grimm était catégorique... et il annonça au Monde qu'il avait trouvé le *Titanic*.

Deux années s'écoulèrent avant que Jack Grimm puisse réunir les subsides nécessaires pour aller jeter un nouveau regard sur « son hélice ». Cette fois, il voulait surtout pouvoir demeurer longtemps sur le site et s'imaginait que le temps était tout ce dont il avait besoin. Il croyait qu'il n'aurait qu'à faire voile droit sur « l'hélice »... et à filmer, car, dans son esprit, elle était restée fixée au *Titanic*. L'expédition avait été organisée hâtivement, alors que Fred Spiess était déjà engagé sur d'autres projets, si bien que seul Bill Ryan accompagnait Grimm lorsqu'ils appareillèrent de Halifax sur le *Robert D. Conrad* en juillet 1983. Pendant le trajet jusqu'à l'emplacement de « l'hélice », les conditions atmosphériques, déjà mauvaises, devinrent épouvantables, avec des vents de 30 à 40 nœuds (65 à 78 km/h.) et des creux de 5 à 10 mètres.

Le plan qu'ils avaient élaboré consistait à repérer « l'hélice » grâce au sonar de Ryan, et, si l'épave elle-même n'était pas trouvée près d'elle, à pousser des investigations vers l'Est (à l'Est du 50e degré de longitude Ouest) d'abord dans la zone qu'ils n'avaient pas ratissée depuis 1980 puis, au-delà, dans des espaces vierges. Mais le sonar ne détecta aucun écho près de « l'hélice »... et le temps se gâtait de plus en plus...

Pendant le reste de la campagne, Ryan prospecta en direction de l'Est, avec l'espoir que la météo lui permettrait de balayer deux bandes de terrain, dans le sens Nord/Sud, ce qui agrandirait la zone explorée par *Sea Marc* d'environ six milles de plus vers l'Est. Mais le vent soufflait en tempête et toute recherche au sonar était devenue impossible... Par deux fois, la caméra de la dernière chance, devenue pratiquement incontrolable, balaya la zone de « l'hélice » sans rien voir... et Grimm s'en retourna à sa base, ayant seulement appris que si « son hélice » était bien là, elle n'était par contre rattachée à aucune épave.

Jack Grimm s'était montré non seulement stupide mais aussi, contrairement à sa réputation, malchanceux. Selon Bill Ryan, sur la durée des trois expéditions — ce qui représentait un séjour global de près de six semaines sur le site — Grimm n'avait connu qu'un seul jour avec des vents inférieurs à force 4 (20/35 km/h.)

Les trois expéditions de Grimm ne purent certes pas découvrir le *Titanic*, mais elles avaient permis d'accomplir de beaux progrès dans la connaissance des grands fonds. Bill Ryan avait pu mettre au point et tester un sonar de quadrillage à grande échelle et marquer de nouveaux points dans la technique des prises de vues sous-marines. Le *Sea Marc* de Ryan était passé, à diverses reprises, à portée du *Titanic*. Cependant, l'épave ne se distingua pas sur les enregistrements du sonar, car celui-ci ne fonctionnait pas de façon parfaitement fiable. Spiess et sa « Remorque Profonde » avaient recueilli des informations très précises sur les grands fonds dans cette région, y compris celle du « Canyon du *Titanic*.

Je pense que la défaite de Grimm est la résultante de quatre erreurs majeures : d'abord, il n'a pas prêté la confiance voulue aux savants dont il s'était attaché les services. Ensuite, il était parti en chasse sans avoir d'idées suffisamment précises sur le lieu où il devait chercher. De plus, il s'est écarté de la stratégie élaborée et s'est acharné en vain à revenir sur les « échos » qui l'avaient fasciné. Enfin, il n'est pas resté assez longtemps en mer, à chaque fois, pour pouvoir élargir sa zone d'exploration après avoir cherché le navire où il le croyait être.

Ainsi, malgré tous les atouts dans la poche des explorateurs, le *Titanic* attendait toujours d'être retrouvé.

Je devais bientôt me remettre sur les rangs pour relever moi-même le défi...

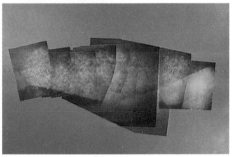

(En haut) Jack Grimm donnant une conférence de presse à Boston en 1981.

(Ci-dessus) photo-montage de « l'hélice de Grimm ». Ce dessin convainquit de nombreux marins du Gyre *que le* Titanic, *ou du moins un des morceaux de son épave, avait été trouvé.*

CHAPITRE 5
Jason et les Argonautes

EN 1980, AVEC LE DÉCÈS DE BILL TANTUM ET EN RAISON DES TENTA-tives de Jack Grimm en direction du *Titanic*, je m'étais tourné vers la Marine des Etats-Unis, souhaitant qu'elle finance le développement technologique de la recherche visuelle sous-marine dont je rêvais — un rêve qui portait déjà, en mon for intérieur, le nom de « *Jason-Argo* ». Après une année passée à Stanford, au cours de laquelle j'avais publié plusieurs monographies sur les sources hydrothermales, Woods Hole m'avait offert de nouveau l'hospitalité. Etant ainsi assuré que l'Institut ne se débarrasserait pas de moi aussi longtemps que je parviendrais à faire financer mes recherches, je pouvais me consacrer à la maturation du projet que je couvais depuis des années. *Argo/Jason* devait se présenter sous la forme d'un appareil vidéo télécommandé, remorqué à grande profondeur et assisté par un robot autonome tenu en laisse au bout d'un long câble. J'avais choisi le nom de *Argo* en pensant au bateau avec lequel *Jason* partit, selon la mythologie grecque, à la conquête de la Toison d'Or. Ceci me paraissait un nom de baptême convenant parfaitement à ce que j'espérais devoir être le « Grand Tournant » de la Recherche Sous-Marine.

Cet automne-là, j'en vins à la conclusion que l'Office de la Recherche Navale (O.N.R.) serait le meilleur support de mon projet. L'O.N.R. avait la solide réputation de donner le coup de pouce voulu non seulement aux chercheurs isolés mais aussi aux programmes qui lui étaient soumis. Je savais aussi que la Marine avait, jusqu'à présent, minimisé l'importance de la recherche visuelle sous-marine et qu'alors mon projet serait prometteur, tant dans le domaine de l'exploration que pour la défense sous-marine. Cela va sans dire, la Marine se révéla très intéressée.

Tel que je le concevais, *Argo* devait être un sous-marin inhabité, emportant des caméras vidéo et traîné au-dessus du fond par un long câble de fibres optiques, derrière un navire patrouillant à une vitesse de 1 ou 2 nœuds. L'appareil de quadrillage de site, un sonar à faisceau multi-directionnel, déblaierait le terrain pour *Argo* et collecterait les données pour produire une carte en trois dimensions. *Argo* lui-même serait équipé de deux sonars : l'un pointé vers l'avant pour détecter les obstacles de sa route et l'autre, latéral, pour analyser la géologie du fond. Il serait également équipé de cinq caméras vidéo fournissant aux opérateurs, confortablement installés dans le Centre de Contrôle du navire en surface, une vision panoramique. Quand les opérateurs verraient apparaître quoi que ce soit qui paraisse digne d'intérêt, ils manœuvreraient *Jason* pour aller reconnaître l'objet, cependant que *Argo* demeurerait stationnaire à proximité. *Jason* serait relié à *Argo* par un cordon de transmission et de communication ; il serait pourvu de projecteurs et de caméras stéréoscopiques, avec son propre système de propulsion lui permettant de se faufiler partout, même aux endroits risqués, pour recueillir des échantillons du fond ou prendre des vues très rapprochées. La haute définition des images prises par *Argo* et par *Jason* en permettrait la diffusion par satellite, partout dans le Monde.

Lorsque je revins à Woods Hole, je continuai à travailler avec Emory Kristof pour améliorer la technique de la photographie sous-marine. Au

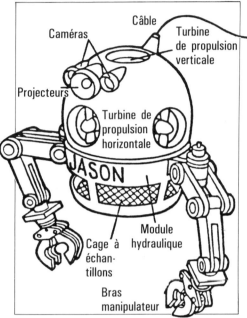

(Ci-contre) *le système* Argo/Jason *tel que conçu par Ballard en 1981. La zone rose montre le secteur couvert par le sonar frontal de* Argo. *Les triangles roses montrent la portée du sonar latéral et les trapèzes verts montrent le champ de vision donné par les cinq caméras vidéo de* Argo *aux observateurs en surface.*

(Ci-dessus) *dessin de* Jason, *en 1981, à l'époque du début de sa conception.*

début de 1981, procédant aux essais d'une caméra-prototype S.I.T. près de l'Ile de Sainte-Croix, dans les Caraïbes, nous prîmes les plus grandes images sous-marines jamais vues : trente mètres carrés. Ce nouvel appareil multipliait la luminosité ambiante par dix mille, si bien que l'on pouvait travailler dans l'obscurité (le procédé avait été mis au point pour les lunettes de visée des tireurs d'élite combattant au Viet-Nam. La Marine parut très impressionnée par nos résultats... mais beaucoup moins par le fait que nous étions incapables d'expliquer comment nous les avions obtenus !! Maintenant, pour conserver le bénéfice des subventions de la Marine, il nous fallait attaquer le problème de façon rationnelle... et non plus empirique...

Pendant qu'Emory Kristof poursuivait ses expériences photographiques, je participais aux travaux du groupe d'ingénieurs physiciens que j'avais rassemblés à Woods Hole et qui formaient la cellule de base du « Laboratoire de Plongée Profonde » (L.P.P.) que je venais de constituer. Ils étaient les homologues modernes de ces Argonautes de la mythologie, compagnons de Jason, et ils m'aideraient à conquérir « ma » Toison d'Or : le *Titanic*. Ils brûlaient d'aller au-delà du degré de perfection atteint par Emory Kristof et, à la différence de ce dernier et de moi-même, ils étaient rompus aux problèmes complexes des techniques photographiques et électriques où ils se complaisaient. C'est dire combien ils étaient parfaitement capables, eux, d'expliquer ce qu'ils faisaient !! Leurs travaux étaient bourrés de physique et de mathématiques, ils pratiquaient en maîtres les finesses de la robotique et l'application des théories des contrôles. Ils œuvraient sur *Argo* et sur *Jason* avec une rigueur méticuleuse, n'avançant d'un pas qu'après avoir vérifié le précédent. Nos sponsors de la Marine étaient enchantés de leur approche traditionnelle et logique des problèmes.

Stu Harris (à droite) travaillant sur Argo *avec James Saint (au centre) et Emile Bergeron (à gauche).*

L'embryon du L.P.P. fut le Groupe ANGUS que j'avais constitué et dirigé pendant la seconde moitié des années 70 alors que je plongeais avec *Alvin*. En un sens, j'avais passé à son bord plus de temps que n'importe quel autre chercheur et plus de temps au fond des mers que tout autre, même dans un submersible des grandes profondeurs. Si je devais parier sur l'avenir des sous-marins habitables, au moins n'aurais-je pas péché par ignorance !!

Mon propos, en créant le L.P.P. était de faire régner une ambiance de camaraderie semblable à celle que j'avais tant appréciée comme membre du Groupe Alvin au début des années 70. Pour que cette atmosphère prévale, il fallait impérativement que toute l'équipe marche au feu de front et non pas en file indienne, l'un derrière l'autre. De cette manière, tous se sentiraient solidaires, partageant la force ou la faiblesse de chacun.

L'une des chevilles ouvrières recrutée en premier fut Stu Harris, l'homme qui serait l'ingénieur en chef de *Argo*. D'une certaine manière, il prit la place d'Emory Kristof. Diplômé de Stanford avec un doctorat d'électro-mécanique et doté de profondes connaissances des systèmes de transmissions visuelles, Stu était parfait pour tenir ce rôle. La première personne qu'il fit entrer dans l'équipe de *Argo* fut Bob Squires, un as en matière de télévision.

Venu plus tard se joindre à l'équipe de Bob, Tom Dettweiler était un excellent ingénieur naval, titulaire d'un diplôme d'hydrographie ; il avait déjà travaillé sur un engin traîné à grande profondeur qui ressemblait à bien des égards à *Argo* et il possédait une longue expérience pratique des sonars multifaisceaux et des systèmes de recherche télévisuelle. Comme Stu, c'était une force tranquille, par qui on se sentait solidement épaulé en cas de coup dur.

Si l'équipe de *Argo* correspondait au cerveau du L.P.P., les « technos » en étaient l'âme. Parmi eux, le personnage le plus haut en couleurs était (et est toujours) Earl Young, un « vieux de la vieille » du Groupe ANGUS, un vieux loup de mer coléreux et merveilleux. Earl est un technicien-né : il cherche sa voie jusqu'au cœur du problème et il le résout à grands coups de marteau et de scie à métaux ! Bien souvent, quand les ingénieurs agonisent du mal de mer ou hochent la tête d'impuissance devant une difficulté, Earl et « ses potes », Emile Bergeron et Tom Crooke, sont toujours prêts à affronter le pont qui tangue et qui roule dans la nuit noire, travaillant d'arrache-pied et achevant la tâche. De 1980 à 1984, ce furent les « années de construction », élaboration de l'équipe et d'un nouvel engin d'exploration en eaux profondes. A l'époque où, au cours de l'été 1983, Jack Grimm était revenu les mains vides, le L.P.P. travaillait à plein régime et *Argo* devenait une réalité. (*Jason* était encore sur la table à dessin). Il me paraissait parfaitement logique de proposer que *Argo* subisse ses essais dans la zone où le *Titanic* avait sombré ou, mieux encore, sur la coque du *Titanic* lui-même puisque nul n'avait jamais photographié une épave gisant aussi loin de la surface. Après avoir rêvé pendant des années de partir en quête de ce navire, après en avoir été douloureusement proche, après avoir vu mes espoirs réduits à néant, soudain, tout arriva ensemble : début 1984, la Marine accepta de financer une expédition de trois semaines à conduire au cours de l'été 1985. Je savais que ce serait une course contre la montre mais je savais aussi que *Argo* serait prêt en temps voulu.

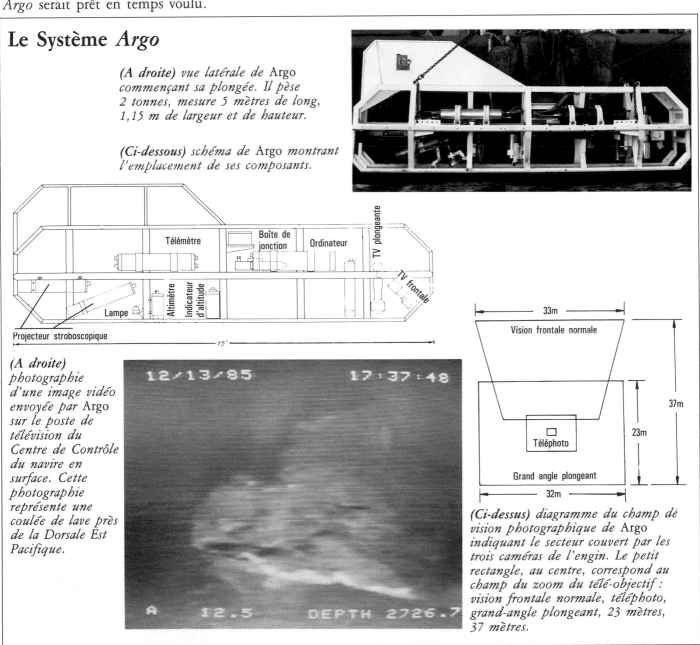

Le Système *Argo*

(A droite) vue latérale de Argo commençant sa plongée. Il pèse 2 tonnes, mesure 5 mètres de long, 1,15 m de largeur et de hauteur.

(Ci-dessous) schéma de Argo montrant l'emplacement de ses composants.

(A droite) photographie d'une image vidéo envoyée par Argo sur le poste de télévision du Centre de Contrôle du navire en surface. Cette photographie représente une coulée de lave près de la Dorsale Est Pacifique.

(Ci-dessus) diagramme du champ de vision photographique de Argo indiquant le secteur couvert par les trois caméras de l'engin. Le petit rectangle, au centre, correspond au champ du zoom du télé-objectif : vision frontale normale, téléphoto, grand-angle plongeant, 23 mètres, 37 mètres.

Je rêvais depuis tellement longtemps de parvenir jusqu'au *Titanic* qu'il m'était difficile de croire que je pouvais toucher au but... « Donnez-moi un navire », avais-je dit, « embarquez mon équipe et son matériel... et le reste viendra tout seul ! ». Je savais que mon équipe était la meilleure, mais 100 milles carrés (350 km²) de fonds sous-marins tourmentés font un vaste domaine et trois semaines me paraissaient bien peu pour être certain de localiser le navire (Grimm avait disposé de plusieurs semaines... et ne l'avait pas trouvé...). Aussi, dès que je sus que mon expédition de 1985 avait reçu le feu vert, je fis un bond à Paris, au quartier général de L'IFREMER (Institut Français de Recherche pour l'Exploitation de la Mer). On pouvait très certainement compter sur les Français pour se joindre à nous, surtout quand une technologie de pointe est en cause. Par ailleurs, ayant si bien travaillé avec eux auparavant, connaissant leur prédilection pour l'aventure sous-marine, j'étais sûr qu'ils voudraient prendre part à l'opération.

Le Gouvernement Mitterrand avait provoqué quelques changements à la tête de l'IFREMER, particulièrement celui du grand patron, Yves Sillard, qui avait collaboré au programme spatial français. Mais j'avais encore des amis dans le sérail. Je connaissais le numéro 2 de l'IFREMER, Claude Riffaud, depuis le temps des travaux préparatoires du Projet « Famous » qu'il avait dirigé du côté français. Jean Jarry, ingénieur avec qui j'avais étroitement collaboré pendant ce même projet, avait quitté le théâtre d'opérations de Brest pour prendre un fauteuil de direction au Siège. Nul doute qu'il bondirait sur l'occasion ! Enfin, il y avait Jean-Louis Michel, un autre compagnon des jours du Projet Famous, qui était demeuré ingénieur de recherches. Jean-Louis avait conçu un nouveau sonar baptisé SAR (Sonar Acoustique Remorqué) qui était aussi performant, si ce n'est plus, que « Remorque Profonde » de l'Institut Scripps.

A mon arrivée à Paris, Claude Riffaud m'invita à dîner chez lui avec Sillard et Jarry (J.L. Michel se trouvait à Brest). Dans une ambiance décontractée, qui devait beaucoup à la bonne chère et aux bons vins..., j'exposai mon plan pour rechercher le *Titanic*, puis le photographier grâce à ANGUS et à *Argo*. L'IFREMER était-il disposé à former une expédition commune ? Avec nos moyens combinés — ce qui signifierait à la fois plus de temps disponible et une plus haute technologie — j'étais sûr que nous y parviendrions. Au bénéfice de Sillard, je fis un parallèle entre la découverte du *Titanic* et un atterrissage sur la lune. Ce serait un grand moment de l'histoire de la coopération scientifique internationale et un glorieux exploit scientifique. Lorsque le dîner s'acheva, j'avais la conviction que l'IFREMER marcherait avec nous. Et c'est ce qui arriva !

Jean Jarry dirigerait le projet français et Jean-Louis Michel partagerait avec moi la conduite de l'expédition maritime. Je commençai par proposer un plan : la part du lion, dans le travail préliminaire de « défrichage », serait confiée aux Français car, officiellement, mon but n'était pas la recherche du *Titanic* mais l'expérimentation du nouvel appareil *Argo*. Bien que naviguant sous les couleurs de Woods Hole, l'Institut ne me soutenait, officiellement, en rien. Par contre, le *Titanic* était l'objectif officiel de l'opération pour l'IFREMER qui y voyait non seulement l'occasion de faire la preuve de la qualité de ses appareils et de son savoir-faire, mais aussi une source de profits : la découverte du navire donnerait lieu à une floraison de livres et de films documentaires.

Les Français acceptèrent de re-traiter complètement les données météorologiques de la région pour déterminer l'époque optimale. Nous savions que le temps en Atlantique Nord est souvent imprévisible et les expéditions de Grimm en avaient été sérieusement perturbées. Un de mes principaux travaux fut l'étude exhaustive de la topographie du fond, particulièrement de tout canyon qui rendrait notre tentative plus ardue (Les canyons engendrent des échos brouillés et confus, si bien que de gros objets peuvent ne pas se distinguer dans ce chaos). Nous savions déjà que

Jean Jarry, le Chef de la Mission Française.

la limpidité de l'eau, à la profondeur où gisait le *Titanic*, était suffisante pour permettre l'observation visuelle (quelques années plus tôt, Bill Tantum avait obtenu du Service International de Surveillance des Glaces de faire embarquer Kristof et deux autres photographes pour analyser l'eau au fond des océans). Et puis, demeurait l'éternel problème de savoir où chercher ! Trois tentatives avaient été faites par des savants éminents, utilisant un équipement excellent, et pourtant, ils avaient échoué.

Bill Ryan, de l'Observatoire Lamont, montra généreusement à Jean-Louis Michel le résultat des observations de *Sea Marc* en 1980, mais Fred Spiess ne voulut pas ouvrir les archives de « Remorque Profonde » de 1981 sans l'accord de Grimm. Bien que nous doutions que « Remorque Profonde » ait laissé échapper quelque chose, cette éventualité demeurait. Après tout, le fond de la mer dans ce secteur est passablement tourmenté, surtout à proximité du Canyon du *Titanic*. Et il n'existait aucune certitude que l'épave soit encore d'une seule pièce, quoique Spiess et Ryan l'aient pensé. N'ayant pas eu accès aux informations recueillies par « Remorque Profonde » et devant la mauvaise qualité de la plupart des résultats enregistrés par *Sea Marc*, nous décidâmes qu'il nous faudrait retourner dans la même zone que celle déjà ratissée par Spiess et Ryan, et ceci, à titre de sécurité. Je consacrai mes modestes moyens à la mise au point de *Argo*, cependant que l'IFREMER concentrait ses ressources financières et humaines à effectuer les recherches documentaires les plus poussées. Avec Jean-Louis, je lus et relus les divers récits du désastre et nous fîmes le partage des contradictions contenues dans les comptes rendus recueillis sur les événements antérieurs et postérieurs au naufrage. Après quoi, nous dessinâmes une zone principale de recherches de 100 milles carrés puis un secteur secondaire, complémentaire du premier, de 150 milles carrés (520 km²) (comprenant une partie du premier) principalement dans l'Est.

Le pavillon français flotte fièrement sur la plage arrière du Suroit.

Nous avions la certitude que le *Titanic* gisait dans le périmètre ainsi délimité et qu'il y serait trouvé.

Au Laboratoire de Plongée Profonde, le printemps 1985 connut une folle agitation. Ainsi qu'il se produit souvent quand on est férocement limité par le temps, tout arrive ensemble, au dernier moment. Les fournisseurs livrèrent les logiciels avec retard... Et tout devait être monté et prêt avant le départ ! Le navire mis à notre disposition, le *Knorr*, devait appareiller de Woods Hole pour une autre expédition scientifique le 17 juin. *Argo* devait être fin prêt à ce moment-là.

Durant les cinq semaines qui suivirent, les Argonautes du D.S.L. ne lésinèrent pas sur les heures supplémentaires, de nuit et pendant les week-ends, alors que la date limite approchait à grands pas ! L'ardeur de l'équipe ne flancha jamais. Enfin, tout fut paré... à l'exception du câble de remorquage qui ne nous avait toujours pas été livré... Il faudrait qu'il nous soit expédié par avion aux Açores où notre équipe devait embarquer sur le *Knorr*, au début d'août. Si le câble n'arrivait pas à temps, *Argo* ne nous servirait à rien !

Notre expédition devait se dérouler en deux phases. Pendant la première (environ quatre semaines sur le site), le navire français *Suroit*, sous les ordres de Jean-Louis Michel, devait localiser le *Titanic* en ratissant systématiquement la zone choisie, se servant de son nouveau sonar SAR. Pendant la phase 2 (environ 12 jours sur le site), à bord du navire américain *Knorr*, nous utiliserions *Argo* pour vérifier visuellement les divers échos sonars que SAR aurait enregistrés. Celui qui se révélerait être le *Titanic* serait alors exploré par *Argo* et ANGUS, notre vieux submersible dont les appareils de photographie avaient pris des centaines de milliers de vues dans les profondeurs marines.

Le 24 juin 1985, le *Suroit* appareilla de Brest. Après une brève escale aux Açores, il prit la route de la zone dans laquelle le *Titanic* avait sombré. Je devais le rejoindre au milieu de la phase n° 1 de l'exploration. Je priai pour que les Français ne trouvent pas le *Titanic* avant que j'arrive.

La mer était belle lorsque Le Suroit *appareilla de Saint-Pierre pour entreprendre la seconde phase de sa recherche au sonar.*

CHAPITRE 6
La découverte

DANS LES ÉTENDUES INHOSPITALIÈRES DE L'ATLANTIQUE NORD-OUEST où gisait le *Titanic*, on ne compte que quelques semaines par an où les éléments sont à peu près calmes. La meilleure période se situe en principe entre mi-juillet et mi-septembre, mais, même à cette époque, on peut tomber sur de terribles tempêtes — et Jack Grimm avait eu la malchance d'en subir ! Nous savions que notre décision de nous attarder dans ces parages, en commençant la prospection fin juin, comportait des risques. Mais en raison de la superficie du secteur à explorer, c'était un pari inévitable. En déduisant le temps de trajet aller et retour, d'abord pour le *Le Suroit*, ensuite pour le *Knorr*, nous ne disposerions que d'à peine cinq semaines pour mener à bien notre mission. Cinq semaines non seulement pour découvrir le *Titanic* mais aussi pour faire la moisson complète de photographies que le Monde attendait. L'expédition « *Titanic* 1985 » serait un combat permanent contre la montre et les éléments.

Sur le papier, la prospection paraissait simple. Notre stratégie était toute tracée, notre équipement parfaitement opérationnel et, comme je l'avais toujours dit, le *Titanic* serait plus facile à localiser qu'à filmer. Jack Grimm, Fred Spiess et Bill Ryan n'avaient cependant pas trouvé la tâche si aisée ; il en serait de même pour Jean-Louis sur le *Le Suroit*.

Jean-Louis Michel et son équipe arrivèrent sur le site le 5 juillet et entamèrent la première partie de la recherche au sonar. Pendant ce temps, je me trouvais sur la côte Pacifique du Mexique, effectuant une série de plongées avec *Alvin*, où je procédais aux premiers essais de *Jason Junior*, dérivé du robot *Jason* qui viendrait éventuellement compléter le système *Argo*. Enfin, le 22 juillet, je débarquai à Saint-Pierre, au Sud de Terre-Neuve, dans le Golfe du Saint-Laurent où, après deux semaines de campagne, le *Le Suroit* devait relâcher pour s'avitailler.

Jusque-là, les Français n'avaient rien trouvé. Ils avaient ratissé une grande partie du terrain mais ils avaient été gênés par un courant plus fort que prévu. L'expédition proprement dite avait à peine commencé et déjà nous étions en retard sur nos prévisions.

J'embarquai sur le *Le Suroit* avec trois autres Américains formant l'équipe de documentalistes qui immortaliserait notre mission... si elle réussissait ! Bill Lange, le plus jeune, venait de Woods Hole. Avide d'apprendre et tout excité de participer à cette aventure, il devait être un mélange d'aide-de-camp et d'assistant technique pour les deux anciens : Ralph White, que j'avais engagé pour tourner le film en 16 mm de l'expédition, et mon vieux camarade Emory Kristof, le photographe renommé de la National Geographic Society (cette association finançait la partie iconographique de notre équipée et serait la première à publier la relation complète de notre campagne... en cas de succès).

J'avais demandé à Emory de venir avec nous, non seulement parce qu'il est un des meilleurs photographes et que j'avais déjà souvent opéré avec lui auparavant, mais aussi parce qu'il méritait de partager l'honneur de la découverte. Eu égard à tout ce qu'il avait déjà consacré au *Titanic*, c'était bien la moindre des choses qu'il soit présent le jour où notre rêve commun deviendrait une réalité.

Notre photographe documentaliste Emory Kristof, à califourchon sur SAR, *parodie le personnage de Slim Pickens dans* « Dr Folamour ».

Ralph et Emory sont pareils à des correspondants de guerre qui entrent en action juste au moment voulu. Ils sont de ces gens que l'on souhaite voir dans les tranchées au cœur de la bataille, mais qui, jusqu'à leur entrée en action, n'ont rien d'autre à faire que de s'asseoir et d'attendre.

En posant le pied sur le *Le Suroit*, nous pénétrions en territoire inconnu. Moi, au moins, j'avais déjà passé pas mal de temps, au cours de ces dernières années, sur des bateaux français et j'étais lié d'amitié avec Jean-Louis Michel. Mais, pour Kristof, White et Lange, cela devait ressembler à se poser sur une autre planète. Aucun d'eux ne parlait français et on leur avait réservé leurs quartiers dans un poste séparé, à la poupe. Aussi demeuraient-ils ensemble, jouant aux cartes, écoutant de la musique, bouquinant... et attendant... Attendant que quelque chose se produise !

Ce qui frappe tout d'abord sur un bateau océanographique français, c'est la prépondérance accordée à la nourriture. Son fumet est partout, les odeurs puissantes de viande et d'ail envahissent le navire et le temps des repas constitue le point fort des rites de la vie à bord ! Apparemment, presqu'un tiers du budget de l'expédition est consacré à la « bouffe » ! C'est peut-être le signe d'une haute civilisation... mais l'atmosphère générale en tenait trop grand compte, à mon goût !

Le *Le Suroit* était également surpeuplé. Avec environ cinquante personnes à bord, il devenait impossible de trouver un coin à soi, surtout par mauvais temps. C'est un petit bateau, littéralement envahi de gens et de matériels. Je me cognais tout le temps la tête et les genoux pour disposer d'un mètre carré cinquante où je puisse travailler. Même les couchettes étaient insuffisantes et les possibilités de se laver indigentes ! C'était comme vivre dans le dortoir d'un collège flottant !

Loué soit Jean-Louis ! Ayant passé une année à Woods Hole, il parlait couramment anglais — avec l'accent charmeur de Maurice Chevalier ! — et c'était vraiment un bon copain ! Sa présence à bord me facilitait l'existence, me permettait d'éviter la promiscuité de ce navire étranger, et de me concentrer sur mon unique objectif : trouver le *Titanic*. Pendant les trois semaines suivantes, nous passâmes beaucoup de temps ensemble.

Lors de l'appareillage du *Le Suroit*, je dois avouer que j'éprouvais des sentiments contradictoires. Je souhaitais que les Français trouvent le *Titanic* mais, en même temps, je ne le voulais pas. S'ils échouaient, il ne resterait que très peu de temps à la « phase américaine » de l'expédition pour localiser le navire. Ceci ne veut pas dire que Jean-Louis et moi ne partagions pas le commandement et les responsabilités des opérations. Nous étions

Dans le laboratoire surpeuplé du Le Suroit, *transformé en Centre de Contrôle pour la phase française de notre mission, Jean-Louis Michel se penche sur la table traçante et discute avec un des navigateurs des problèmes de positionnement.*

partenaires, il me consultait sur chaque décision à prendre, mais, étant à bord d'un bateau français, il avait le dernier mot. Les rôles seraient renversés plus tard.

Jean-Louis et moi avions toujours collaboré harmonieusement, ce qui peut paraître surprenant aux yeux des tiers car nous ne pourrions pas être plus dissemblables. Jean-Louis est un homme calme, très réservé et très sérieux, le prototype de l'ingénieur à la fois passionné, méticuleux, méthodique jusqu'à l'entêtement, extrêmement prudent, avec un beau sens de l'humour. Il bouillonne sous des abords calmes. En fait, c'est un gentilhomme, dans toute l'acception du terme... très fier d'être Français et des réussites de l'océanographie française.

Par contre, pour ma part, je suis toujours en train de plaisanter, ce qui me vaut parfois des ennuis quand je m'amuse à faire l'idiot ! Mais, surtout, la différence entre nous vient de ce que Jean-Louis est un homme prudent et plutôt conservateur alors que je suis un risque-tout. Je suis toujours prêt à prendre des raccourcis, à faire des impasses. Mais, chacun respectant les méthodes de l'autre et nous complétant l'un l'autre, nous formions une association parfaite. Ensemble, nous avons pris des risques calculés : je proposais les risques... et Jean-Louis les calculait !

Jean-Louis Michel et son enfant SAR.

Lorsque le *Le Suroit* revint dans le secteur de recherche, il ne nous restait que dix-sept jours pour terminer la prospection au sonar. Avec du beau temps, ce serait possible. Pour que tout aille bien, Jean-Louis devait pouvoir déterminer à dix ou quinze mètres près la position de SAR, alors qu'il était remorqué à plus de quatre mille mètres de profondeur, à deux cents mètres au-dessus du fond de la mer. SAR était l'enfant de Jean-Louis qui l'avait conçu et créé. C'était en vérité un très bel enfant, ressemblant à une torpille rouge effilée. Utilisant la plus récente technologie en matière d'analyses de signaux, c'était le produit français le plus moderne, le plus perfectionné dans le domaine des sonars multifaisceaux remorqués à grande profondeur. Ses enregistrements graphiques, bien meilleurs que ceux de « Remorque Profonde » de l'Institut Scripps, étaient d'une qualité telle qu'on aurait dit des photographies en noir et blanc du fond, des images engendrées par des ondes sonores. C'était extraordinaire ! Mais pour que notre quête soit fructueuse, SAR devait être traîné, de long en large à travers l'océan, avec une extrême précision pour que rien n'échappe à son ouïe. C'était encore et toujours la méthode « tondre le gazon » dont Spiess et Ryan avaient usé.

Ce procédé revient sensiblement à faire « planer » un cerf-volant au bout d'un fil de quatre kilomètres. Les routes du *Le Suroit* en surface déterminaient celles battues par SAR au fond. La position du *Le Suroit* était exactement donnée par un réseau de balises acoustiques — un peu comme la radiogoniométrie — qui avaient été implantées au fond de l'océan au début de la « Recherche Française ». Toutes les dix secondes environ, le *Le Suroit* émettait un signal acoustique par l'intermédiaire de son « saumon », un petit appareil remorqué juste au-dessous de la surface. Quand une balise recevait ce signal, elle répondait par son propre indicatif. SAR intervenait dans la conversation à intervalles réguliers et ce « bavardage » entre les balises fixes, le « saumon » du *Le Suroit* d'abord et l'engin au fond ensuite, permettait aux techniciens de connaître avec exactitude, en permanence, la position respective du navire et de SAR.

Quand SAR signalait une cible possible, on en mesurait le champ magnétique grâce au magnétomètre remorqué derrière la torpille. Nous nous attendions à rencontrer dans la région de nombreuses cibles sonar qui pourraient ressembler au *Titanic*, mais celui-ci donnerait une « signature magnétique » caractéristique, propre à un très grand navire... du moins l'espérions-nous !

Par beau temps, le lanceur de cerf-volant (le *Le Suroit*) pouvait garder sa ligne tendue et faire « voler » son engin selon une course plane. Mais, comme Jack Grimm s'en était rendu compte, le mauvais temps et les forts courants de surface rendaient la « tonte du gazon » beaucoup plus délicate. Chaque bande découpée par la « tondeuse acoustique » était large d'environ 1 000 mètres. Mais, dès lors qu'un sonar multifaisceaux remorqué près du fond jette une « ombre », il pourrait parfaitement manquer le *Titanic*, pour peu que celui-ci soit caché dans un des canyons ou un des ravins qui parsèment les fonds à cet endroit. C'est pourquoi Spiess avait dû refaire le ratissage du *Sea Marc* de Ryan en 1980. Et peut-être était-ce aussi pourquoi « Remorque Profonde » n'avait pas trouvé l'épave en 1981. Pour être assuré de ne rien manquer, Jean-Louis devait parcourir des bandes se chevauchant légèrement l'une l'autre.

Nous reprîmes le quadrillage exactement là où Jean-Louis l'avait arrêté et pendant les deux premiers jours, il fit beau. Nous n'avions pour seul adversaire qu'un courant de deux à trois nœuds qui ralentissait notre ouvrage. Mais les conditions atmosphériques changèrent et nous essuyâmes des orages qui firent danser le navire comme un bouchon dans un tourbillon. Ayant passé beaucoup de temps en mer, j'ai toujours été amusé en entendant les bulletins météorologiques terrestres annoncer que « la tempête s'est éloignée sans dommages sur la mer... ». J'aurais bien aimé emmener un de ces météorologues terriens sur un de nos petits bateaux pour lui faire goûter les charmes de ces tempêtes « sans dommages » !

La vie à bord du *Le Suroit* devint franchement déplaisante par ce mauvais temps. La place déjà restreinte nous rendait claustrophobes en attendant la fin de la tempête. A l'extérieur, les ponts étaient balayés par les vagues déferlantes et nous étions trempés et gelés. Ce fut une période tout à fait désagréable, rendue plus insupportable encore par notre impatience à reprendre utilement le collier.

Même quand le temps était pourri, Jean-Louis s'efforçait vaillamment de poursuivre les recherches, jusqu'à ce qu'il devienne vraiment impossible de contrôler le « vol » de SAR au-dessus du fond, de savoir où il était ou, pire encore, de nous mettre dans le cas de perdre notre engin. Jean-Louis était alors contraint de repêcher péniblement son sonar et de laisser le navire caracoler sur les lames, perdant ainsi un temps précieux. La malchance de Grimm semblait s'abattre sur nous, mais jamais Jean-Louis ne perdit son calme ni n'abandonna la stratégie de recherche qu'il avait décidée. S'il fut navré ou déprimé par les exécrables conditions atmosphé-

(Ci-dessous). SAR *est mis à l'eau sous la plage arrière du* Le Suroit.

(Ci-dessous, à droite). Le magnétomètre *du* Le Suroit *est mis à l'eau.*

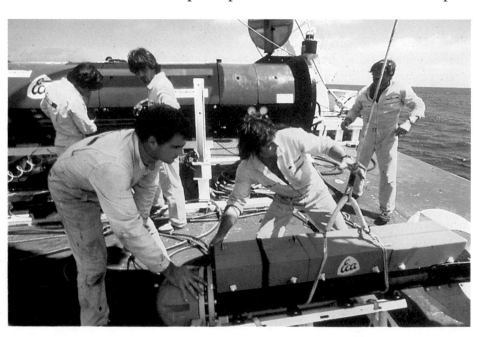

riques, il ne le montra jamais. Il s'accrochait fermement au planning d'exploration, traînant précautionneusement son cerf-volant sous-marin le long du fond. Cette méthode de prospection engourdissait l'esprit. Quand il s'y ajoutait le mauvais temps, cela devenait un véritable test d'endurance morale et physiologique.

Parvenant à la fin de la troisième semaine de recherche au sonar, nous n'avions toujours pas retrouvé le *Titanic*. SAR nous avait révélé des choses passionnantes... qui risquaient sérieusement d'affecter nos chances de localiser l'épave et de la filmer : le « Canyon du *Titanic* », qui coupe en diagonale la moitié Est de notre zone, est une vallée sous-marine étroite et tortueuse, avec de nombreuses ramifications, produisant de fausses cibles pour le sonar et provoquant des anomalies magnétiques (zone où le magnétisme naturel est nettement plus élevé que la normale). En 1929, dix-sept ans après le naufrage, une zone à environ 500 kilomètres au Nord-Ouest avait été le théâtre d'une formidable secousse tellurique, appelée le « tremblement de terre des grands bancs », qui avait coupé de nombreux câbles transatlantiques et déclenché d'énormes avalanches de boue.

Et si ces avalanches s'étaient étendues jusqu'au *Titanic* et si celui-ci était enseveli ? Nous pourrions sans doute déceler sa présence au magnétomètre mais nous n'aurions jamais été certains de sa tombe. Pendant tout le temps de notre prospection, cette idée ne cessa de me hanter : peut- être n'y avait-il rien à trouver !

Tout au long de la semaine suivante, le Le Suroit continua son patient labeur, mais, alors que la seconde semaine succédait à la première, puis la troisième à la seconde — sans rien encore pour récompenser nos efforts — on pouvait sentir la morosité gagner tout le navire. SAR avait accompli un travail remarquable, malgré des conditions très défavorables, « tondant le gazon » sur plus de 70% de la surface que Jean-Louis et moi avions délimitée. Les informations fournies par SAR, traitées par un maître en la matière, étaient un véritable travail d'artiste et il nous avait prouvé... où le *Titanic* n'était pas ! Je pouvais voir que, malgré les prouesses de SAR, Jean-Louis était profondément affecté. Cet homme fier craignait d'avoir failli à sa tâche. Maintenant, ce devait être le tour d'un navire américain et d'une équipe américaine de relever le flambeau.

Tard dans la matinée du 6 août, quand vint le moment de remonter SAR une dernière fois et de retourner au port, un grand silence envahit le Le Suroit. Ce navire surpeuplé et surencombré semblait désert et chacun paraissait vouloir se terrer dans un recoin pour remâcher l'échec. La journée

(Ci-dessous à gauche). La zone originelle de recherche française (notre secteur primaire).

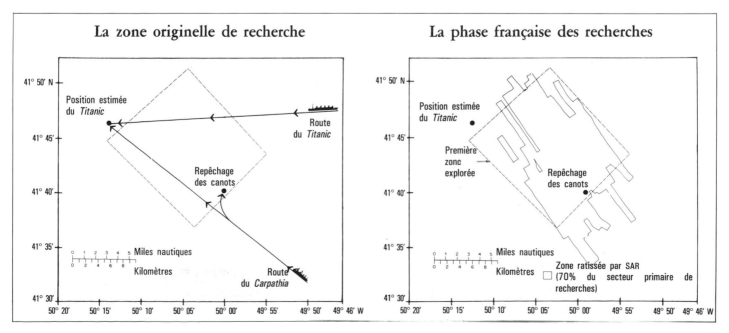

La zone originelle de recherche

La phase française des recherches

était sombre, froide, brumeuse et je me revois, arpentant le pont babord, me dirigeant vers la poupe où SAR était arrimé, sa tâche accomplie. Je contemplais la mer noyée de brume. Soudain, le ciel s'entrouvrit, le soleil darda quelques rayons et, surgissant de nulle part, un arc-en-ciel se dessina sur l'horizon. Je me flatte d'avoir en tout un comportement rationnel d'homme de science mais mon cœur de marin me porte aussi parfois à la superstition. Cet arc-en-ciel me parut le présage de ce que les bonnes choses étaient encore à venir.

Le 12 août, quatre jours après avoir quitté le *Le Suroit* à Saint-Pierre, et après de multiples correspondances d'avions, Jean-Louis et moi débarquâmes à Punta Delgada, dans l'Archipel des Açores, au beau milieu de l'Atlantique. Nous y attendaient le navire océanographique américain *Knorr* et l'équipe scientifique américaine venant du Laboratoire de Plongée Profonde de Woods Hole. Emory Kristof et Ralph White devaient nous rejoindre plus tard. Et l'indispensable câble de liaison de *Argo* nous avait été enfin livré par avion !

Après les chambrées surpeuplées et le formalisme passablement étouffant qui régnait sur le navire français, on avait l'impression, sur le *Knorr*, d'être passé d'un collège à un club de loisirs ! Le *Knorr* présente des lignes gracieuses, de vastes quartiers et il possède un système spécial de propulsion par turbines qui lui assure un maximum de stabilité et de maniabilité, même par gros temps. Les propulseurs ont l'air de gigantesques batteurs d'œufs, l'un à l'avant, l'autre à l'arrière. Ainsi, le navire peut-il avec la même facilité avancer ou reculer, pivoter sur place ou garder une position parfaitement stationnaire en tous temps. C'était le dernier cri de l'architecture navale.

Le *Knorr* pouvait paraître gros par rapport au *Le Suroit*, mais il aurait eu l'air d'un nain à côté du *Titanic*, presque quatre fois plus long que lui. En fait, c'était tout sauf un club de loisirs, c'était le bateau parfait pour l'opération... avec toutefois une exception de taille : il n'existait à bord aucun local pouvant servir de centre de contrôle. J'avais navigué sur le *Knorr* depuis douze ans et je savais que, dans le laboratoire principal, je ne pourrais jamais trouver l'atmosphère d'intense concentration indispensable pendant la recherche. La coursive centrale du navire le traverse en plein milieu et, pendant que l'on navigue, c'est un lieu de passage permanent qui perturbe l'attention.

C'est pourquoi, lorsque j'embarquai sur le *Knorr*, un objet inattendu était posé sur le pont arrière, à tribord. Il s'agissait d'une grande caisse, de 6,50 mètres sur 6 mètres, composée de deux conteneurs, formant ensemble comme une cabine de chantier. Ce devait être le poste de commandement de *Argo*/ANGUS pendant la durée de la « phase américaine » de l'expédition. Plus à l'arrière, à l'autre angle, sur le côté babord du pont, se trouvait un troisième conteneur, abritant le laboratoire photographique. Enfin, juste au-dessus du gouvernail, arrimés solidement sur le pont, on pouvait voir les blancs traîneaux d'acier de *Argo* et de ANGUS, chacun long de cinq mètres environ. A part cela, le principal appareil sur le pont était le tambour d'enroulement, juste derrière le centre de con-

Alors que la fin de la « phase française » de l'expédition approchait, Jean-Louis Michel et Ballard sentent le découragement les envahir.

Silhouettes du Titanic, *du* Le Suroit *et du* Knorr *montrant leurs dimensions respectives.*

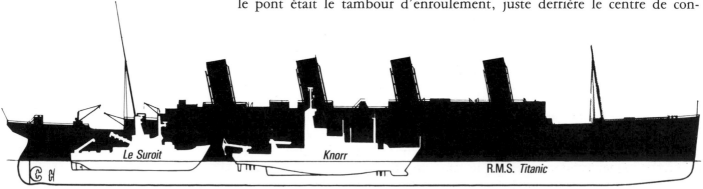

Le Suroit

Knorr

R.M.S. Titanic

trôle, près du bastingage tribord. Le câble passait de ce tambour sur le toit du laboratoire jusqu'au treuil électrique qui le larguait ou le hissait.

Sur le toit du laboratoire, le câble de hâlage passait au-dessus du gouvernail dans un portant en A installé sur le bastingage babord, juste au-delà du tambour d'enroulement et, de là, plongeait droit dans la mer.

Les architectes du *Knorr* avaient eu la prescience de laisser un espace libre pour le P.C. en implantant le château arrière du navire sur tribord, dégageant ainsi une vaste surface du pont sur babord. Même avec tout ce matériel encombrant, on disposait d'assez de place pour y jouer au ballon. Par beau temps, cette plage arrière deviendrait le « centre mondain » du *Knorr*, le lieu où tous se réunissaient après le travail pour boire une bière, bavarder ou se détendre tout en surveillant d'un œil ce qui se passait sur le pont.

Quittant la plage arrière pour le château central, on entrait d'abord dans le laboratoire principal où nous travaillerions essentiellement sur ordinateurs pour le traitement des informations. En continuant par la coursive centrale jusqu'au cœur du bâtiment, on passait devant l'infirmerie, puis la salle à manger où les officiers et les scientifiques prenaient leurs repas. Au-delà, se trouvaient la cuisine et le réfectoire de l'équipage.

Les deux autres ponts abritaient la plupart des chambrées. Le deuxième pont comportait un laboratoire, une bibliothèque et la cabine radio. A l'avant, sur le troisième pont, on trouvait les cabines des chefs de mission et du Commandant. Le quatrième était la passerelle, domaine réservé du Capitaine Richard Bowen. J'avais déjà navigué avec Bowen et savais que c'était un excellent pacha. Richard, originaire de la Nouvelle-Angleterre, est un taciturne, qui mène son navire de main de maître.

En plus d'un navire parfait, je disposais d'une équipe idéale : Les anciens du Groupe ANGUS, tels Earl Young, Emile Bergeron, Tom Crook, Steve Gegg et Martin Bowen ; les spécialistes de *Argo* avec son concepteur Stu Harris et ses ingénieurs, Tom Dettweiler et Bob Squires. Ils étaient secondés par des navigateurs, des pupitreurs d'ordinateurs et des opérateurs sonar, soit au total, en me comptant, vingt-cinq personnes. Cette équipe provenait principalement de la « famille » que j'avais réunie au Laboratoire de Plongée Profonde. Fort de mon expérience passée, je pressentais que la « famille » se souderait encore davantage, au fur et à mesure que l'expédition avancerait.

Pour la « phase américaine » de l'exploration, Jean-Louis Michel était accompagné de deux collaborateurs de l'IFREMER : Jean Jarry et Bernard Pillaud. Jarry, maintenant affecté au siège de l'IFREMER à Paris, avait souhaité un retour au service actif. Bernard, Officier de Marine détaché auprès de l'IFREMER, avait une grande expérience de la manœuvre des turbines de propulsion comme celles du *Knorr*. Ils apporteraient une touche de professionnalisme à notre aventure.

Faisant route à travers l'Atlantique, le temps était venu de fixer une fois pour toutes notre ultime stratégie de recherches, dans l'hypothèse où une exploration visuelle du Canyon du *Titanic* (et des cibles sonar reconnues par SAR et les expéditions de Grimm) ne donnerait aucun indice de la présence de l'épave. Les Français avaient entrepris une approche traditionnelle par quadrillage sous-marin au sonar. Grâce à l'équipement dont je disposais et à mon expérience d'observateur, je me proposais de suivre une voie radicalement différente, utilisant *Argo* pour une exploration visuelle.

Cette nouvelle méthode était basée sur une longue expérience de la recherche des objets perdus en mer. Depuis qu'en 1964 Woods Hole s'était lancé dans la plongée profonde avec *Alvin*, le téléphone avait sonné, au moins une fois par an, pour nous appeler à l'aide. Ces appels avaient couru sur toute la gamme des repêchages, depuis celui de la bombe H larguée accidentellement au large de l'Espagne (que *Alvin* avait retrouvée !) jusqu'à celui de l'avion des Korean Airlines abattu par les

(En haut) le navire océanographique Knorr *en mer.*
(Ci-dessus) la plage arrière du Knorr *avec* ANGUS, Argo *entreposés sous une bâche, la grue de mise à l'eau et l'autre treuil du pont.*

Soviétiques en 1984 (mais, là, *Alvin* n'était pas disponible). Bien qu'il se soit agi de missions sans éclat, elles nous avaient beaucoup appris sur les trajectoires suivies par les objets au cours de leur descente vers le fond de la mer.

Quel que soit le type de l'épave, il s'avère qu'elle se fragmente plus ou moins en s'enfonçant. Dans des eaux peu profondes, quand la chute est brève, les morceaux gisent sur le fond sensiblement à la verticale de l'endroit où l'objet s'est englouti. Mais, dans les abysses, où la chute vers le fond prend un certain temps, les courants peuvent disperser les morceaux : plus l'objet est lourd, plus il tombe verticalement, mais les morceaux plus légers vont dériver dans les courants comme les feuilles mortes dans le vent. Le résultat donne une sorte de « comète » de débris répandus le long du fond, les plus pesants formant la partie « au vent » du champ de dispersion. Dans des profondeurs d'océan moyennes de quatre milles mètres — celle à laquelle le *Titanic* avait sombré — avec un courant légèrement supérieur à un nœud, nous avons trouvé des aires de débris longues d'un à deux kilomètres et même parfois plus.

C'est fort de ces connaissances que je pris une décision qui devait se révéler cruciale. Au cours de la phase suivante, s'il fallait explorer encore plus loin, nous centrerions nos recherches sur le champ de dispersion des débris du *Titanic* plus que sur le navire lui-même. Avec un tel objectif, la recherche visuelle était plus logique que celle au sonar puisqu'un sonar ne peut différencier un petit objet fabriqué par l'homme et gisant au fond d'un autre d'origine naturelle, alors qu'une caméra en est capable. J'aurais parié qu'une caméra réussirait là où le sonar échouerait.

Sur le chemin de la zone, je réunis dans ma cabine Jean-Louis et les autres Français pour les entretenir de cette nouvelle méthode. La recherche visuelle leur étant étrangère, ils comprirent que *Argo* était le seul moyen de couvrir le terrain restant dans les temps qui nous étaient impartis. Nous savions tous que les heures passaient vite.

Jean-Louis et moi avions longuement évoqué l'extension du secteur initial de prospection. Nous avions la conviction que nous avions poussé nos investigations trop à l'Ouest. La zone secondaire que nous avions délimitée se situait à l'Est de la principale mais nous décidâmes de chercher encore plus dans l'Est que prévu. Peut-être le *Titanic* avait-il navigué plus lentement que son capitaine ne l'avait estimé ? Peut-être le courant, cette nuit-là, était-il plus fort que nous ne l'avions calculé ? La frontière Sud de

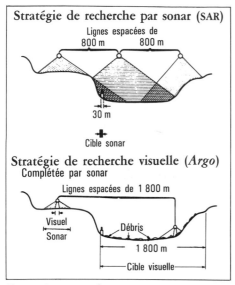

Pour être sûr de ne pas manquer un objet aussi « petit » que le Titanic, large seulement de 30 mètres, les Français devaient écarter les bords qu'ils tiraient de 800 mètres les uns des autres. Avec Argo, en recherche visuelle, dès lors que notre objectif était la zone de dispersion des débris longue d'environ un mille marin, nous pouvions espacer nos bords de 1 800 mètres.

Le réseau de balises

Le « saumon » (un émetteur/récepteur sonar remorqué) « bavarde » avec les balises et *Argo*/ANGUS.

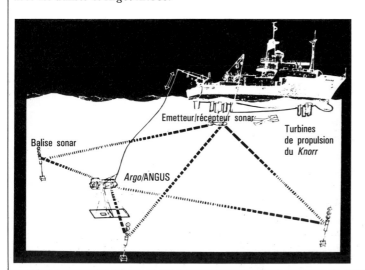

La deuxième zone de recherches

La deuxième zone étendue de recherche comparée à la première.

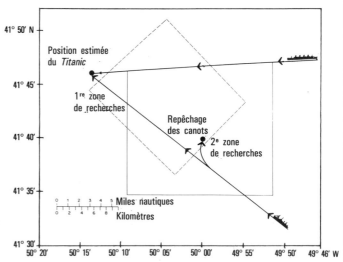

notre nouveau secteur cadrait bien : c'était l'endroit où les canots de sauvetage avaient été retrouvés. Ils étaient, en effet, les plus légers « débris » du *Titanic*, ils n'avaient certes pas coulé mais dérivé vers le Sud dans le courant.

A partir des indications portées au livre de bord du *Californian*, nous avions pu calculer la vitesse et la direction de la dérive pendant la nuit. Le navire avait rencontré la banquise à 22 heures, le 14 avril 1912 et avait dérivé jusqu'à 6 heures le lendemain matin, sur une distance de cinq milles. Donc le courant était de 0,7 nœuds en direction Sud-Sud-Ouest. Par conséquent, le *Titanic* avait nécessairement coulé au Nord de l'endroit où les canots furent repêchés.

Le courant avait également fourni une autre précision : Si les canots avaient dérivé vers le Sud, les débris, en coulant, avaient dû faire de même. Dans ces conditions, le *Titanic* et le champ de dispersion devaient se situer au Nord des canots, selon un axe orienté sensiblement Nord / Sud et sur une longueur d'environ un mille, les morceaux les plus légers gisant à l'extrémité Sud. Ceci impliquait que nos axes de recherches soient orientés d'Est en Ouest de façon à couper à angle droit l'aire de dispersion.

Il restait maintenant à choisir la ligne de départ de cette nouvelle zone étendue. Notre analyse des documents historiques nous donna un point de base : l'endroit où devait se trouver le *Titanic* si toutes nos déductions étaient correctes. Or, la seule chose dont nous étions sûrs était justement que le *Titanic* ne se trouvait pas à cet endroit puisque SAR l'avait déjà vérifié ! Par expérience, une règle que j'observe toujours est de ne pas démarrer une exploration au point focal. Je déploie mes investigations dans une zone que je calcule assez vaste pour que la cible soit nécessairement à l'intérieur et je commence par un bord. Dans notre cas, le meilleur choix consistait à attaquer par le Sud, près du lieu où les canots furent repêchés.

Notre stratégie était en place. Pour gagner du temps, nous effectuerions des passages séparés d'un mille les uns des autres. Si nous manquions l'épave lors de la première série de passages, nous recommencerions sur des lignes tracées au milieu des premières déjà parcourues, ce qui signifierait que nous aurions quadrillé le terrain à des intervalles inférieurs à un kilomètre. De cette manière, nous couvririons la zone plus vite. Mais il nous fallait d'abord vérifier une dernière fois le Canyon du *Titanic* et les divers échos reçus par le sonar pour être certains que Jean-Louis n'avait rien manqué qui soit caché dans ses coins et recoins.

Notre décision de revenir sur le canyon, bien que SAR n'y ait décelé rien de notable, fut prise à la fois pour réétudier la géologie du canyon et pour des raisons sentimentales. Grimm, Spiess et Ryan avaient été attirés et même obsédés par ce canyon, d'une part parce que c'est, et de loin, le relief le plus tourmenté de la région ; d'autre part, parce que les canyons attirent les débris, un peu comme un énorme aspirateur. Le vaste affaissement de terrain quadrillé par SAR s'arrêtait sur le canyon qui en constituait le drain dans lequel glissaient les boues. Si l'épave reposait quelque part à proximité du canyon, des morceaux pouvaient s'y être écoulés au fil des ans. Dans ce cas, *Argo* trouverait aisément des preuves visibles du *Titanic*.

Sur la route du canyon, la vie à bord du *Knorr* s'était installée dans une paisible routine. Par contraste avec celle régnant sur le *Le Suroit*, l'ambiance était insouciante et décontractée… et les repas chose banale ! Pendant les temps libres, on voyait certains lire les divers livres sur le *Titanic* trouvés dans la bibliothèque du bord, d'autres assistaient à la projection sur le magnétoscope, des films tournés sur ce sujet : « *A night to remember* » et « *renflouez le Titanic* ». D'autres encore jouaient aux cartes ou tentaient de pêcher des calmars ou des bonites ou même de ces requins qui nagent habituellement dans le sillage des navires.

Alors que le Knorr *était en route pour le site, Jean-Louis Michel montre les résultats de* SAR *durant la première phase. La carte derrière lui reproduit les allers et retours de* SAR *sur le Canyon du* Titanic.

Au crépuscule, on se réunissait sur la plage arrière pour se reposer et se détendre ; on s'installait dans des chaises longues en dégustant quelques bouteilles de sagres, cette bière portugaise dont nous avions acheté des quantités aux Açores, tout en contemplant le coucher du soleil. Quand il faisait chaud, certains barbotaient dans notre « piscine » pour se délasser de la chaleur de la journée (c'était un petit coin clos, situé à la poupe et rempli d'eau). Pendant ces heures de la fin du jour, un observateur non averti n'aurait jamais pu deviner combien notre mission était importante et les acteurs sérieux. Mais le véritable travail était encore à venir.

Tôt dans la soirée du 24 août, nous arrivâmes aux abords du canyon du *Titanic*. Miraculeusement, un calme plat régnait. C'était comme si ce bon vieux Neptune nous avait dit : « Il est là ! prenez-le ! ». Quelle différence avec la « période française », marquée par une mer grise et brumeuse... quand la tempête ne soufflait pas ! Les grands calmes rendent nerveux les marins endurcis. C'est comme passer à côté de la balle avec sa raquette ! Ils n'en parlent pas, ils se bornent à les surveiller ! En mer, la croyance veut que siffler appelle la tempête ! Ce soir-là, nul à bord ne se serait amusé à siffler !

Pique-nique sur la plage arrière. De gauche à droite Emile Bergeron, Cathy Offinger et Bernard Pillaud.

Notre position nous était donnée par les satellites gravitant autour de la Terre ; de façon infiniment plus précise que le point aux étoiles sur lequel, en 1912, le *Titanic* et les autres bateaux se relevaient. Je me tenais dans la chambre des cartes obscure (les rideaux en étaient tirés pour éviter tout éblouissement) sur la passerelle du navire, juste derrière la timonerie, dans l'étrange lumière des lampes rouges (utilisées de nuit à bord de tous les navires car elles n'affectent pas la vision nocturne) et je repensais à l'éternelle fascination exercée par le *Titanic*. A n'en pas douter, il gisait là, quelque part, à quelques milles...

A 19 heures (temps local) le Capitaine Bowen ralentit les puissants moteurs du *Knorr*, débraya le propulseur arrière et réduisit la vitesse à quatre nœuds. Le propulseur avant est déjà très bruyant et il nous fallait pouvoir entendre clairement sous l'eau afin de capter les signaux émis par les balises déposées par le *Le Suroit*. Pendant les dix-huit heures suivantes, nous travaillâmes d'arrache—pied et, au début de l'après-midi du lendemain, 25 août, notre propre réseau de balises était en place en fonction de la carte du canyon dressée par la Marine. Le réseau tressé par le *Suroit* et le nôtre étaient raccordés. La chasse pouvait être lancée !

Chacun gagna son poste au centre de contrôle, *Argo* était prêt à plonger. Quand *Argo* « planait » et quand la prospection était en cours, toute l'activité du bord se concentrait au poste de commandement, notre « P.C. ». A l'intérieur, se trouvaient la table à cartes et un pupitre de contrôle près de plusieurs rangées d'écrans de télévision. Chaque information relative à la recherche s'inscrivait sur un de ces écrans. Toutes les données de recherches convergeaient sur cette pièce.

Quand je revois le centre, je me figure le P.C. d'un sous-marin : les vastes écrans de télévision étant pareils à des hublots ouvrant sur la mer. Rien qu'en y pénétrant, je me trouvais plongé au fond des océans sans éprouver aucun des dangers, ni des nuisances des vrais sous-marins comme *Alvin*, et sans être limité par le temps. Il n'existe aucun doute dans mon esprit : *Argo* et ses successeurs sont les pionniers de l'avenir de l'exploration sous-marine.

De mon pupitre, au centre de la pièce, je pouvais voir chacun des sept membres de l'équipe de service chargée de la manœuvre de *Argo*. (ANGUS, moins complexe, ne nécessitait qu'une équipe de trois personnes). Etant divisés en trois quarts de deux fois quatre heures par jour, trois personnes différentes se succédaient au même poste pour remplir le rôle qui leur était dévolu. Juste devant moi, à gauche, se trouvait le « pilote », chargé de la conduite et de la manœuvre du treuil contrôlant le câble de traction de *Argo*. Il avait la lourde responsabilité de faire

« planer » *Argo* à l'altitude optimale par rapport au fond et, par-dessus tout, d'éviter tout obstacle. Mes trois « pilotes » étaient des techniciens éprouvés : Earl Young, Martin Bowen et Emile Bergeron.

En face du « pilote », légèrement sur la droite, se tenait le « navigateur ». Sa tâche était de connaître constamment les positions respectives de *Argo* et du *Knorr*. Le « navigateur » devait être au fait des plus récentes innovations en matière de guidage par satellite et de la « magie noire » du positionnement sur les balises acoustiques. Mes trois hommes de confiance étaient : Steve Gegg, Tom Crook et Cathy Offinger.

Immédiatement à droite du « navigateur », c'était le poste du « timonier » ; celui qui, depuis le P.C., conduisait le navire et règlait sa vitesse. Si nous trouvions le *Titanic*, l'honneur en reviendrait au Capitaine Bowen, mais pendant la plupart de nos passages en lignes droites, ce poste était tenu par des membres de l'équipe de quart. Le système de pilotage me rappelait celui du « Pac-Man » : deux petits leviers terminés par une boule noire. L'un règlant la vitesse du propulseur avant, l'autre celle de l'arrière. Pendant presque toute l'expédition, les trois « timoniers » furent les chefs de quart : Jean-Louis Michel, Jean Jarry et Bernard Pillaud, qui se concentraient sur la conduite du navire, en liaison avec le « pilote ». S'il fallait prendre des décisions tactiques, non prévues dans mes instructions, ils le feraient d'eux-mêmes... ou me réveilleraient pour prendre mon avis. Quand le « pilote » et le « timonier » s'accordaient bien — et le meilleur tandem était composé de Jean-Louis Michel et de Earl Young — nous couvrions un maximum de terrain.

A la droite du « timonier », il y avait le poste des ingénieurs de *Argo* : Stu Harris, Tom Dettweiller et Bob Squires, qui avaient rédigé le manuel d'instructions compliqué de l'engin. Stu, comme architecte principal, était sans doute l'homme le plus averti de notre équipe scientifique. Si quelque chose allait de travers, il était à même de résoudre la difficulté... ou de trouver celui qui réparerait. Il était notre pierre angulaire, toujours impassible quand la tension montait, parfait pour remonter le moral s'il flanchait. Mais c'était un piètre marin. Pendant toute l'expédition, il porta derrière l'oreille une pastille qui, paraît-il, diffusait un remède contre le mal de mer !

Emile Bergeron au P.C., pilotant Argo.

Derrière l'ingénieur de *Argo* était assis l'opérateur sonar. Le lieutenant George Rey, de la marine américaine, avait été détaché pour le voyage du premier groupe d'études des sous-marins, du Centre Naval d'Expérience de Plongée Profonde de San Diego, Californie. Un de ceux avec qui il alternait était Terry Snyder, de la société Klein qui avait fabriqué le sonar latéral de *Argo*. A eux deux, ils avaient reçu des milliers d'échos et de spots sonar et ils étaient devenus des maîtres dans l'art de distinguer leur « signature ». Le troisième opérateur était Jim Saint, détaché auprès de nous par la Compagnie Colmek, cette société qui, dans l'Utah, avait réalisé les caméras ultra-sensibles et participé à la construction du télémètre.

Les iconographes du groupe prenaient également le quart : Bill Lange, Emory Kristof et Ralph White. Ils devaient consigner et mettre en archives tout fait important pouvant survenir.

Le dernier membre de chaque équipe de quart, se partageant entre les divers postes, de la navigation à la table de contrôle, était le « collecteur de données ». Ce rôle était rempli par Sharon Callaghan, Georgina Baker ou Lisa Schwarz. Leur travail consistait à tenir constamment à jour notre « carte des opérations » sur la table des cartes, c'est-à-dire en marquant, sur la reproduction topographique de la zone de recherches, les lieux que SAR avait déjà prospectés et les lignes des passages proposés pour *Argo*. Au fur et à mesure de la progression de *Argo*, le « collecteur de données » rassemblait les informations et les reportait graphiquement sur la carte de couverture sonar et visuelle. Tour à tour, il donnait au « navigateur » et au « timonier » les coordonnées de la route à suivre.

Un dernier membre du groupe n'avait pas d'affectation spéciale, mais il était souvent au Centre de Contrôle. C'était Dana Yoerger, un jeune diplômé de robotique, frais émoulu du Massachussetts Institute of Technology, et le futur père de *Jason*. Il était venu se rendre compte du genre de travaux forcés auxquels sont astreints ceux qui livrent la bataille de la recherche océanographique. Comme il n'était pas indispensable à l'équipe de quart, il passait le plus clair de son temps à réécrire le manuel d'utilisation de *Argo* qui avait désespérément besoin d'une refonte.

Chaque fois que je me rendais au P.C., je pouvais, en jetant un coup d'œil sur la carte, voir notre « ordre de bataille ». Comme chef de l'expédition, je n'étais pas tenu de prendre le quart mais, sauf pendant mon sommeil, on m'y trouvait à peu près tout le temps. Ma place était au cœur de l'action, qu'il soit deux heures du matin ou de l'après-midi ; je dormais quand j'en avais le temps. Tant que la recherche fut de pure routine et qu'aucun indice du naufrage n'apparut, je disposai de beaucoup de liberté. Quand j'étais au centre, ma place habituelle était devant la table des cartes, au centre de la pièce, ce qui me donnait une vue d'ensemble sur tout ce qui se passait. Ou alors, je circulais de poste en poste pour examiner de plus près un point particulier de notre prospection.

En général, pendant le quart, on diffusait de la musique, toutes sortes de musiques, de Ravel au Reggae. Bien souvent, la cabine embaumait le pop-corn au miel qu'on nous apportait de la cambuse. Quand le temps devint froid et humide, comme ce fut le cas plus tard au cours du voyage, le centre devint une oasis de chaleur et de camaraderie. On pouvait toujours trouver un recoin pour se terrer, près d'un poste... mais toujours en dehors du passage ! Quand il faisait chaud, ce qui arriva pendant une bonne partie de notre aventure, les quatre climatiseurs maintenaient une température agréable. Le seul véritable problème était l'épais nuage de fumée des cigarettes ! Comme plus de la moitié des équipiers étaient des fumeurs, il arrivait que ce nuage soit si épais que je fus contraint de rationner les cigarettes pour ne pas encrasser le système de conditionnement d'air... et les poumons des non-fumeurs !

Earl Young « pilotait » *Argo* lors de sa première mise à l'eau, le 25 août. Il portait un casque métallique, mis devant derrière, et proférait des jurons hauts en couleurs à la plus légère contrariété. De tous les bourlingueurs du bord, Earl était le plus mal embouché ! Depuis que je l'avais rencontré la première fois, travaillant impavide au milieu des dangers de l'électricité haute tension en pleine mer, il m'avait tout appris des gens de mer de la Nouvelle-Angleterre, ces gars endurcis par des siècles de dur labeur en haute mer. Bien que surnommé depuis longtemps « Grin-

Jean-Louis et Ballard marquant le prochain bord de Argo.

cheux » pour son caractère éternellement revêche et ses perpétuelles critiques, je ne pouvais rêver meilleur pilote. Nous avions mené ensemble bon nombre de campagnes et il n'avait jamais baissé les bras, quels que soient l'état de la mer, l'heure indue ou la difficulté de la tâche.

Je regardais Earl dans ses préparatifs, embrayant les leviers du treuil, vérifiant l'altimètre qui mesurerait la distance entre *Argo* et le fond, scrutant l'écran sur lequel apparaîtrait le fond sous-marin filmé par la caméra frontale de *Argo*. Si un obstacle surgissait sur cet écran, il incombait à « Grincheux » d'enrouler hâtivement le câble de deux pouces de diamètre et ceci assez vite pour que *Argo* passe au-dessus. Il avait connu plusieurs collisions avec ANGUS, le frère aîné de *Argo*, mais il avait maintenant l'avantage de pouvoir piloter à vue, en temps réel. Il pouvait donc suivre visuellement ce que faisait *Argo* alors que ANGUS naviguait en aveugle, avec seulement un sonar altimétrique pour se guider.

Puis Earl poussa en avant le levier de commande, libérant le câble et *Argo* entama la première plongée sérieuse de sa courte carrière. Les essais de descente avaient été concluants mais, cette fois-ci, c'était pour de bon ! A droite de Earl, Tom Crook, le « navigateur », surveillait ses écrans pour s'assurer que *Argo* demeurait en bonne place. Tom, un ancien de Woods Hole, est notre expert en navigation « tous temps » et il a la main sûre.

La mise à l'eau se déroula de façon parfaite. Mais à peine commencions-nous à nous détendre que Stu Harris, au poste de controle, signala un incident technique. D'évidence, une vague avait endommagé notre appareil de télémétrie. L'écran de télévision du centre restait désespérément blanc... ce qui impliquait que *Argo* revienne en surface.

Un peu plus tard, *Argo* ramené sur le pont près du P.C., les techniciens s'attroupèrent autour de lui comme des abeilles autour de leur reine. En vingt-deux minutes, il fut prêt à repartir vers les fonds. Chacun savait que pas une seconde ne devait être gaspillée.

Les débuts d'une expédition à haute technologie sont toujours empoisonnés par les difficultés. Lorsque l'expédition inaugure des matériels tout neufs, comme *Argo*, elles se multiplient. Neuf ou pas, aucun instrument de mesures aussi complexe que les nôtres ne peut être protégé contre le ressac des vagues sur la coque du *Knorr* ni contre les vibrations constantes des turbines, tout au long du voyage depuis le départ des Açores. De même, la salinité et l'humidité de l'air marin sont désastreuses pour les appareils électroniques, en déposant une pellicule corrosive sur tous les circuits. Dans une aventure comme la nôtre, le problème n'est pas de savoir si on aura des difficultés, mais quand et combien !

Une heure quarante plus tard, l'altimètre de *Argo* « sentit » le fond à trente mètres au-dessous de l'appareil. Au contrôle du treuil, Earl ralentit la descente de *Argo* et toute l'équipe se raidit dans l'attente de recevoir la première image du fond. Quelques instants après, à 15 heures 30, le « plancher » de la mer apparut sur notre écran noir-et-blanc, moins de vingt mètres au-dessous de *Argo*. Le fond était à 12 690 pieds (3 860 mètres) de la surface. De légères empreintes de limaces des mers, des holothuries, se dessinaient sur la vase. Sinon, rien...

Pendant plusieurs heures, ensuite, nous explorâmes quelques milles dans l'Est du canyon, l'équipe de quart s'installant dans une routine ponctuée seulement des bruits des instruments de *Argo* : les « ping-ping » de son sonar de navigation et de l'écho-sondeur du navire ; le cliquetis de l'imprimante qui débitait les feuilles d'enregistrement des données. L'odeur de pop-corn emplissait la pièce où régnait une ambiance à la fois concentrée et décontractée. Après une longue, longue route vers le site, les affaires sérieuses commençaient.

Grâce au sonar, nous explorâmes bon nombre de « cratères de bombes » dont je savais, par expérience, qu'ils auraient pu avoir été creusés par l'impact de lourds morceaux du *Titanic* dans son naufrage. La plupart

(En haut) Argo est immergé et *(ci-dessous)* commence sa plongée.

étaient vides mais, dans l'un deux, nous vîmes un énorme bloc erratique glaciaire. Il aurait été férocement ironique, pensai-je, que ce rocher soit tombé de l'iceberg qui avait coulé notre but, arraché par la collision entre acier et glace. A l'exception de ces cratères, les caméras ne révélèrent qu'un paysage doucement vallonné, constitué de collines de sédiments boueux.

Pendant les deux jours suivants, alors que les heures tournaient sans rémission, nous inspectâmes les diverses cibles sonar enregistrées par les expéditions de Grimm et par le SAR. Jean-Louis et moi savions bien que c'était peine perdue, mais nous sentions qu'il importait d'abord d'éliminer toutes les cibles dans le canyon et ses alentours avant d'aller explorer ailleurs. Trois des cibles du sonar de Grimm et du magnétomètre retinrent particulièrement notre attention. L'une était « l'hélice » de Grimm ; une autre était celle que nous avons surnommée la « Folie de Ryan », du nom de Bill Ryan, de l'Observatoire Lamont, qui l'avait enregistrée. La troisième fut baptisée « l'Obsession de Spiess » en l'honneur de Fred Spiess. Celle-ci l'avait véritablement attiré comme un aimant. Pendant son expédition de 1981, il y était revenu à diverses reprises.

Je ne savais pas, à ce moment, que Grimm nous avait joué un mauvais tour. La position du site de « l'hélice », que nous avions soigneusement relevée, était fausse ! Grimm en avait soigneusement falsifié les coordonnées sur la carte de la zone de recherches publiée dans son livre « *Hors d'atteinte* » ! De plus, aucun des échos sonar enregistrés par Grimm ne présentait le moindre intérêt, il s'agissait uniquement de blocs erratiques glaciaires ou d'affleurements du canyon. Celui-ci, comme ses affluents, était « propre », pour autant que SAR et *Argo* aient pu le vérifier.

Au cours de l'exploration du canyon lui-même, nous avions effectué une fantastique course de slalom, survolant les affleurements magnifiquement érodés des berges en zigzaguant en tous sens. Les parois taraudées faisaient penser au Grand Canyon du Colorado avec ses strates diversement rongées qui racontaient l'histoire complexe des dépôts sédimentaires, de leur érosion et de leur redéposition. Près de la limite Sud de notre zone, le bout de canyon devenait torturé, avec de nombreux ravins creusés dans ses flancs, me rappelant les « Bad Lands » du Dakota du Sud. Avant de quitter ces parages, nous poussâmes largement au Sud de la frontière de notre zone, pensant qu'avec les années, des débris entraînés par les courants, pouvaient avoir été transportés loin du lieu du naufrage. Nous n'eûmes pas cette chance, mais *Argo* avait accompli des performances majeures en dépassant pour la première fois le record de plongée de *Alvin* à 13 000 pieds. De nouvelles frontières s'ouvraient à notre vision.

Diagramme indiquant le ratissage par Argo *du Canyon du* Titanic *et de ses environs : la couverture principale de* Argo *se situe sensiblement dans l'axe du Canyon. Le site de « l'hélice » de Grimm et celui de la cible sonar sur laquelle Spiess est revenu à plusieurs reprises sont marqués.*

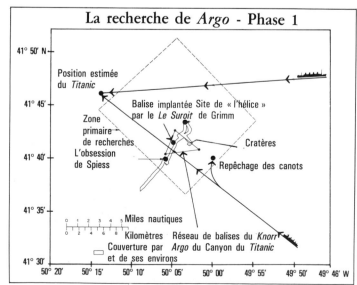

La recherche de *Argo* - Phase 1

Jamais auparavant, personne n'avait pu photographier les rapides d'un canyon sous-marin avec une telle aisance. Des années plus tôt, j'avais exploré des vallées sous-marines semblables au large des côtes de la Nouvelle-Angleterre, dans la cabine froide et confinée de notre sous-marin *Alvin*. Aujourd'hui, j'étais assis sur un siège confortable, un verre de Coca-Cola à la main et de l'autre une portion de tarte aux pommes tiède, écoutant des refrains de Willy Nelson sur le magnétophone, cependant que le paysage sous-marin se déroulait imperturbablement sous mes yeux ! Voilà ce que j'appelle l'exploration !!

En fin de matinée, le 27 août, presque exactement deux jours après avoir entrepris le ratissage du canyon du *Titanic*, *Argo* fut remonté, ayant scruté et éliminé tous les échos sonar et magnétiques repérés par les expéditions précédentes. Neuf jours encore et l'instant critique arriverait de tourner les talons. Pour le coup, l'océan se révélait immense et notre confiance en nous-mêmes s'estompait. Le *Titanic* était-il réellement dans la zone que nous avions pourtant si minutieusement explorée ? Dans l'affirmative, certains indices de débris n'auraient-ils pas dû nous apparaître dans le canyon ? Ne cherchions-nous pas au mauvais endroit ?

Dans mon for intérieur, j'avais intensément cru que nous trouverions quelque chose dans le canyon, un bout de l'épave, une trace du *Titanic*... Je commençais à ressentir la panique qui montait et d'autres, à bord, partageaient cette sensation. La tension montait et l'ambiance devenait frénétique. Cette pensée était plus pénible à supporter que nous ne l'aurions cru.

Jean-Louis, comme d'habitude, ne montrait aucun signe de désarroi. C'était peut-être plus facile pour lui puisqu'il n'était pas sur son bateau, mais si nous ne retrouvions pas le *Titanic*, ce serait un échec pour nous deux, et non des moindres, la recherche visuelle étant une suggestion que j'avais faite. Si elle réussissait, j'en retirerais la gloire, sinon... c'est moi qui porterais tout le blâme.

A 13 heures 40, dans l'après-midi du 27 août, après avoir repêché et remis à l'eau une balise qui fonctionnait mal, nous nous dirigeâmes vers l'Est, dans des parages encore inexplorés de notre secteur secondaire de recherches. Un petit coin, sur le bord oriental de la zone primaire, avait échappé aux investigations de SAR à cause du courant et, la nouvelle zone recouvrant l'ancienne, nous devions prospecter cette région manquée. Ne voulant prendre aucun risque, nous laissâmes en place la balise du canyon du *Titanic*. Si ce secteur se révélait désert, nous pourrions toujours retourner au canyon pour une nouvelle tentative. Il était difficile de se défaire de l'idée que le *Titanic* gisait quelque part dans le canyon.

A chaque relève, le quart descendant passe les consignes au quart montant. Sur la table traçante au P.C., on peut voir, de gauche à droite : Georgina Baker, Sharon Callahan, Jean-Louis Michel et Jean Jarry. A droite, le Lieutenant Rey et James Saint reçoivent les résultats du dernier enregistrement graphique.

Durant ce trajet de dix milles vers le Sud-Est, nos techniciens effectuèrent en hâte quelques réparations sur le treuil de *Argo*. Je ne voulais pas que quoi que ce soit nous handicape et, lors de la dernière descente, j'avais remarqué que le tambour d'enroulement, autour duquel se love le coûteux câble de transmission au cours du treuillage, jouait dans ses tourillons. Si cela empirait, nous risquions de perdre *Argo* et, avec lui, notre seule chance de découvrir le *Titanic*.

Au milieu de l'après-midi, nous étions prêts à mettre en place un nouveau réseau de balises qui nous aurait donné notre position exacte au cours de notre dernière phase d'exploration. Avec seulement neuf jours pour travailler, je décidai de prendre un raccourci : au lieu de trois groupes de trois balises qui nous assureraient une navigation parfaite, je choisis de ne placer qu'un seul groupe, formant un triangle au milieu du dernier secteur à explorer. Cela ferait gagner beaucoup de temps mais rendrait le positionnement, au Nord et au Sud, beaucoup plus difficile au fur et à mesure qu'on s'éloignerait du réseau. La stratégie de recherche visuelle, qui n'exige pas des bandes se recouvrant très exactement l'une l'autre, me permettait de prendre ce risque. J'espérais que cela marcherait !

A 1 heure 44, le lendemain matin 28 août, nous avions terminé le positionnement du triangle des balises et nous nous trouvions juste au Sud de l'endroit où le *Carpathia* avait rencontré les canots de sauvetage. Nous étions prêts à faire descendre *Argo* dans des eaux inconnues.

Alors que le petit traîneau blanc glissait sagement dans la houle de l'Atlantique, je me demandais une fois de plus ce qui allait survenir. Jusqu'à présent, nous avions bénéficié d'un temps presque parfait et, dans la demi-obscurité de l'aube naissante, il faisait froid sur une mer calme. Le secteur à explorer mesurait environ 350 kilomètres carrés. Ceci signifiait qu'il nous faudrait courir dix à douze bords en sens Est/Ouest, chacun d'eux séparé d'un mille. Si tout allait bien, cela nous prendrait cinq à six des huit jours et demi qui nous restaient. Si nous ne trouvions pas l'épave pendant ce temps, nous aurions quand même le temps d'un doublage partiel entre les lignes parcourues.

4 600 mètres plus bas, l'eau était remarquablement plus limpide que dans le canyon, permettant à *Argo* de planer à plus grande « altitude » et à nous-mêmes de couvrir plus de terrain. Ce champ de vision plus étendu n'était pas gênant pour notre mission et, au contraire, il démontrait que *Argo* était capable de rendre des services de plus en plus performants, ceci pour des expéditions scientifiques futures. Ce qui nous importait par-dessus tout était la capacité de *Argo* à transmettre, en permanence et en temps réel, des images T.V. du fond de l'océan jusqu'à la cellule de contrôle, images que nous pouvions ensuite analyser, revoir et à partir desquelles nous pouvions concevoir d'autres tactiques. Pourtant, la première chose que *Argo* nous transmit fut un paysage de longues dunes de sable rapprochées les unes des autres. Jean-Louis, qui se trouvait au centre pendant cette plongée, observa que cela lui rappelait une plage de Bretagne, mais une plage déserte... hélas !

Arrivées à ce point du voyage, chacune des trois bordées de quart avait acquis une personnalité distincte et déjà deux d'entre elles s'étaient vu attribuer un surnom. Le quart de Jean-Louis Michel, de minuit à quatre heures du matin, puis de midi à 16 heures, s'était baptisé, par une bravade caractéristique : « Le Quart de la Paisible Excellence ». On les appelait aussi « Les héros de Harris », d'après le nom de Stu Harris, le magicien de *Argo*. Leur « excellence » avait pour origine le fait que Jean-Louis-le-taciturne à la barre du navire et Earl-le-grincheux aux commandes du treuil formaient l'équipe la plus douée pour tirer un maximum de *Argo*. Puisque Jean-Louis m'avait abandonné le commandement suprême pour le temps de la « période américaine » de l'expédition, j'avais fait en sorte

Immersion nocturne d'une balise.

qu'il bénéficie du meilleur quart. Pour diverses raisons, le quart de minuit passait pour être celui au cours duquel il se passerait quelque chose !

A 12 500 pieds de profondeur, il était impossible de remorquer *Argo* à grande vitesse en raison du frein que constitue la friction de l'eau sur le câble de traction. Avec seulement cinq centimètres de diamètre, on aurait pu penser que le frottement serait négligeable, mais sur une longueur de 4 000 mètres, cela représente une belle surface. Plus Jean-Louis ou un de ses compatriotes naviguait vite, plus *Argo* avait tendance à s'élever, hors de son rayon de visibilité. Nous avions lutté contre ce phénomène en lestant *Argo*. Comme résultat, il était remorqué juste en arrière du navire — le câble surtout pas vertical ! — ce qui rendait la manœuvre en tandem du navire et de l'engin plus commode, spécialement lors des demi-tours à la fin de chaque bord. *Argo*, se trouvant presque au-dessous de nous, était également plus facile à positionner. Le hic était cependant qu'en l'alourdissant, les contraintes exercées sur le cable et sur le treuil n'en étaient que plus grandes.

Le remorquage de *Argo* procédait donc d'un compromis entre la vitesse maximale possible et la meilleure visibilité. Jean-Louis et Earl y parvenaient magnifiquement, comme des funambules éprouvés ! Lorsque *Argo* s'élevait sous l'effet de la vitesse, Earl lâchait un peu de câble. A ce moment, Jean-Louis freinait l'allure du navire, soit en réduisant la rotation du propulseur avant, soit en venant vent debout. Quand le *Knorr* ralentissait et que *Argo* redescendait, Earl rentrait le câble pour empêcher l'engin de heurter le fond. Et ceci continuellement, heure après heure, jour après jour.

Ce fut un accident qui valut au quart de 8 heures/midi et 20 heures/minuit le surnom de « Sinistre Equipe »... et qui faillit mettre un terme prématuré et définitif à toute l'expédition. Le 28 août après le petit déjeuner, nous étions restés sur la plage arrière à admirer un somptueux lever de soleil alors que nous approchions du bout du bord n° 1. J'étais revenu dans le centre de contrôle pour préparer ce qui allait devenir une manœuvre de routine : faire virer le navire vers le Nord pour effectuer un autre bord un mille plus loin. Bernard Pillaud tenait la barre du navire et Martin Bowen était aux leviers de commande du treuil. Martin, qui n'a aucun lien de parenté avec le capitaine Bowen, est au Laboratoire de Plongée Profonde le spécialiste des robots télécommandés, un biologiste devenu technicien, vétéran du groupe ANGUS. Il était l'homme qui devait piloter *Jason* pour son voyage inaugural, l'année suivante. Pour lui, le pilotage de *Argo* était une seconde nature.

Comme il est plus facile de virer avec un câble court, Bernard freina le navire, ce qui fit descendre *Argo* vers le fond et Martin commença à hisser le câble. Mais l'enroulement n'était pas assez rapide et *Argo* risquait de s'écraser au fond. Instinctivement. Martin poussa en avant le levier du treuil qui, perché sur le toit du laboratoire principal, accéléra sa rotation, envoyant le câble remonté vers le tambour d'enroulement, cinq mètres plus bas, sur le pont. Martin avait eu le bon réflexe mais les réparations récentes du tambour avaient réduit de façon inattendue sa vitesse de rotation, si bien qu'il ne pouvait plus « absorber » le câble aussi vite que le treuil le lui envoyait. Martin vit sur l'écran du téléviseur (qui contrôlait la course du câble entre le treuil et le tambour) qu'une large boucle se formait en travers du passage principal sur le pont. Si quelqu'un y passait au moment où la boucle se resserrait, il serait coupé en deux ! Je me trouvais alors à la table traçante, tournant le dos aux postes de manœuvre, calculant notre prochain bord, quand j'entendis Martin hurler. Je me retournai d'un bond, jetai un regard à Martin et me ruai hors de la pièce. Dans le même temps, Martin renversait le levier de commande pour relâcher le câble de *Argo* et dénouer la boucle, mais ceci ne fit que compliquer les choses. Emergeant de la cabine, je regardai impuissant le câble détendu

Au cours de notre mouvement vers l'est du Canyon du Titanic, *pour entreprendre notre recherche visuelle dans la zone secondaire, l'électricien Harry Rougas effectue des réparations sur le treuil.*

qui avait sauté du tambour du treuil et commençait à s'enrouler autour de son axe. Quelques secondes plus tard, avec le câble enchevêtré sur son axe, le treuil ralentit puis s'arrêta complètement, les sécurités bloquées. Pendant ce temps, je grimpai à toute vitesse vers le treuil d'où je pus voir toute l'étendue du désastre. Le câble ne pouvait plus avancer, ni reculer et il serait bientôt soumis à une tension extrême. Seule, une manœuvre d'urgence pouvait encore sauver *Argo*.

Le frein avait sans doute évité la rupture du câble mais Martin, au centre, ne pouvait plus contrôler la profondeur de *Argo* qui plongeait de plus en plus vers le fond. Dehors, sur le pont supérieur, je pus voir que l'axe du treuil avait complètement déchiqueté la solide gaine de protection du câble. Cela voulait dire que, si nous accélérions pour relever *Argo*, le câble se romprait sous la tension et *Argo* serait définitivement perdu. Notre seul espoir était de laisser *Argo* toucher le fond et racler dessus pendant que nous chercherions la solution du problème.

Pour aggraver notre situation, le navire se trouvait maintenant au point extrême de notre réseau de balises, rendant la navigation pour le moins hasardeuse. Sans un positionnement correct, nous serions incapables de situer le navire par rapport à *Argo* qui s'était maintenant enfoui dans le fond vaseux et agissait comme une ancre... au bout d'une chaîne plus que fragile ! Tout mouvement dans une mauvaise direction accroîtrait la tension et provoquerait la rupture du câble déjà endommagé. Je décidai de laisser le navire dériver pendant que nous tenterions de sauver la situation. Par chance, la mer était calme et le vent léger.

La tension du câble atteignait 8,5 tonnes. Earl Young, le bosco du bord Jerry Cotten, l'équipage de pont du navire et moi, nous nous mîmes frénétiquement au travail. Si la tension montait à dix tonnes, le câble résisterait peut-être encore mais, à 12,5 tonnes, il claquerait à tous coups. J'avais entendu des tas d'histoires de câbles se rompant sous une tension trop forte, déchiquetant ou décapitant tout ce qui se trouvait sur leur passage. De tout ce que nous fîmes pendant l'expédition au *Titanic* de 1985, ce fut le moment le plus périlleux.

Luttant contre la montre, chacun était en état d'alerte maximale. De temps en temps, une brève observation ou un ordre ponctuaient le silence : « Il me faut un couteau », « Donnez-moi du mou ! », « Surveillez la tension ! », « Faites attention... Faites attention ! ». Couverts de graisse, les jointures en sang, nous savions que nous nous battions contre le temps qui filait.

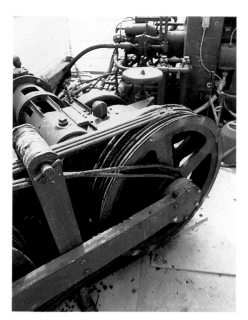

Gros-plan du câble endommagé, enchevêtré autour de l'axe du treuil.

Je passe lugubrement en revue les dégats pendant que le bosco Jerry Cotter entreprend la tâche délicate de sauver Argo.

En vingt folles minutes, nous bâtîmes un échafaudage sur la poupe ; au-delà de la partie endommagée du câble, nous plaçâmes un point d'attache un peu plus bas et fîmes dévier la tension sur un câble provisoire amarré à une bitte sur la plage arrière. La section abîmée était maintenant détendue et nous pouvions pousser un léger soupir de soulagement. On pourrait récupérer *Argo*. Mais il n'y aurait certainement pas de seconde fois ! Même si l'on pouvait espérer faire « planer » *Argo* de nouveau, il serait sans doute aveugle car les fibres de transmission du câble devaient avoir été irrémédiablement endommagées.

Au centre de contrôle, Bernard et Martin se désespéraient. Il est certain que l'accident aurait pu se produire pendant n'importe quel quart : nul n'avait pressenti les conséquences des réparations du tambour d'enroulement. Autour de moi, les autres hommes de quart demeuraient sombrement silencieux. Nous étions tous sous le choc, voyant poindre, droit devant nous, la fin de l'expédition… après avoir tiré un unique bord en recherche visuelle !

Alors, comme la grâce d'un Souverain quelques instants avant l'exécution, nous bénéficiâmes d'un sursis. Stu Harris nous rejoignit au P.C. et décida de remettre *Argo* en marche pour vérifier l'étendue des avaries. Sous l'accélération du *Knorr*, *Argo* décolla… et les images T.V. se projetèrent sur nos écrans, claires comme du cristal. L'enveloppe du câble avait été déchiquetée mais les fibres intérieures étaient intactes ! Rapidement, nous étudiâmes les tables de longueur du câble et les cartes topographiques du fond dans notre secteur. Nouveau sursis : nos projets de recherche devaient nous amener, lentement mais sûrement, vers des eaux moins profondes car nous devions explorer les pentes conduisant aux Grands Bancs. Nous ne pourrions pas débiter tout le câble pour augmenter notre vitesse, mais nous pourrions prospecter.

C'est ainsi que le quart de 8 à 12 fut surnommé « l'Equipe Sinistre ». Comme nous sommes des gens d'habitudes, le nom est resté. Heureusement, d'ailleurs, rien au cours de la croisière ne vint confirmer ce surnom.

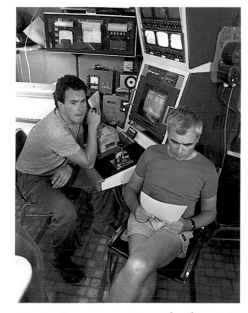

Martin Bowen se sent au plus bas après avoir failli perdre Argo, *alors que Jean-Louis pointe le journal de bord.*

Peu après minuit, le 29 août, alors que nous parcourions notre cinquième bord, le mot « ennui » apparut sur les « livres de bord » tenus à chaque poste. La routine, au P.C., devenait engourdissante, heure après heure, à surveiller les images T.V. d'un fond plat et boueux, de temps en temps ponctué de la trace d'une limace de mer ou le cratère d'un rocher. Après une heure à visionner un écran ou des bandes d'enregistrement

L'ambiance, dans le Centre de Contrôle, est tendue, en attendant que Stu Harris trouve le câble endommagé de Argo.

sonar, on avait les yeux irrités, on pensait à autre chose, l'esprit tournait en rond comme un écureuil dans sa cage. Il fallait que quelque chose se produise ! Parfois, entrant dans le Centre, je trouvais l'équipe debout, se trémoussant au son d'une musique de danse diffusée à pleine puissance. Au fur et à mesure que les jours s'écoulaient, on cherchait des astuces pour se sortir de la monotonie.

Le quart le plus dur, la hantise de ceux qui l'assumaient, était celui de 4 à 8 heures du matin. Rien n'est pire que de devoir se lever au milieu de la nuit pour aller travailler et, depuis le début, ce quart s'était montré passablement chahuteur. Une fois, ils s'étaient rendus au P.C. en file indienne, sifflant l'air des 7 Nains de Blanche-Neige : « Hé ho ! Hé ho ! Nous allons au boulot !». Des amusements de ce genre leur avaient valu le surnom de « l'Equipe du Zoo » !

Malgré de semblables bouffonneries, le 30 août, alors que nous étions à mi-parcours du cinquième bord, le moral tomba en chute libre. Le livre de bord du navigateur mentionnait : « Pas d'échos ! Rien sur le Loran ! Pas de satellite ! Rien sur le Sat-Nav (tout ceci relatif à notre positionnement) ! En avant toute contre le vent ! Où sommes-nous ?». A l'ennui, s'ajoutait maintenant une aggravation des conditions atmosphériques, le vent et la mer forcissaient. Comme nous nous dirigions vers le Nord pour entamer le sixième bord, le câble de *Argo* se prit dans celui au bout duquel était accroché le petit « saumon » qui interrogeait les balises. Notre concentration et notre application paraissaient diminuer alors qu'il ne nous restait que six jours.

Sans que cela soit une surprise, les premiers grondements sérieux de mécontentement vinrent de l'équipe de quart la plus remuante : « L'Equipe du Zoo », et le meneur en était mon vieux copain Emory Kristof. De façon assez compréhensible, Emory manifestait son impatience devant la tournure des événements et il était probablement lassé de n'être qu'un banal marin de quart. Emory voulait être un « para-commando-marine » et non un simple fantassin ! Emory et son camarade Ralph White avaient longuement échafaudé leur propre théorie sur l'endroit où gisait le *Titanic* et, de fait, depuis plusieurs jours, semblables théories fleurissaient au poste de commandement. Certains, qui ne connaissaient rien du *Titanic* avant de monter à bord du *Knorr*, avaient lu les divers récits historiques sur ce sujet traînant sur la table des cartes et étaient aussitôt devenus les stratèges du Café du Commerce !

Durant le quart de 16 à 20 heures, le 30 août, alors que « L'Equipe du Zoo » tirait le sixième bord dans la zone, nous nous trouvâmes, Jean-Louis et moi, confrontés à une sorte de mutinerie dans nos rangs. Le sonar de *Argo* avait repéré un objectif qui pouvait correspondre, par ses dimensions et son intensité magnétique, au plus grand morceau de l'épave du *Titanic*... du moins « L'Equipe du Zoo » le pensait-elle ! Jean-Louis et moi étions certains que ce n'était rien d'autre que l'écho de hautes dunes de sable. Nous savions reconnaître leur « signature » sur l'écran sonar de SAR et nous savions aussi à quoi ressemblerait celle du *Titanic* sur une bande d'enregistrement. Nous étions formels : Ce n'était pas notre objectif !

Mais au fur et à mesure que le moral baissait et que l'ennui devenait insupportable, les échos sonar gagnaient en dimension et en importance. Emory exigea avec véhémence que nous abandonnions la méthode que nous avions minutieusement conçue pour notre prospection et que nous allions vérifier cette cible. Les autres, au P.C., partageaient son opinion. Mais cette vérification entraînerait la perte d'un temps précieux, perte qui pouvait faire la différence entre l'échec et la réussite de notre opération.

Ce n'était pas vraiment une rébellion mais, à tout le moins, un coup sévère porté à notre autorité, risquant d'ouvrir la Boîte de Pandore et d'entraîner de nouveaux incidents chaque fois que nous enregistrerions un

Immersion du « saumon », parfois surnommé « Pollywog », qui « dialogue » avec les balises, avec Argo *et* ANGUS.

écho surévalué. Ceci paraît être chose fréquente dans bien des expéditions et nous n'échappions pas à la règle. Il fallait qu'une décision sans appel soit prise sur-le-champ.

Au poste, la tension montait. Voyant que le temps d'une discussion raisonnable était dépassé, je demandai à Jean-Louis de me suivre à l'extérieur pour mettre au point notre tactique. Nous nous installâmes sur la plage arrière et discutâmes. L'air du soir était frais et le vent humide, signe certain d'un orage montant, transperçait nos tenues d'été. Nous avions couvert la moitié du secteur de recherches et pas encore aperçu le moindre indice du naufrage. Notre confiance en nous était au plus bas. Peut-être, après tout, avions-nous tort et Kristof et son gang raison ?

Nous rejetâmes nos doutes et convînmes d'un compromis dont nous pensions qu'il étoufferait dans l'œuf la mutinerie. Nous décidâmes d'effectuer un passage de contrôle entre les bords 5 et 6. Notre plan d'origine était, pour le cas où nous n'aurions pas trouvé le *Titanic* au cours de la première série de passages, de tisser une seconde série de bords entre ceux de la première. Ainsi ce serait un bord intermédiaire qui ne nous coûterait pas grand-chose. Ensuite, nous reprendrions nos va-et-vient ainsi que prévu.

Nous retournâmes au Centre de Contrôle. Sans mot dire, j'allai vers le navigateur Steve Gegg et lui donnai les coordonnées du bord suivant. Ceci fait et sans rien ajouter, Jean-Louis et moi nous disposions à sortir lorsque Emory s'approcha, le regard flamboyant, et me demanda d'un ton rogue ce que j'allais faire. « Demande-le au navigateur » lui répondis-je. Et je suivis Jean-Louis dehors.

Le 7e bord s'avéra encore stérile. Les cibles mystérieuses étaient à l'évidence des dunes... Mais ce fut le seul soupçon de rébellion à bord.

Traçant le bord suivant de Argo *après notre mini-mutinerie.*

A l'heure du déjeuner, le 31 août, après un léger retard dû à quelques vérifications sur *Argo*, nous commençâmes le huitième bord. Le temps se dégradait progressivement et la mer se couvrait de moutons. C'était la montée de la tempête. Le soir tomba... et toujours rien ! La troupe était tranquille dans les rangs, mais je voyais poindre la défaite. Dans cinq jours, il nous faudrait rentrer. Seul dans ma cabine après le dîner, je faisais ma toilette et me regardais dans le miroir. L'emblème du *Titanic* — un cadeau de Jean-Louis Michel — brodé sur le devant de mon survêtement, me regardait aussi... Chaque membre de l'équipe scientifique avait fièrement cousu le sien au départ des Açores. Ceci me semblait remonter à des siècles. Etait-il possible que trois semaines seulement se soient écoulées ? Quoi qu'il advienne, je savais que je porterais encore cet insigne quand nous reviendrions au port à Woods Hole. Mais, à ce moment, je souhaitais que ce retour s'opère sous le couvert de la nuit !

Je revins au P.C. alors que « L'Equipe Sinistre » prenait la relève. Le bord n° 9 était en cours. Peut-être Martin Bowen et Bernard Pillaud effaceraient-ils leur humiliation et seraient-ils les premiers à apercevoir l'épave sur leurs écrans ! J'en doutais ! Sans enthousiasme, je traçai sur la carte notre prochain bord pour que le navigateur Cathy Offinger connaisse les coordonnées de la route à suivre quand en viendrait le temps. Notre ratissage du nouveau secteur était presque terminé. Je remarquai que le bord 9 nous amènerait directement à la limite Nord-Est de la zone antérieurement couverte par SAR, recouvrant ainsi le morceau manqué, cette bande du fond large d'un mille et longue de cinq.

Je demeurai au P.C. jusqu'à la relève du quart de minuit. Jean-Louis et les membres du « Quart de la Calme Excellence » entrèrent en titubant, frottant leurs yeux encore embués de sommeil, apportant du café chaud, noyant la quiétude de la pièce de bruits et de mouvements. Avec cette « relève de la garde », le Centre de Contrôle fut envahi par le brouhaha des passations de consignes entre les titulaires de chaque poste de travail. Ce sympathique remue-ménage était traversé d'appels venant des haut-parleurs accrochés sur la passerelle ; le tout émergeant du bruit de fond formé du crépitement incessant des imprimantes et du « ping-ping » du sonar. Dix à quinze minutes plus tard, la « garde descendante » avait quitté les lieux et la « garde montante » pris sa faction. C'était un moment de grand calme... avant que la musique et les bavardages ne reprennent. Ainsi commença le Quart de Nuit du 1er septembre 1985.

Pendant ce quart, Jean-Louis devait poursuivre le bord n° 9 jusqu'à ce que *Argo* entre dans la zone déjà ratissée par SAR, puis parcourir un mille vers le Nord pour entamer le bord n° 10, ce qui devait avoir lieu peu avant la relève de 4 heures du matin. Malgré l'avarie du câble de *Argo*, Jean-Louis et Earl avaient gardé leur réputation de « super-pilotes », couvrant plus de terrain qu'aucune autre équipe. Ils avaient amélioré leur méthode, accélérant le navire et utilisant le câble intact jusqu'à arriver à l'altitude maximale de visibilité, puis ils ralentissaient.

Avec Jean-Louis aux commandes et les « héros de Harris » au Centre de Contrôle, je savais que *Argo* était entre les meilleures mains. Il était temps, pour moi, de marquer une pause. Avant de partir, j'entendis Bill Lange donner ses prévisions pour la nuit. Les deux dernières nuits, il s'était amusé à prédire exactement quand le *Titanic* serait trouvé. Il avait marqué un point sur la carte et calculé le moment où *Argo* y parviendrait. « Cette nuit, dit-il, nous trouverons le bateau entre deux heures et deux heures et demie ! ». Le *Titanic* avait coulé à deux heures vingt du matin. « Lange devient superstitieux », pensais-je, mais j'espérais, contre toute raison, que cette nuit serait la bonne. Au moment où je quittai le P.C., la stéréo jouait « I heard it through the gravepine ».

De retour de ma cabine, allongé sur ma couchette, revêtu d'un chaud pyjama de flanelle, je pris l'autobiographie du pilote d'essai Chuck Yaeger. Au fur et à mesure de ma lecture, mes pensées quittaient le *Titanic* pour planer dans la stratosphère.

Sans que je le sache, la partie se jouait dans le Centre de Contrôle, au-dessous de moi. A 0 heure 48 du matin, Bill Lange se tourna vers Stu Harris et lui dit : « Qu'est-ce qu'on pourrait bien inventer pour rester éveillés cette nuit ? ». Tout ce qu'ils avaient vu jusque-là était la vase, encore de la vase, d'interminables kilomètres de fond sans relief. Stu ne répondit pas. Ses yeux étaient rivés à l'écran du poste de télévision de *Argo*. Il avait vu une image curieuse. « Il y a quelque chose ! », dit-il calmement, pointant un doigt vers l'écran. Subitement, chaque homme de quart se dressa, en alerte, mais personne ne pouvait croire que ce serait autre chose qu'une nouvelle fausse alerte ou une plaisanterie. « L'équipe du Zoo » aurait-elle intoxiqué celle de la « La Calme Excellence » ?

Mais non ! Stu passa de la caméra frontale de *Argo* au zoom de la caméra plongeante et, quelques secondes plus tard, claironna avec excitation : « Ça vient !». Encore quelques secondes et Bill Lange, à son tour, s'exclama : « L'épave ! ». Et comme pour plus de sécurité, apparurent sur l'écran les images, impossibles à confondre, d'une chose fabriquée de main d'homme ! Quelques instants plus tard, Stu ajouta sa note à l'exaltation générale en criant « Bingo ! » et tout le Centre lui fit écho en hurlant en chœur « Yeah ! », suivi de cris de joie et de chants de victoire.

Ce fut ensuite au tour du lieutenant Rey, au sonar, d'annoncer : « J'ai un contact puissant ! ». Pendant quelques minutes, ils ne virent rien d'autres que des rochers glaciaires. Avaient-ils réellement vu quelque chose, après tout ? Ils discutèrent pour savoir s'il fallait réveiller Ralph White pour qu'il se mette à filmer. Puis à 0 heure 58, quelques autres débris apparurent et ils se décidèrent alors à appeler Ralph.

Quant à moi, après la longue, fastidieuse, infructueuse prospection et la mini-mutinerie de la veille, personne n'aurait osé venir m'arracher à ma

Bill Lange portant sur l'épaule une caméra vidéo.

couchette pour une fausse alerte. Rien n'est plus embarrassant que de devenir membre du Club « J'ai-vu-un-fantôme » ! Bill Lange fut le premier à suggérer que : « Quelqu'un aille chercher Bob ! », mais personne ne bougea. A 1 heure 04, chacun au P.C. était convaincu qu'il y avait quelque chose dans l'air, mais comme il existe toutes sortes d'épaves dans ces parages, nul ne voulait sortir, Stu Harris répéta : « Allez chercher Bob ! », mais il n'y eut aucun volontaire ! Par une cruelle ironie du sort, le maître-coq du navire, qui ne s'était jamais auparavant aventuré au centre, y pénétra par hasard. Il était tombé au mauvais moment, pour la première fois où il voulait regarder ce qui s'y passait ! L'équipe lui sauta dessus et lui ordonna d'aller me tirer de mes draps.

Pendant que le cuistot se hâtait vers ma cabine, un nouvel objet apparut au milieu des débris non identifiables défilant sur l'écran. C'était parfaitement rond…! « Une chaudière ? » hasarda quelqu'un. « C'est une chaudière ! », s'exclama Bill Lange. Là, il ne pouvait plus exister le moindre doute. Mais Jean-Louis ne pouvait toujours pas en croire ses yeux. Il ouvrit un livre contenant la photocopie d'un article, aujourd'hui célèbre, paru en 1911, dans le journal « Le Constructeur Naval », sur le *Titanic* et l'*Olympic* et en tourna les pages jusqu'à ce qu'il tombe sur celle où figuraient des reproductions des chaudières de ces navires. Son regard allait et venait, de la page à l'écran, constamment, comme pour se convaincre lui-même : « Oui ! C'est une chaudière ! ».

Quand le cuisinier passa la tête par l'entrebaillement de la porte de ma cabine, j'en étais encore à me battre pour franchir le mur du son avec Chuck Yaeger. Le *Titanic* m'était enfin sorti de la tête. « Les gars pensent que vous devriez venir au P.C. », me dit-il. Il me fallut quelques secondes pour me pénétrer de l'importance de ces mots… puis je jaillis hors de ma couchette, faisant voler le livre de Yaeger. Je passai un survêtement par-dessus mon pyjama et renversai presque le cuisinier dans ma hâte d'arriver au centre. J'ai dû dégringoler les trois étages du pont en moins de trente secondes !

Quand je fis irruption dans le P.C., Stu me raconta que *Argo* venait de passer au-dessus d'une énorme chaudière de bateau. L'exaltation première, dans la pièce, avait fait place à un frémissement, mais elle était prête à repartir à gros bouillons ! Rapidement, ils me repassèrent la cassette vidéo et, en toute certitude, je vis les images de la chaudière d'un très gros bateau, celle du *Titanic*. Je ne poussai ni soupir, ni hurlement. En fait, pendant quelques secondes, je restai muet. Ensuite, incapable de formuler une phrase, je répétai d'une voix calme, chargée d'incrédulité : « Nom de Dieu ! Nom de Dieu ! ».

Le quart de nuit, le « Quart de la Paisible Excellence », accomplit tranquillement son travail. De bas en haut : Jean-Louis Michel, Tom Crook et Steve Gegg.

Je me tournai vers Jean-Louis. Son regard était éloquent. Le *Titanic* était retrouvé ! Nous avions réussi de bout en bout ! Puis il dit : « Ce n'est pas un hasard, nous l'avons bien mérité ! ».

Notre chasse se terminait. Tout près de là gisait le *Titanic* !

Autour de nous, le P.C. s'emplit à nouveau de cris et de hourras. J'allai de l'un à l'autre, félicitant les membres de l'équipe, serrant des mains, donnant de grandes tapes dans le dos ! Mais, dans l'exaltation où je me trouvais, je me mis à penser aux dangers que nous courions. Des morceaux de plus en plus volumineux passaient sous *Argo* et Earl devait treuiller pour éviter de percuter un obstacle. Nous ne savions toujours pas où se trouvait la coque de l'épave. Si des morceaux en étaient intacts, ils surgiraient inopinément, trop soudainement pour que « Grincheux » puisse les éviter. J'alertai les hommes de quart : « Soyez très attentifs à l'altitude ». Mais ils étaient tous tellement hypnotisés par ce qu'ils voyaient qu'il me fallut répéter sur un ton de commandement mon avertissement.

Alors que les images devenaient de plus en plus nettes — de grandes plaques de tôle de la coque tordues, des hublots, un morceau de bastingage replié sur lui-même — pour la première fois depuis douze ans que j'avais entrepris cette enquête, le côté purement humain de cette effroyable tragédie de naufrage du *Titanic* m'étreignit la gorge. Là, au fond de l'océan, se trouvait non seulement la tombe d'un grand vaisseau, mais aussi la sépulture de 1 500 êtres humains qui avaient péri dans ce cataclysme. Nous étions les premiers, après soixante treize ans, à venir en cet endroit précis pour leur rendre un dernier hommage. Des images tragiques de la nuit du désastre — dont je connaissais par cœur l'histoire — traversaient mon esprit avec une douloureuse intensité.

A 1 heure 13, huit minutes après que *Argo* ait survolé la chaudière, je me tirai de mes pensées et donnai ordre de remonter *Argo* à l'altitude convenant à son stroboscope, soit 80 à 100 pieds (25 à 30 mètres). Je devais être prudent et je ne me rendis compte que bien plus tard des dangers que nous avions courus. Inconsciemment, nous approchions l'épave au plus mauvais endroit. Jamais je n'aurais fait planer *Argo* de cette manière si j'avais su alors ce que je sais maintenant ! C'était comme si nous avions remorqué *Argo* dans Manhattan après la Troisième Guerre Mondiale ! Nous n'étions qu'à quatre mètres au-dessus du pont supérieur du *Titanic* !!

La nouvelle s'était répandue dans tout le navire et les gens affluaient au

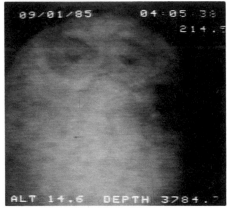

(En haut) cette photographie, datant de 1911, d'une chaudière du Titanic *en cours de montage en usine, nous a permis d'identifier la première image apparue sur le poste de télévision de* Argo, *aux petites heures du 1ᵉʳ septembre 1985, comme étant la face latérale d'une chaudière (ci-dessus).*

Scène de jubilation dans le P.C. Nous portons un toast à notre succès en buvant du mousseux portugais dans des gobelets en carton ! De gauche à droite : Martin Bowen, Stu Harris, Dana Yoerger, Bill Lange, Jean Jarry, Ballard et Cathy Offinger.

P.C. L'endroit virait à l'asile de fous ! Les projecteurs de *Argo* éteints, Les nouveaux venus virent non pas le film du fond en temps réel mais, toutes les huits secondes, des instantanés, comme dans un spectacle disco ! A 1 heure 25, nous avions traversé le champ de dispersion et je décidai de remonter *Argo*. Dans cet angle Nord-Ouest de notre zone, le positionnement était médiocre. Je voulais poser un nouveau réseau de balises avant de passer le secteur de l'épave au peigne fin. D'autre part, le tohu-bohu régnait dans le centre ; il était temps de célébrer dignement l'événement avant de reprendre le collier. Les occupants avaient commencé de faire circuler des coupes de Mateus, ce vin pétillant que nous avions acheté aux Açores. Au moins, ce breuvage faisait-il des bulles ! C'était ce qui ressemblait le plus à du Champagne !!

Je n'oublierai pas de sitôt cette scène de jubilation et de triomphe ! Emory Kristof me donna de grandes claques dans le dos et retourna prendre des photos. Ralph White filmait furieusement. Jean-Louis s'épanouissait en un large sourire béat. Tout le monde parlait, se congratulait, sans pour autant cesser de s'appliquer à son travail.

Subitement, au faîte de notre victoire, l'ambiance tomba d'un seul coup, comme si *Argo* avait heurté le fond. Quelqu'un, je ne me rappelle plus qui, pointa le doigt vers les pendules et murmura quelque chose comme : « Seigneur Dieu ! ». Il était près de 2 heures du matin, presque l'heure à laquelle le *Titanic* s'était englouti. Ceci brisa net notre euphorie. Nous reprenions notre souffle après une folle excitation et, d'un seul coup, nous nous sentîmes accablés de tristesse. Notre sensibilité était sans doute partiellement due au fait que, pour la première fois depuis le début de notre expédition, nous n'étions plus tendus vers un but. D'un seul coup, le professionnel s'effaça derrière l'être humain. Le calme retomba sur le P.C.

Je dis quelque chose comme : « Je ne sais pas ce que vous ressentez, les gars, et je n'impose rien à personne mais je sens que, dans vingt minutes, j'irai sur la plage arrière ! Qui m'aime me suive ! Sinon, ça ne fait rien ! ». Et je sortis du centre.

Je ne me souviens pas précisément de ce que j'ai fait pendant ces vingt minutes, je m'étais trouvé un coin tranquille pour être seul avec mes pensées. Je pense que d'autres firent de même. Quand j'arrivai sur la plage arrière, plusieurs personnes s'y trouvaient rassemblées. Je fis hisser les couleurs du Chantier Naval Harland & Wolf qui avait construit le *Titanic*. Je ne voulais pas donner dans le mélodrame, mais cela paraissait chose nor-

Dana Yoerger (à gauche) et le Lieutenant George Rey contemplant fièrement la carte indiquant les routes ayant conduit au Titanic.

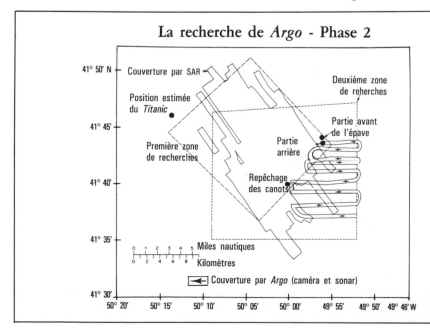

La recherche de *Argo* - Phase 2

Les routes suivies par Argo *et aboutissant au* Titanic *dessinées sur la carte de la phase 2.*

male. L'orage qui avait paru nous menacer était passé à bonne distance et le temps était beau. Le ciel était clair et constellé d'étoiles. A l'exception de la lune, la nuit était semblable à celle de la catastrophe. Je dis seulement : « Je n'ai pas grand chose à dire, mais je crois que nous devrions observer une minute de silence. »

Une chose était d'avoir gagné, d'avoir retrouvé le navire. Une autre était de se trouver sur place. C'était un lieu hanté. Je voyais le *Titanic* s'engloutir, la proue la première, dans les profondeurs transparentes. Autour de moi rodaient les spectres des embarcations, les cris perçants et les appels désespérés des gens mourant de froid dans une mer glaciale.

Notre cérémonie funèbre dura cinq à dix minutes. Puis je dis : « Merci à vous tous. Maintenant, au travail ».

Le Lieutenant Rey hisse le pavillon du Chantier Naval Harland & Wolff avant la cérémonie funèbre célébrée sur la plage arrière.

Minute de silence sur le pont obscur en souvenir de ceux qui périrent dans le naufrage du Titanic. De gauche à droite : Ballard, Martin Bowen, Terry Synder et Cathy Offinger.

Le lendemain matin, le pavillon de Harland & Wolff flottait encore aux côtés de la Bannière Etoilée.

CHAPITRE 7

Le *Titanic* retrouvé

QUAND L'AUBE DE CE MATIN FROID ET GRIS DU PREMIER SEPTEMBRE 1985 se leva, le radar du *Knorr* nous informa que le bateau était entouré d'autres navires. Subitement, un chasseur sous-marin P3 Orion passa en tonnerre sur nos têtes, frôlant le pont comme s'il testait son magnétomètre sur le *Knorr*. Un peu plus tard, un chasseur bombardier arborant la feuille d'érable rouge du Canada nous survola. D'un seul coup, le ciel et la mer grouillaient d'avions et de bateaux. Le monde entier savait-il déjà que nous avions trouvé le *Titanic* ? En fait, nous devions apprendre que nous étions tombés en pleines manœuvres aéronavales de l'O.T.A.N.. Notre découverte était-elle connue ou non du monde ?

Quand j'appelai Woods Hole pour annoncer la bonne nouvelle, je reçus un choc ! Celui qui me répondit à la radio me déclara que les journaux ne cessaient d'appeler pour demander des détails sur la découverte. Apparemment, un article avait même déjà paru dans l'*Observer* du samedi matin à Londres. Si c'était vrai, alors le journal était passé au marbre au moment même où nous avions trouvé le bateau. Impossible ! Ou alors quelqu'un avait intercepté nos conversations radio entre le PC et la passerelle !

Je n'eus pas le temps d'approfondir la question.

Bien qu'il fasse encore assez beau, je sentais monter la tempête. Mieux encore, la photo-satellite avait repéré un front orageux s'approchant. Il nous restait à peine 4 jours avant de regagner Woods Hole et une tourmente dans l'Atlantique Nord pouvait nous faire perdre du temps ou même mettre fin prématurément à notre expédition.

Dans le bref laps de temps restant, j'envisageais de prendre autant de photos de l'épave que possible. Je voulais pouvoir montrer au monde dans quel état se trouvait le *Titanic* après 73 ans au fond. Un million de questions me traversaient l'esprit : le navire serait-il à peu près intact ou brisé en mille morceaux ? Le gréement était-il toujours en place avec les cheminées toujours debout ? Les ponts de teck s'étaient-ils conservés dans l'eau salée ? Et, pensée plus morbide ; trouverions-nous des restes de ceux qui s'étaient engloutis avec lui ? Des photographies nous donneraient les réponses : d'abord un film TV avec *Argo*, ensuite, plus périlleux, des passages avec ANGUS pour obtenir des gros-plans en couleurs.

Les vingt-quatre heures suivantes bourdonnèrent d'une activité frénétique. D'abord, nous larguâmes d'autres balises pour emprisonner l'épave dans un réseau fiable. Puis, nous fîmes la carte du champ des débris avec *Argo*, évitant le gros de l'épave et étudiant à fond la configuration du terrain avant d'aller la regarder de près. Par une certaine ironie du sort, c'est le vieil écho-sondeur du *Knorr*, qui avait continué de fonctionner pendant que nous mettions en place le réseau de balises, qui avait localisé le gros morceau de l'épave. Malgré tout l'équipement sophistiqué du bord, nous avions repéré avec exactitude l'emplacement du *Titanic* avec un sondeur banal, pas meilleur que celui qui équipe n'importe quel chalutier de haute mer.

Une ironie bien plus cruelle se fit jour lorsque Jean-Louis et moi véri-

(Ci-contre) Argo *est mis à l'eau.*

(Ci-dessus) Jean-Louis et moi traçons le premier « plan de vol » de Argo *sur l'épave.*

fiâmes combien le *Suroit* était passé très près de l'épave. A l'un de ses tout premiers passages, Jean-Louis avait croisé à moins de 1 000 mètres du *Titanic*. Le navire gisait sur la bordure est de la zone principale de recherches, dans ce coin étroit que Jean-Louis avait manqué à cause des courants marins. Signe du destin ? Si seulement Jean-Louis avait pu effectuer ses premiers passages un tout petit peu plus en ligne droite... Sa malchance et ma chance s'étaient entrelacées. J'essayai de le réconforter, lui rappelant que nous étions associés et que la gloire serait partagée entre nous. Mais il était inconsolable : « Paris va me traiter en vaincu » me dit-il... puis, stoïquement, il reprit son travail, reportant sur la carte les cheminements de *Argo*.

En attendant, notre connaissance du champ de débris nous avait pris trop de temps en raison des incidents habituels de repérage et je commençais à désespérer. Au début de l'après-midi du 2 septembre, alors que la mer grossissait et que le vent forçait, j'avais rassemblé suffisamment d'informations et m'étais armé d'assez de hardiesse pour ordonner le survol par *Argo* de l'épave principale que nous avions localisée. Le risque que je prenais m'était clairement exposé par le grand dessin du *Titanic* que Jean- Louis avait accroché au mur du fond du PC. Il montrait les énormes cheminées du navires, sa mâture complexe et rappelait en permanence, à moi comme aux autres, les dangers qui y étaient tapis. Si *Argo* se prenait dans le gréement ou dans l'épave, il faudrait un miracle pour l'en extirper. Il faudrait sans doute couper le câble et dire adieu à un million de dollars de haute technologie... sans parler du reste de l'expédition...

Le Commandant Bowen aux com-mandes.

Malgré les retards, *Argo* avait amélioré notre connaissance du lieu du naufrage. Il avait exploré de vastes secteurs du champ de débris et avait vu notamment une des grues géantes du navire, gisant renversée, la flèche fortement tordue. Il était passé au-dessus de très gros morceaux, près de la chaudière — un enchevêtrement inextricable de cloisons tordues et de tôles de la coque renversées. Mais nous ne savions toujours pas dans quel état serait la partie principale, cette partie dont nous nous étions tenus écartés jusque-là. Nous persistions à espérer que le navire serait d'un seul morceau, tout ce que nous avions déjà vu pouvait très bien avoir été éjecté de l'intérieur du navire après que les chaudières et les autres objets massifs aient crevé la coque. (De nombreux survivants avaient décrit les fracas puissants des arrachements au moment où le navire s'engloutissait). Il y avait de fortes probabilités pour que certaines cheminées et une partie de la mâture soient restées en place.

Alors que nous manœuvrions le *Knorr* pour mettre *Argo* en position de passer sur l'épave, la nouvelle se répandit parmi les scientifiques dont la troupe envahit le PC — On n'entendait pas un mot à l'exception du dialogue concis que j'échangeais avec les membres de l'équipe de quart. Heureusement, l'équipe qui avait retrouvé le *Titanic*, « Les Héros de Harris », était de service et le Commandant Bowen au poste de commande.

Argo approchait du fond, je donnai mon premier ordre « Pilote, conservez altitude de 50 mètres ». Personne ne bougeait et le seul bruit venait du « ping-ping » du sonar et du cliquetis des imprimantes. « Bien compris ». Earl Young était tout à son travail. Le ton neutre de sa voix cachait la tension que lui et moi éprouvions alors qu'il fixait le profondimètre de *Argo* qui recueillait son écho rebondissant sur le fond.

« Sonar, prévenez-moi quand vous verrez quelque chose ».

« Bien compris » répondit le lieutenant Rey, prêt au combat. Ses bandes d'enregistrement lui indiquaient ce que le sonar multifaisceaux « voyait ».

« Pilote de *Argo*, approche à la plus haute altitude stroboscopique ».

« Bien compris » répliqua doucement Stu Harris. Il devenait vert de mal de mer mais c'était un moment qu'il n'aurait manqué pour rien au monde. Maintenant, son enfant *Argo* allait montrer ce dont il était capable.

Pour notre premier essai, nous devions prendre le moins de risques et arriver à haute altitude. Cela impliquait d'utiliser le projecteur stroboscopique à longue portée en concentrant l'énergie électrique en éclairs ultra-puissants toutes les dix secondes. Dans les projecteurs, *Argo* pourrait plus tard filmer avec ses caméras de télévision. Ainsi, bien que les caméras vidéo de *Argo* aient tourné sans discontinuer, notre écran ne nous montrerait que des instantanés pris toute les dix secondes.

Earl me prévint que nous étions parvenus à l'altitude qui convenait au stroboscope, en sécurité au-dessus des pommes des mâts, espérions-nous.

« Timonier, en avant pour notre premier passage. Essayez de maintenir la vitesse réelle à moins d'un demi-nœud ».

A la barre, le Commandant Bowen s'amusait comme un fou. Pendant la période de prospection, il demeurait la plupart du temps hors du PC, habituellement confiné dans sa cabine, n'ayant pas grand chose à faire. Maintenant, son habileté à piloter son navire en faisait l'homme clef de notre mission.

« Pilote, surveillez tout changement subit d'altitude, laissez venir, il devrait s'arrêter à 30-35 mètres ». Ma voix restait calme mais mes mains tremblaient. Dans quelques instants nous aurions fait le plus dur.

« Bien compris ». Earl était en pleine forme.

A l'altitude de 50 mètres. *Argo* était aveugle. Il ne pouvait pas voir le fond et nous non plus. Nos postes de télévision étaient remplis des éclairs du projecteur stroboscopique illuminant de menus objets dans l'eau. L'opacité de l'eau limitait la portée utile des phares frontaux de *Argo* et nous ne dépendions que du sonar, le profondimètre sondant droit sur le fond. Il nous indiquerait quand nous passerions au-dessus du *Titanic*. Planant à 50 mètres, nous devrions passer en toute sécurité... nous devrions... Sinon, si Earl ne pouvait pas le relever à temps, ce serait la fin de *Argo*, la fin de notre mission et vraisemblablement notre ultime vision du *Titanic*. Je retenais mon souffle.

Earl : « Le profondimètre commence à osciller... »

Rey : « J'ai un écho massif à bâbord sur le sonar, nous sommes tous près de passer dessus ».

Earl : « Le profondimètre a fait un bond ; altitude 25 mètres »

Moi : « Attention ! Ne laissez pas prendre le câble ». C'était maintenant ou jamais !

Argo passa droit au-dessus du *Titanic*. La Toison d'Or était enfin entre nos mains. Pas un mot dans le PC, 20 respirations haletaient, cependant que des images indistinctes brillaient sur les écrans TV. Si nous nous étions trompés dans nos calculs, nous allions le savoir.

Il était temps de regarder de plus près, de faire le plongeon.

Earl Young pilotant Argo.

Un rémora examinant Argo. *A l'arrière-plan, on peut voir une des turbines de propulsion du Knorr.*

« Mettez en route la vision en temps réel ; nous descendons ». C'était comme si tous les gens dans le poste, retenant leur souffle, respiraient très doucement, comme les effleurements sur un clavier digital. Stu Harris passa en commande manuelle directe de l'ordinateur de *Argo*, lui faisant allumer ses projecteurs à incandescence comme une caméra normale de TV aux objectifs ultra-sensibles.

« Pilote, plus bas de cinq mètres. »

« Bien compris. »

Nous descendions au-dessous du niveau des cheminées du *Titanic*. Si elles étaient encore à leur place, si la mâture et le gréement étaient encore intacts, nous irions au-devant de sérieux ennuis.

Sur l'écran, apparut la forme indistincte de la coque. « C'est le flanc du navire. Il est debout ».

Au même moment, le lieutenant Rey intervint pour signaler un écho sonar : « j'ai un contact qui semble être celui des cheminées, à babord, sur le sonar. Nous sommes plus bas qu'elles ».

« Bien compris » répondis-je, « gardez les yeux ouverts ». Comme si j'avais besoin de le lui rappeler !

Soudain, dans la lueur de la lumière, le pont des embarcations apparut. Nous étions sur tribord, à portée de vue de ce qui semblait être l'orifice d'une cheminée, mais le tuyau n'y était plus. C'était cette cheminée-avant qui était tombée à l'eau, quelques instants avant que le bateau ne coule, manquant de peu le radeau B auquel une poignée de survivants, dont le second Lightholler, le colonel Gracie et l'opérateur radio Bride, s'accrochaient pour sauver leur peau. Miraculeusement, un remous les avait éloignés à temps.

Traversant l'axe médian du navire, nous pouvions voir la forme rectangulaire, écrasée, de la passerelle. Etait-ce là où le Commandant Smith était demeuré, stoïque, jusqu'au bout ? Grâce à Dieu, les cordages et antennes n'y étaient plus.

Alors, je le vis : juste à l'extérieur, sur le côté babord de la passerelle, l'image incontestable d'un bossoir et ceci me donna un coup au creux de l'estomac : des bossoirs vides, pas assez de canots de sauvetage ! Comment un tel navire, le plus grand et le plus beau que l'on puisse construire, pouvait-il ne pas emporter suffisamment de moyens de sauver ses passagers et son équipage ?

Sans que nous nous en rendions compte, *Argo* avait dépassé le bastingage babord et se trouvait de nouveau dans les ténèbres vides. Alors, l'excitation longtemps contenue des occupants du PC explosa. Les gens criaient, s'étreignaient, dansaient alors que Jean-Louis et moi restions

La concentration, dans le P.C., est totale pendant le premier passage de Argo *sur l'épave.*

Dans le P.C., l'équipe regarde à la T.V. le premier passage. Dans le sens des aiguilles d'une montre, à partir de la gauche : Tom Dettweiler, Bob Squires, Ballard, Jean Jarry et Bernard Pillaud.

calmes au milieu de cette foule en délire, pesant tout le poids du moment présent. En quelques brèves minutes, ce que notre équipe commune de techniciens avait accompli atteignait et dépassait tous nos exploits sous-marins antérieurs : depuis l'exploration de la dorsale Médio-Atlantique jusqu'à la découverte des Fumeurs Noirs. Alors que la fête se déchaînait autour de nous, Jean-Louis et moi avions presque les larmes aux yeux. Peut-être même pleurions-nous, je ne m'en souviens plus.

De bout en bout, notre première visite du *Titanic* avait duré moins de six minutes. Mais ce premier passage nous en avait beaucoup appris. Si l'expédition s'était arrêtée là, ç'aurait été un beau succès. Nous savions que le *Titanic* reposait sur sa quille et que la plus grande partie du navire était apparemment intacte. Comme des témoins oculaires du naufrage l'avaient raconté, la cheminée n° 1 s'était abattue, arrachée de son socle. Il n'y avait aucune raison de penser que le navire n'était pas d'une seule pièce. Nous savions aussi que la proue était orientée légèrement au Nord-Est et nous avions observé une altitude prudente de visite. Nous utiliserions cette information pour effectuer de nouveaux passages sur le navire avec la vidéo et, plus tard, pour prendre des vues rapprochées, lourdes de risques, avec ANGUS.

J'étais prêt à retourner à la proue mais il fallait d'abord dégager le PC Il me fallait une équipe aussi fraîche que possible pour les prochaines 24 heures et je m'adressai à tous : « Eh bien ! Il y a trop de monde sur le pied de guerre. Vous ne tiendrez plus sur vos jambes quand votre tour de quart viendra. Retournez à vos couchettes. Nous sommes là pour un bon moment ».

Avec quelques rouspétances de bonne humeur, les troupes de réserve quittèrent le centre pour dormir. S'ils retrouvaient assez de calme pour cela. Personnellement, je n'avais pas le moindre espoir de pouvoir m'endormir et il n'était pas question que je manque la moindre seconde du moindre passage sur le *Titanic*. Si nous perdions *Argo*, je serais celui qui l'aurait perdu.

Pendant le reste de l'après-midi et la soirée, *Argo* ne put effectuer que deux passages sur l'épave. Notre tâche était sans cesse plus compliquée en raison du forcement du vent et des vagues qui donnaient aux turbines du *Knorr* toutes les difficultés possibles.

Lors du second passage, partant de la cheminée n° 2 — dont nous pensions encore qu'elle devait être encore à sa place puisqu'elle avait été ciblée par le sonar lors de la première approche de *Argo*. Pour nous rendre là où devait se trouver la moitié arrière de la coque, la passerelle s'éloigna de nous et, alors que Earl faisait descendre *Argo* pour garder la coque en

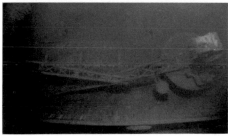

(En haut) Jean-Louis Michel identifie les débris du Titanic *au fur et à mesure de notre passage sur l'épave.*
(Ci-dessus) Les grues intactes du pont avant. (Ci-dessous à gauche) Un bossoir solitaire sur tribord. (Ci-dessous à droite) L'embase de la première cheminée.

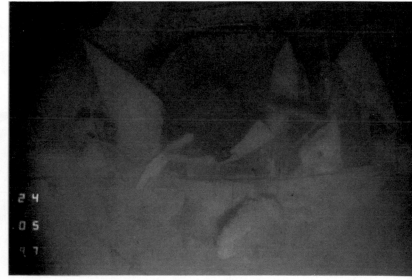

vue, les écrans vidéo nous montrèrent une masse confuse de ferrailles tordues, d'embrasures renversées, de plaques de coque déchirées, et toutes sortes de pièces d'acier, tranchantes comme des rasoirs. A notre grande surprise et désappointement,... il n'y avait plus de poupe ! Sur la table de marquage, nous épinglâmes une silhouette de papier du *Titanic* donnant un plan, et au-dessus, une vue de la partie avant, montrant l'orientation magnétique de l'épave et sa position par rapport à nos balises. Dans la marge, nous marquâmes tout ce que nous savions sur le *Titanic* jusqu'à présent ; où était la passerelle du navire, quelle était la position de l'accès au grand escalier principal, l'emplacement de l'orifice de la cheminée n° 1.

A la fin du passage, la mer grosse rendait la conduite de *Argo* trop difficile ; à un moment, l'engin avait même heurté la coque, j'en ordonnai le repêchage. Il était environ 23 h 30, le 2 septembre et je ne m'étais pas couché depuis près de 24 heures. Comme la tempête culminait, avec des rafales de vent de 35 nœuds, l'équipe de manœuvre de *Argo*, revêtue de combinaisons de gros temps jaune vif, quitta le PC bien douillet pour gagner le pont sombre, froid, humide et venteux où les embruns salés leur fouettaient le visage. La scène se déroulait dans la lumière violente des projecteurs du *Knorr*, donnant à l'ensemble un aspect fantomatique et surréaliste. Comme le vent hurlait sur les ponts mouvants, les hommes en jaune se cramponnaient à leurs postes, cependant que l'officier de la timonerie faisait venir le *Knorr* au vent, utilisant ses hautes superstructures comme un brise-bise. Mais rien ne pouvait arrêter le roulis et le tangage du navire. Pendant ce temps, l'équipe relevait le grand filet des pare-battages noirs, remplis d'eau, au-dessus du bastingage babord, prêt à réceptionner le traîneau. Dès que *Argo* creva la surface, il se mit à penduler sauvagement, amplifiant les balancements du *Knorr*.

A ce moment, chaque seconde comptait, alors que le bosco Jerry Cotter hurlait ses ordres dans la bourrasque. L'équipe de *Argo* — comme des cowboys tentant de seller un mustang — arrima promptement les aussières au traîneau qui embardait. Enfin, sur un signe de Jerry, le grutier ramena *Argo* vers le navire et le déposa vivement dans son berceau capitonné, apprivoisé et soudain docile.

En milieu de matinée, ce dimanche 3 septembre, j'arrivais au bout de mes ressources. Pendant 10 heures insupportables, j'avais attendu que la tempête s'apaise. J'avais même passé quelques heures d'oisiveté forcée à essayer de dormir dans ma cabine constamment secouée, mais sans y par-

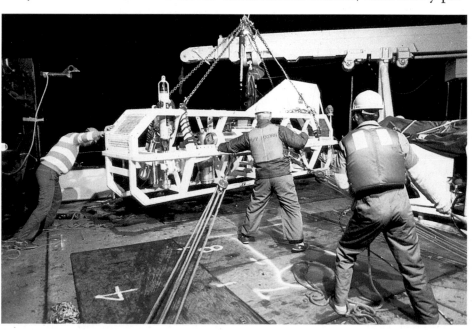

Le repêchage de Argo *peut être extrê-mement périlleux par grosse mer.*

venir. Finalement, je décidai que si nous ne pouvions opérer avec *Argo*, nous pourrions au moins faire plonger ANGUS et prendre des vues fixes du champ de dispersion des débris. ANGUS avait déjà opéré dans des mers plus dures que celles-ci. En tout cas, la peur de le perdre nous empêchait de penser à ce temps pourri. Pendant tout l'après-midi et la soirée du 3 septembre, les caméras fixes de ANGUS prirent des milliers de photographies en couleurs des débris. Quelques heures plus tard, quand Martin Bowen les eut développées, nous découvrîmes que nous avions récolté une sinistre moisson d'objets de toutes sortes : ici un pot de chambre, ailleurs un sommier, là-bas une tasse à thé, un plateau d'argent, une multitude de bouteilles de vin et même une tête de lit peinte en blanc ; sans parler d'énormes tas de débris méconnaissables.

Vers minuit, la tempête enfin tomba et la mer s'apaisa. En fin d'après-midi, nous nous étions préparés pour le premier passage de ANGUS le long de la partie principale de l'épave. Du début à la fin, on s'en serait mordu les doigts. La fatigue et l'excitation se mêlaient dans nos corps endoloris alors que Earl Young, Tom Crook et le Commandant Bowen manœuvraient notre « dope on the rope » aveugle de long en large sur les ponts du *Titanic*. Chaque passage sur l'épave nous donnait une crise cardiaque, sans parler de nos haut-le-cœur dûs à l'énorme houle. Si les lentes manœuvres d'un navire à turbine qui bouchonne sur une mer démontée ne vous rendent pas malade, alors rien ne le fera. Prudemment, toujours plus prudemment, Jean-Louis pilota le *Knorr* et ANGUS pendant quatre passes supplémentaires, chacune d'elles durant environ trente minutes. A la fin de la cinquième et dernière, la nuit était tombée sur la phase finale de notre mission *Titanic*. J'ordonnai le repêchage de ANGUS. Si les photos s'avéraient mauvaises, nous aurions tout juste encore le temps d'une ultime plongée.

Je me demandai pendant un moment, ce qu'un navire croisant dans nos parages, pourrait penser de nous. Nous étions là, un minuscule bateau au milieu de nulle part, faisant des ronds dans l'eau sans aucune raison apparente, comme un chat jouant avec sa queue. Il penserait sûrement que nous étions devenus fous !

Six heures plus tard, la folie paraissait nous avoir réellement gagnés. Tout ce que nous avions récolté, pour les premiers passages terrorisants de ANGUS sur l'épave, étaient des images floues, noyées dans des remous d'une brume bleutée. Nos appareils avaient bien marché, mais nos passages s'étaient effectués trop haut, trop loin, trop prudemment. Je voyais la victoire me glisser entre les doigts, et ce qui me restait d'énergie me fuir.

A ce moment-là, j'aurais voulu tout envoyer promener et rentrer au bercail. J'avais très mal à une jambe, après une chute sur le pont glissant et je me sentais misérable. Nous avions trouvé le *Titanic*. Cela ne suffisait-il pas ? Qui nous demandait de rapporter de jolies photographies pour faire plaisir à la presse ?

Quelque part au fond de moi, je trouvai pourtant la force de continuer. Il n'était pas question que j'abandonne la tombe du *Titanic* sans tenter d'y revenir encore une fois. Nous avions jusqu'à 7 h 30 avant de repêcher les dernières balises. En comptant une heure pour la descente et une autre pour le repêchage, nous disposions d'une marge de quatre heures et demie pour un nouvel essai.

La mise à l'eau finale fut épouvantable. Le vent et la mer avaient forci, rendant très difficile la venue du *Knorr* au vent. Dès que le cadre d'acier de ANGUS fut libéré de son berceau, il se mit à balancer furieusement malgré les efforts inouïs des six hommes de manœuvre, chacun agrippé à un filin tendu entre une poulie, un croc d'amarrage et ce boulet de démolition de trois tonnes. Earl rampait en s'accrochant au châssis de ANGUS pour mettre en marche les caméras et les projecteurs, manœuvre

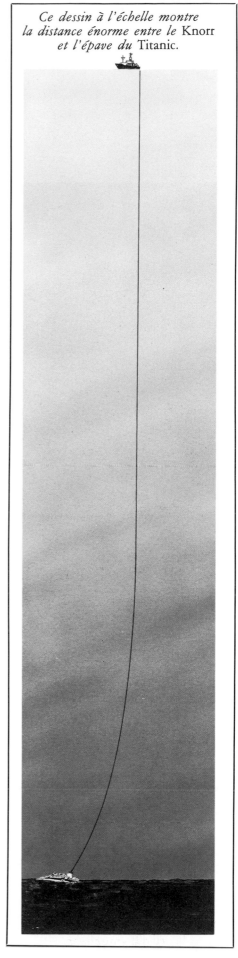

Ce dessin à l'échelle montre la distance énorme entre le Knorr *et l'épave du* Titanic.

habituellement simple mais qui, dans de telles conditions, nous faisait dresser les cheveux sur la tête. Il avait passé un harnais de sécurité solidement attaché au navire mais, pour plus de sûreté, Martin Bowen le tenait par son gilet de sauvetage et Emile Bergeron tenait Martin par le sien. Soudain, un puissant éclair illumina le ciel, lorsque les 1 500 watts des projecteurs jumeaux de ANGUS s'allumèrent. Satisfait de constater que les caméras fonctionnaient, Earl baissa le pouce et ANGUS s'enfonça dans la mer bouillonnante.

Revenant au PC, nous débattant pour nous défaire des vêtements de survie, je pus voir que Jean-Louis avait atteint la limite de ses forces. Son regard me disait qu'il voulait poursuivre la lutte, mais il ne pouvait même plus soulever ses paupières. « Vas te coucher, lui dis-je, il n'est pas nécessaire que nous restions tous les deux debout. » Avec hésitation... mais avec reconnaissance, il quitta le centre.

Le Commandant Bowen comme pilote et Tom Crook comme navigateur pendant que ANGUS *survole le* Titanic.

Il fallait absolument que je m'allonge ou je tomberais. Mais je ne pouvais pas me permettre de quitter mon poste. Alors, presque en rampant, je me fis une petite place au-dessous de la table à cartes. Dans cette position couchée, je pouvais encore parler à Earl au treuil, à Tom Crook au poste de navigation et au Capitaine Bowen à la barre du navire. Pour notre ultime essai, nous avions réduit à trois membres l'équipe de ANGUS sous mes ordres.

Maintenant, même Earl gardait le silence ; ce fut une des rares fois où je le vis muet. Nous savions tous que notre nouvelle tentative était encore plus folle que la mise à la mer déjà dangereuse que ANGUS venait de subir. J'espérais pouvoir alors promener mes caméras à moins de huit mètres des ponts du *Titanic*, mais la mer forcissait encore, le *Knorr* montait et descendait de trois à quatre mètres à chaque vague et ses mouvements se répercutaient, au bout de 4 200 mètres de câble, sur le vol de ANGUS. Par l'enfer, si j'avais voulu perdre ANGUS, je n'aurais pas choisi meilleur temps et meilleur endroit. J'aurais dû ceindre mon front d'un foulard de soie et célébrer les rites funéraires d'un pilote kamikaze ?

Le temps d'atteindre la profondeur d'approche et toutes mes forces s'étaient envolées ! Je me vautrais sur l'épaule droite de Earl et lui murmurais mes ordres à l'oreille. Nous n'avions pas peu l'air d'un commando-suicide cette nuit-là.

« Plus bas de quatre mètres » croassai-je.

« Quatre mètres ? » Le ton de Earl sous-entendait manifestement : « vous êtes fou ! ».

« Quatre mètres » répétai-je.

Sauf quelques ordres chuchotés et leurs réponses sur un ton uni, pas un mot ne troubla le silence pendant les trois heures suivantes, cependant que nous effectuions des passages terriblement proches du *Titanic*. La lumière rouge des lampes d'éclairage nocturne (qu'on allumait dans le PC à ce moment-là) donnait un air fantomatique aux visages épuisés, aux yeux injectés de sang, déjà rongés par une barbe de quatre jours et rendus hagards par le manque de sommeil. Earl Young habituellement imperturbable s'accrochait si fort aux leviers de manœuvre du treuil que ses jointures blanchissaient et on aurait dit que les poignées de métal allaient fondre entre ses doigts. Dehors, le vent faisait frémir les parois du centre alors que la tempête battait son plein. A l'intérieur, nous vivions dans une sorte d'hypnose, comme dans la brume, et nous en fûmes enfin arrachés à 5 h 56 quand un message tomba dans l'interphone : « Il faut repartir ». Nous avions épuisé notre temps et notre argent ! Les savants attendaient au port de repartir sur le *Knorr* pour d'autres missions scientifiques.

A 7 h 28, exactement dans les temps, ANGUS fut redéposé sur le pont. J'aurais pu aller dormir mais je restai dans le laboratoire pour regarder Martin Bowen développer chaque rouleau de 130 mètres de film.

Au bout de quelques heures, l'étroitesse du local et les odeurs des produits chimiques eurent raison de moi et je sortis sur le pont. Le vent était tombé mais la mer était toujours furieuse, et le ciel, sombre et menaçant au-dessus de nous. Un bimoteur pour 12 passagers nous survola. L'avion était équipé avec un système spécial de navigation, manifestement dans le seul but de calculer notre position. Il passa et repassa sur nous, d'abord dans un sens, puis dans l'autre. Quoiqu'il en soit, il en serait pour ses frais, car nous étions en train de repêcher nos balises, à plus d'un mille de l'épave. Je pensais que c'était vraisemblablement Jack Grimm.

Quelques temps plus tard, Martin émergea du laboratoire et m'annonça que nous avions pris d'excellentes photos en couleurs, mais j'étais trop épuisé pour jouir de cette victoire. J'avais besoin de ce qui me restait d'énergie pour veiller aux opérations courantes. Je donnai l'ordre de repêcher la dernière balise. Lorsqu'elle apparut à la surface, nous avions définitivement effacé toute trace de notre quadrillage.

Le *Titanic* était de nouveau solitaire dans les abysses mais plus aussi complètement. Pendant notre bref séjour sur le site, nous avions pris des centaines de relèvements par satellite. Revenir sur le *Titanic* et poser *Alvin* sur ses ponts seraient un jeu d'enfants.

Nos opérations terminées, j'avais encore quelque chose à faire : discuter avec les médias. Woods Hole m'avait demandé de m'adresser à autant de journalistes que possible et il semblait que tous les reporters des journaux et des réseaux de télévision nord-américains veuillent recueillir les paroles de sagesse du Professeur Ballard. J'avais bien pensé que les gens seraient excités par notre découverte du *Titanic* mais jamais, dans mes rêves les plus fous, je n'aurais imaginé un tel degré d'excitation.

Assommé par le manque de sommeil, je titubai vers la cabine radio et commençai à répondre aux interviews. Les questions posées couvraient toute la gamme. La plupart des journalistes voulaient connaître l'état du navire et savoir si nous avions décelé des indices de restes humains. Je fis de mon mieux pour répondre à tous mais je n'en pouvais plus. *Argo* et ANGUS avaient terminé leur travail, les vagues s'apaisaient enfin, le *Knorr* était prêt à prendre le chemin du retour... et je mourrais d'envie d'aller me coucher.

Mais je réussis à rester à l'écoute jusqu'à ce que je converse avec Tom Brokaw au bulletin d'informations du soir de la NBC.

Au moment où je commençais à parler avec Brokaw, je jetai un œil par le hublot. Je m'aperçus soudain que le *Knorr* avait remonté la dernière balise et se disposait à faire route vers son port d'attache. Nous abandonnions le *Titanic* sans que j'aie fait ma paix avec lui.

Juste à ce moment, Tom Brokaw me demandait comment je me sentais. Eh bien, à ce moment précis, je me sentais très mal et c'était tout ce que je pouvais répondre, occupé que j'étais à lutter contre l'étranglement qui me serrait la gorge. Ma résistance était dépassée et les émotions me submergeaient. Sèchement, j'éteignis le poste et m'enfuis de la cabine radio.

Je traversai le fond du laboratoire pour que personne ne me voie et descendis sur la plage arrière maintenant déserte. Le soleil traversait juste les nuages et je regardais le sillage beau et paisible du *Knorr* s'étendant jusque sous l'horizon. J'éprouvais des émotions confuses : un sentiment de tristesse et de regret que nous soyons repartis si tôt après être arrivés et en même temps, une profonde satisfaction d'avoir mis fin à la longue errance du *Titanic*. Je ne suis pas spécialement croyant mais je pense que l'on pourrait dire que je vivais réellement un instant de grâce divine, comparable à la cérémonie funèbre impromptue célébrée sur la plage arrière, la nuit de la découverte, presque quatre jours et demi plus tôt. C'était comme si ceux qui avaient péri avec le *Titanic* pouvaient maintenant reposer en paix. C'est du moins ainsi que je le ressentais.

Au cours des quatre jours et demi qui venaient de s'écouler je n'avais

Après avoir développé toutes les photographies, Martin Bowen s'offre quelques instants de détente bien mérités sur la plage arrière. A l'arrière-plan : ANGUS.

pas trouvé une seconde de sommeil. Dormir ! Dormir, quelle heureuse et merveilleuse pensée ! Je me dirigeai vers l'arrière, traversant le laboratoire principal, vers les coupées conduisant à ma cabine. C'est alors que, me traînant dans la dernière coursive, je m'écroulai. Mes jambes s'étaient purement et simplement dérobées sous moi et je me retrouvai à plat ! C'était la première fois que cela m'arrivait et j'y découvrais une sensation nouvelle pour moi, à la limite curieuse, désorientante et presque comique. Puis, j'en vins à trouver cette situation embarrassante ! Heureusement, la coursive était déserte. Avec peine, je me relevai, titubai jusqu'à ma couchette. Enfin, enfin, je dormis. Quand je m'éveillai, il faisait nuit et ce bon vieux *Knorr* taillait gaillardement sa route... vers le tumulte qui régnait à terre.

Ce qui aurait dû être un agréable voyage de retour, avec un temps pour repenser, réfléchir, décompresser, tourna en une désespérante amertume. L'esprit de camaraderie que j'avais ressenti au cours de longues années de collaboration avec des océanologues français faillit voler en éclats !

Un hélicoptère survolant le Knorr *descend un panier pour emporter à terre les photos et les films de notre découverte.*

Naïvement, je m'en rends compte maintenant, nous n'avions prévu aucune disposition pour la publication dans le monde qui nous attendait de l'histoire de notre découverte, pas plus que la diffusion de nos films vidéo et de nos photographies. Nous n'avions jamais pensé que les gens s'exciteraient à ce point sur notre aventure et nous n'avions jamais eu le temps d'imaginer toutes les complexités d'une discussion avec la presse, alors que nous nous débattions au milieu d'une délicate opération technique, en mer, dans des conditions difficiles. Il faut ajouter que tous, nous étions complètement épuisés.

Les problèmes surgirent dès le dimanche matin avec l'arrivée d'un hélicoptère affrété par une chaîne TV canadienne qui avait subventionné le budget de l'iconographie de notre expédition. L'hélicoptère arriva avec une équipe de journalistes qui nous demandèrent d'être accueillis à bord du *Knorr* pour qu'ils puissent faire un reportage, en exclusivité, sur nos réactions à la suite de cet événement. Je répondis que c'était hors de question. Nous n'entendions donner aucune exclusivité à qui que ce soit. Par contre, ils pouvaient sans difficulté avoir la primeur de nous filmer d'en haut, sur le site. Après tout, ils l'avaient bien mérité puisque cette chaîne était la seule à nous avoir subventionnés.

Jean-Louis, Jean Jarry et moi vîmes dans cet hélicoptère l'occasion de mettre de l'ordre dans la couverture journalistique de notre aventure, couverture qui semblait aller bizarrement de travers.

Le reportage paru dans l'*Observer* à Londres, le dimanche, fut suivi d'une série d'articles complètement faux, annonçant entre autres que nous étions en train de renflouer l'épave du *Titanic*. A la radio, nous avions même entendu que des protestations contre cette action supposée s'étaient élevées à la tribune de l'ONU. Ceci choqua tout le monde à bord. Alors nous décidâmes d'utiliser l'hélicoptère canadien comme un messager pour transporter sur la terre ferme les premières images de notre découverte. Nous choisîmes un film montrant l'apparition de la chaudière et les scènes de jubilation dans le PC. Ces images diraient la vérité sur la découverte du *Titanic*. Lorsque l'hélicoptère disparut dans la tempête qui montait et que nous fîmes à nouveau passer *Argo* sur l'épave, nous étions heureux de penser que la vérité sur notre histoire serait publiée.

Le second incident, je m'en souviens, vint d'un appel de Woods Hole, non pas pour nous féliciter, mais pour nous reprocher l'exclusivité des nouvelles que nous aurions, du moins en apparence, donnée. Les images de notre découverte avaient été diffusées, mais pas par toutes les grandes chaînes de télévision américaines. Celles qui en avaient été privées étaient furieuses et menaçaient Woods Hole d'un procès. Subitement, une pai-

(A gauche) Le gaillard d'avant de l'Olympic, *jumeau du* Titanic, *vu vers l'arrière, en direction de la passerelle.*

*(Ci-dessus)*La même vue d'en-haut du gaillard du Titanic. Les énormes chaînes sont clairement visibles.

(Ci-contre) Le nid-de-pie du mât abattu.

(Tout à droite) Le gaillard d'avant et le bord du pont avant de l'Olympic, *photographiés à New-York après son voyage inaugural en 1911, sont sensiblement identiques à ceux du* Titanic.

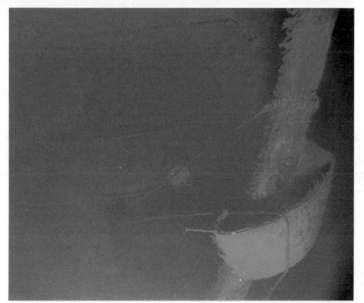

sible communauté scientifique, dans un coin perdu de Cape Cod, où tous célébraient joyeusement le week-end du Labour Day, se retrouvait en butte aux exigences des médias sans pouvoir se défendre.

Immédiatement, par radio, j'expliquai notre situation à ceux qui étaient concernés. L'information est ce qu'elle est et les films envoyés à terre étaient à la disposition de qui en voulait. Un « scoop » est une chose, mais une exclusivité est tout autre chose. Personne n'était à blâmer. Woods Hole n'était simplement pas préparé aux assauts de la presse et la crise était aggravée par le fait qu'elle survenait pendant les jours fériés d'un long week-end.

Ensuite, faisant route vers Woods Hole, mes collègues français et moi étudiâmes un plan précis pour la diffusion de certaines photographies prises par ANGUS. Nous étions en contact permanent avec l'IFREMER à Paris et avec la direction de Woods Hole. Il s'agissait d'excellentes images et nous voulions être certains qu'elles seraient publiées simultanément sur tous les réseaux de la Télévision nord-américaine et par les médias français.

Le 6 septembre, en cours de route, un autre hélicoptère survola le *Knorr*. Celui-là avait été affecté par trois chaînes de TV américaines. Quand il repartit pour Terre Neuve, Bernard Pillaud et Steve Gegg avaient pris place à son bord, emportant de multiples copies des films, pris par ANGUS et *Argo*, que nous avions convenu de faire paraître. Un Français et un Américain s'assureraient que, cette fois, nos instructions seraient suivies à la lettre.

Quand l'hélicoptère se posa sur l'aéroport de Saint-John, une meute de journalistes s'attendait à voir descendre de l'appareil un très élégant jeune Américain et un sémillant Français ! Au lieu de cela, les héros ressemblaient plutôt à des astronautes revenant de la lune ! « Comment Woods Hole et l'IFREMER pouvaient-ils conserver des images aussi importantes que le monde attendait ? » La pression des médias s'accentua et Woods Hole se laissa fléchir en autorisant la diffusion des films apportés par Gegg. Cette même nuit, pendant que Bernard Pillaud traversait l'Atlantique, par avion, pour apporter ses films en France, les téléspectateurs français virent nos images toutes fraîches sur leurs écrans avant même que l'IFREMER les ait reçues et puisse les diffuser ! Les séquences avaient été retransmises par satellite depuis les réseaux de TV américains.

De façon parfaitement compréhensible, l'IFREMER fut absolument furieux de ce qui apparaissait comme un manquement à nos conventions,

Notre découverte du Titanic *fait la une des journaux du monde.*

Les découvreurs du Titanic *posant pour la postérité sur la plage arrière du* Knorr.

d'une colère d'autant plus forte que l'on commençait à se rendre compte de la valeur vénale de ces images. Je n'avais jamais fait de projets pour négocier ce que nous ramenions. Mais, maintenant, Paris le voulait. Malheureusement, nos accords antérieurs étaient fort imprécis sur ce point. Aussi, pendant que nous nous dirigions vers un « accueil de Héros » sur la côte américaine, l'IFREMER et Woods Hole se débattaient dans une sordide bagarre pour savoir à qui appartenaient les vues du *Titanic* et comment en profiter. Jean Jarry, qui était l'homme de la direction d'IFREMER à bord, se trouvait pris entre deux feux, sentant toute la pression de ses patrons depuis Paris. Jean-Louis ne pouvait en croire ses oreilles et passait le plus clair de son temps dans sa cabine. Je voyais avec désespoir toute l'ambiance chaleureuse créée pendant le voyage et pendant treize années de coopération franco-américaine partir en fumée.

Le sommet de ce voyage morose fut atteint lorsque Emory Kristof décida de prendre une photo de tous les vainqueurs du *Titanic*, groupés sur la plage arrière, avec ANGUS et *Argo* en arrière-plan. Aucun de nous n'avait envie de sourire mais, devant l'insistance de Kristof, nous acceptâmes, non sans répugnance. Nous étions de bien mauvais acteurs, nos sourires forcés cachant mal notre désappointement. Malgré cette atmosphère pénible, je voulais quand même que notre arrivée soit une fête franco- américaine et je passai deux jours à fourbir les termes du communiqué que je lirais à la presse.

Ce que je pourrais dire serait fonction de la connaissance fragmentaire que nous avions de l'état de l'épave. Un examen minutieux des films de ANGUS au cours des mois suivants devait révéler qu'une seconde partie de la coque gisait à environ 600 mètres au sud de l'étrave. C'était la poupe, mais à part cela, nous ne savions que bien peu de choses de son état. Nous découvririons également que les quatre cheminées avaient toutes disparu. Les abords de la cassure sur la partie avant et la zone des gros débris demeuraient mystérieux et nous ne savions rien de ce qu'il était advenu du centre entre l'avant et la poupe. C'est seulement en revenant sur l'épave que nous pourrions comprendre les raisons du naufrage.

Par le matin clair et chaud du 9 septembre 1985, en route pour le détroit de Nantucket, le *Knorr* se retrouva entouré d'hélicoptères, de petits avions, de bateaux de plaisance tournant autour de lui et faisant résonner leur sirènes. Un bateau avait déjà amené à bord un groupe d'accueil — dont le directeur de Woods Hole, John Steele, avec deux membres de son état- major, Hugh O'Neill représentant le secrétaire d'état à la Marine et ma femme Marjorie avec nos deux fils Todd et Douglas. Avoir ma famille avec moi m'était particulièrement important. Ils avaient payé un très lourd tribut pendant les longs mois où j'avais été absent, mais ils ne s'étaient jamais plaints. Avec mes parents, ils avaient été longtemps mes plus fervents supporters.

En contournant la pointe et entrant dans le chenal étroit menant au débarcadère de Woods Hole, je ne pouvais en croire mes yeux. Les quais disparaissaient sous une foule qui remplissait chaque pouce d'espace. A droite, les radios avaient édifié un mur d'antennes paraboliques pour assurer leurs transmissions vers New York et partout dans le monde. Au milieu du quai, on avait élevé une plate-forme de fortune hérissée de caméras de télévision et fourmillant de journalistes. Les médias avaient exigé et obtenu la meilleure visibilité. Des drapeaux flottaient, un orchestre jouait, les enfants des écoles agitaient des ballons gonflés d'hélium. Alors que nous approchions de notre poste d'amarrage, un coup de canon nous salua. On aurait dit la parade d'un cirque arrivant dans une ville et, en fait, c'était bien cela !

Je pensais à la foule, combien différente, qui avait accueilli le *Carpathia* quand il avait accosté à New York, le soir orageux du 18 avril 1912,

(En haut) Un calicot de victoire flotte sur la façade du Bâtiment Bigelow, le quartier général de l'institut Océanogaphique de Woods Hole.

(Ci-dessus) Une énorme foule nous accueille quand nous accostons au quai du port de Woods Hole. Le Contre-Amiral Brad Mooney, Patron de la Recherche Navale et sponsor du programme Argo/Jason, *monte à bord.*

trois jours et demi après le drame. Les bureaux de la Compagnie White Star Line avaient subi le siège d'une foule dévorée d'inquiétude, pour la plupart des familles des passagers. Les journalistes avaient guetté, comme des requins leur proie, les survivants pour leur acheter leur histoire. Je chassai ces pensées.

Puisque c'était une fête, je décidai de donner au public un peu de spectacle. Montant à la passerelle, je demandai au Capitaine Bowen d'arrêter le *Knorr* à 100 mètres du quai et de faire effectuer au navire un tour complet sur lui-même (bien peu de gens connaissaient le système exclusif de propulsion du *Knorr*). Ensuite, le Capitaine amena son navire contre le quai.

Quand la passerelle de coupée fut mise en place, les femmes et les enfants des « héros » se ruèrent à bord pour embrasser les hommes, admirer *Argo* et le centre de contrôle où chaque écran TV diffusait des films du *Titanic*. Dans le PC, les bouchons de champagne volaient.

Puis vint le temps d'une conférence de presse. Alors que Jean-Louis et moi descendions la coupée pour prendre place dans une automobile qui nous attendait, les reporters et les cameramen entassés sur la plate-forme me hurlèrent de faire un geste que les caméras immortaliseraient. Sans réfléchir, je leur fis signe que tout allait bien, puis je leur tirai la langue, passant en dix secondes du héros au bouffon ! Cette stupide image de victoire, diffusée à travers le monde, me hante encore maintenant.

Quelques minutes plus tard, nous entrions par la porte latérale de l'Auditorium Redfield de l'Institut Océanographique de Woods Hole où nous fûmes accueillis par une véritable muraille de caméras sur un podium truffé de microphones. Je leur trouvai un air menaçant, comme autant de lances prêtes à frapper. Taillant ma route vers l'estrade au milieu des éclairs des flashes, je me remémorai les mots de George C. Scott dans le film « Patton » : Patton y rappelle que, lorsqu'un général romain revenait à Rome pour son triomphe à la tête de son armée, conduisant un char entouré de ses captifs, un jeune éphèbe se tenait auprès de lui pour lui rappeler combien la renommée et la gloire sont fluctuantes. Aujourd'hui, nous étions à la parade. Demain, le cirque des médias se jetterait sur une autre pâture !

Jean-Louis passa le premier, parlant si bas que les journalistes devaient tendre l'oreille pour recueillir ses paroles. Nous étions épuisés et l'émotion du moment nous submergeait. Comme toujours, cependant, ses paroles étaient à la fois aimables et éloquentes. Malgré la querelle opposant nos deux pays, il fut longuement question d'amitié et de coopération.

Il raconta d'abord la recherche puis la découverte. Ensuite, il parla du travail d'équipe de notre expédition : « Nous n'avons pas atteint notre objectif sans peine. C'est le résultat obtenu par des équipes hautement qualifiées qui, sur deux navires, ont étroitement coordonné leur efforts. La coopération franco-américaine prit corps sous l'impulsion de Bob Ballard qui a rendu cette découverte possible. De plus, le Professeur Ballard nous a tous convaincus de ce que le succès de la découverte devait être assuré avec tout le respect et la dignité qui conviennent au *Titanic*. Les efforts français et américain ont été techniquement et intellectuellement considérables et pourtant, la sépulture du *Titanic* a été explorée avec la pensée, toujours présente, du respect qui lui est due. Nous espérons qu'Américains et Français continueront de travailler ensemble dans les grands fonds océaniques ». Puis, ce fut à mon tour de présenter la vérité là où elle avait été travestie. J'avais déjà donné des centaines de conférences de presse mais celle-ci s'avéra la plus délicate à écrire et à prononcer, même si elle ne devait durer que deux minutes. Je pris une profonde inspiration et commençai à lire :

« Cet été, l'expédition commune franco-américaine fut une entreprise hautement scientifique, mettant en jeu les technologies les plus avancées

Sur le podium, avec Jean-Louis Michel, nous préparant à rencontrer la presse dans l'auditorium Redfleid de Woods Hole.

de deux pays. Dans le domaine de la plongée profonde, la France et les Etats-Unis sont au même niveau. Mais la campagne de cet été fut aussi l'entreprise passionnée de deux êtres qui sont d'abord des hommes, ensuite un Français et un Américain. »

J'évoquai ensuite la pré-éminence de Jean-Louis dans sa branche professionnelle et l'excellente technique du sonar SAR.

« Le *Titanic* gît par 4 200 mètres de fond, dans un paysage doucement vallonné surplombant un petit canyon. Son étrave fait face au nord et le navire est debout sur sa quille. A cette grande profondeur, aucune lumière n'existe ni sensiblement aucune vie. C'est un lieu calme et paisible, le cénotaphe des victimes de la plus grande des tragédies de la mer. Puisse-t-il toujours demeurer ainsi. Que Dieu bénisse ces âmes où elles reposent ».

J'étais sur le point de repartir avec ma famille, sortant par une porte latérale pour m'engouffrer dans la voiture mise à ma disposition par Woods Hole, quand je me rendis compte que je n'avais pas dit au revoir à Jean-Louis. Je l'aperçus au milieu de la horde des journalistes et des photographes auxquels j'avais espéré échapper. Mais je ne savais absolument pas quand je le reverrais. Dans quelques heures, il allait s'envoler pour la France et, le lendemain, tenir une conférence de presse à Paris pendant que je ferais la même chose au siège de l'association Nationale Geographic Society à Washington.

Je sortis de l'automobile et fonçai dans la foule des journalistes qui voulaient obtenir quelques commentaires pour les bulletins d'information du soir. Le brouhaha de la presse devint un fond sonore indistinct et je ne voyais et n'entendais que Jean- Louis. C'était comme si nous étions encore en mer, bavardant sur la plage arrière, passant en revue les événements du jour. Nous nous jurâmes de marcher ensemble, quoi qu'il advienne, puis nous nous serrâmes la main et je forçai mon chemin pour retourner à ma voiture.

Je me demandais si Jean-Louis et moi retournerions sur le *Titanic*. Dans tous les cas, rien ne pourrait effacer en nous ce que nous avions fait.

Deux jours plus tard, je donne une conférence dans la Salle des Explorateurs au siège de l'association National Geographic Society à Washington. Ici, je montre sur un dessin du Titanic *les angles de prise de vues de* ANGUS.

(A droite) Au premier rang du public, lors de la conférence de presse, de gauche à droite : John Steele, Directeur de Woods Hole, John Lehman, Secrétaire d'Etat à la Marine, Guy Nichols, Président de Woods Hole et l'Amiral Brad Mooney. Ma femme Marjorie est assise derrière le Secrétaire d'Etat Lehman.

CHAPITRE 8
Tourisme sur le *Titanic*

OUS RETOURNÂMES UN AN PLUS TARD PRENDRE DES GROS PLANS photographiques de l'épave et, cette fois, tomber juste sur le *Titanic* fut chose facile. Nos relèvements par satellites de l'année précédente nous traçaient une traversée de 900 milles toute simple, droit de Woods Hole au site. C'est exactement ce que nous fîmes, arrivant sur les lieux en début de soirée, le 12 juillet 1986. La chance, qui nous avait souri en 1985, paraissait nous accompagner de nouveau : il faisait beau, la mer était calme et la nuit claire. Le moral était au plus haut à bord de notre nouveau navire, l'*Atlantis II*, alors que nous déposions la première des trois balises qui formeraient notre triangle de positionnement autour de l'épave. Nous ne devions y passer que douze jours et je ne voulais pas perdre une seconde.

Comme on dit, les choses changent en un an ; en bien comme en mal ! Cette expédition, financée au départ par la Marine comme celle de l'année précédente, était organisée avec la complète bénédiction et le soutien officiel de Woods Hole. Notre objectif technique était de faire la preuve des capacités de *Jason Junior* — le prototype de notre robot sous-marin télécommandé. Avec l'aide de *J.J.*, nous nous proposions de revenir avec de belles photographies de l'intérieur et de l'extérieur du navire, la véritable description par l'image d'une épave légendaire.

Assez tristement, cette expédition était montée sans les Français. Après les incidents de 1985, les relations entre Woods Hole et l'IFREMER s'étaient complètement dégradées. Puis on avait brandi, de part et d'autre, un rameau d'olivier et même, pendant un certain temps, on avait pu espérer qu'un navire océanographique et un submersible français se joindraient à nous sur place. Lorsque j'appris que les Français n'avaient pu obtenir le budget nécessaire pour fknancer cette seconde expédition, j'avais invité Jean-Louis Michel, mon co-chef de mission de 1985, et mon ami de longue date Claude Riffaud, qui était maintenant le patron de l'IFREMER, à participer à l'aventure. Malheureusement, aucun d'eux ne le put.

L'absence de Jean-Louis et de ses collègues français tempéra notre enthousiasme d'une note de tristesse, mais surtout nous fit courir un risque supplémentaire. Cette année, nous allions explorer le *Titanic* avec un seul sous-marin habité — mon vieux copain *Alvkn* — et, sans les Français, nous allions plonger sans disposer d'un autre appareil capable de venir à notre rescousse en cas de drame. Il en résultait que nous serions comme des astronautes prenant pied sur une planète située à des millions de kilomètres de la Terre, sans aucun espoir de secours en cas de panne !

Le Capitaine Reuben Baker commandait l'*Atlantis II* et il commença sa progression vers le point précis où se trouvait le *Titanic* cependant que, dans le laboratoire du pont principal, juste derrière la passerelle, je surveillais les bandes d'enregistrement de l'écho-sondeur du navire. Chaque seconde, un « ping » était émis par le transpondeur fixé à la coque et, quelques secondes plus tard — comme un coup de feu tiré dans le Grand Canyon du Colorado — une rapide succession d'échos revenait du fond, dessinant, par une série de points imprimés sur une bande de papier, une véritable « image sonore ». Minute après minute, le fond sédimentaire de

(Ci-dessus) Martin Bowen à l'œuvre sur Jason Junior.

(Ci-contre) Alvin *est tiré sur la plage arrière en vue d'une mise à l'eau matinale.*

l'océan prenait forme sur la bande enregistreuse. Subitement, un faible écho secondaire apparut. Un objet se dressait vers le haut, vers nous, trop gros pour être un affleurement ou quelque phénomène naturel. Nous étions exactement à la verticale de l'épave, ses coordonnées ayant été mises en mémoire par notre ordinateur. Des visions du *Titanic* dansaient devant mes yeux alors que je me retirais pour aller dormir, mais je suis bien certain que je n'étais pas le seul à bord qui, cette nuit-là, rêverait du vaisseau.

Notre première plongée sur le *Titanic* débuta dans des conditions idéales. C'était une magnifique journée d'été, le soleil déjà haut dans le ciel. A 7 heures du matin, *Alvin* avait été tiré de son hangar, à la poupe de l'*Atlantis II*, et placé sous le portique bleu qui dominait la plage arrière. Ce portique soulèverait *Alvin* au-dessus du pont et le déposerait à la surface de l'eau. Les équipes de manœuvre de *Alvin* et de *J.J.* se mirent immédiatement à l'œuvre. Comme pour le lancement d'une fusée spatiale, un compte à rebours détaillé doit être suivi, comprenant toute une série de listes de contrôles de sécurité. Une épaisse liasse de feuilles de pointage doit être signée et contre-signée : Essais d'accumulateurs, essais du système de survie, essais du téléphone acoustique, essais des sonars, essais des batteries de secours, etc... etc...

Quatre gros lests furent amenés sur un chariot et arrimés aux flancs du submersible. A la différence des sous-marins conventionnels, *Alvin* ne peut utiliser des ballasts d'air pour contrôler son assiette en eau profonde — la pression est trop forte — et, au lieu de cela, il dispose d'un système complexe pour assurer sa flottabilité. Ensuite, trois tubulures contenant des batteries chargées à bloc furent remplies d'une huile destinée à contrebalancer la pression, ce qui requiert beaucoup moins de place que des caissons individuels.

A 8 heures 15, tout était paré. Ralph Hollis, son copilote Dudley Foster et moi-même, après nous être déchaussés, descendîmes l'échelle conduisant à la « tourelle » en fibre de verre rouge surmontant *Alvin* et destinée à empêcher les vagues de pénétrer par l'écoutille ouverte pendant que le submersible demeure en surface. Puis nous pénétrâmes dans la sphère de 2,10 mètres de diamètre, avec précaution, pour ne pas nous frotter à la graisse garnissant l'écoutille. (Cette graisse assure la parfaite étanchéité du sas, mais il est à peu près impossible de la détacher d'un vêtement). Une fois à l'intérieur, la pratique du yoga ou une souplesse de contorsionniste aurait été précieuse, car il nous fallait nous lover dans un ballon et nous coincer dans la minuscule cabine aux parois couvertes, sur trois faces, par les tableaux d'instruments de mesure et des boîtes de cassettes vidéo vierges destinées à enregistrer pour la postérité l'histoire de notre aventure. Pendant toute la durée de la plongée, aucun de nous n'aurait la place de s'étirer ou de se lever : trois sardines dans une boîte de conserve ronde !

Ralph ferma l'écoutille de l'intérieur pendant que j'ouvrai notre réservoir d'alimentation en oxygène — notre seule source d'air — qui devait diffuser son contenu vital dans la sphère. L'aération du submersible était assez sommaire et Ralph mit en marche le régénérateur d'air dont l'hydrate de lithium fixerait le dangereux gaz carbonique.

Dehors, le portique avait commencé sa manœuvre pour nous faire passer au-dessus de la plage arrière, nous balançant doucement comme un pendule. Etre suspendus à moitié au-dessus du pont et à moitié dans le vide est toujours un moment périlleux de la plongée. Si *Alvin* tombait à cet instant, il en résulterait de graves dommages sur l'engin et de sévères blessures à ses occupants.

Dès que l'appareil toucha l'eau et que la première aussière fut larguée, des nageurs se pressèrent autour de la coque pour vérifier une dernière fois que tout était paré pour la plongée. Dedans, Ralph passait en revue tous

(**En haut**) *En chaussettes, attentif à ne pas me frotter sur la graisse de l'écoutille, je me prépare à descendre dans le submersible par la tourelle rouge, dite « la voile ».*

(**Ci-dessus**) *Le moment le plus dangereux dans la procédure d'immersion vient lorsque* Alvin *est suspendu, mi sur le pont, mi au-dessus de l'eau.*

les systèmes, maintenant que l'engin était « mouillé ». Chaque phase de l'opération était soigneusement supervisée par l'équipe de contrôle en surface, dans le laboratoire de l'*Atlantis II*, en liaison radio tant avec les passagers du sous-marin qu'avec le dinghy pneumatique qui attendait de repêcher les plongeurs.

A 8 heures 35, le contrôleur en surface — toujours un des pilotes de l'équipe *Alvin* — donna à Ralph le feu vert pour vider les ballasts d'air et commencer la descente. Les quatre lests fixés sur *Alvin* allaient nous entraîner droit vers le fond. Ils avaient le même rôle que les cailloux dont se munissent les pêcheurs d'éponges : on attrape une grosse pierre, on saute à la mer et on laisse ce lest vous emporter au fond aussi vite que possible sans gaspiller ses forces. Une fois au fond, on lâche le caillou et on peut pêcher. Avec *Alvin*, quand nous voudrions remonter, on larguerait les gueuses et l'engin grimperait vers l'air libre. L'idée directrice était de consommer le moins d'énergie possible — la charge des accumulateurs — à la descente et à l'ascension.

J'avais la plus parfaite confiance en notre chef-pilote Ralph Hollis aux commandes. Je le connaissais depuis qu'il s'était joint au Groupe *Alvin*, au début de 1975. Je connaissais Dudley Foester depuis plus longtemps encore, nous nous étions rencontrés au cours du Projet Famous, douze ans plus tôt. A nous trois, nous avions réalisé environ cinq cents plongées.

A plusieurs égards, l'épine dorsale de notre expédition était le groupe des pilotes de plongée profonde *Alvin*. La plupart d'entre eux m'avaient rejoint longtemps après que j'aie commencé à plonger, au début des années 70, mais, à eux tous, ils possédaient une vaste expérience des fonds océaniques. Je savais bien que certains, plus particulièrement Ralph Hollis, étaient irrités par la manière dont mon Laboratoire de Plongée Profonde faisait la « une » des journaux et par le fait que j'avais plus d'une fois prédit publiquement que *Argo* et *Jason* rendraient bientôt *Alvin* dépassé.

Avec les années, Ralph en était venu à personnifier l'âme de *Alvin* et il prenait les critiques contre son engin comme autant d'insultes personnelles ! Lui et de nombreux autres membres du Groupe *Alvin* ne m'avaient jamais pardonné une interview que j'avais donnée, quelques années auparavant, au journal local de Woods Hole. Cet article était intitulé : « Ballard déclare que les sous-marins habités sont condamnés ». De façon compréhensible, Ralph et ses collègues ne me l'avaient pas fait oublier ! En fait, leur sous-marin ne courait, à court terme, aucun risque d'être mis à la ferraille, il était simplement le fruit d'une technologie qui avait fait son temps.

Pendant que notre engin glissait silencieusement dans l'eau, une méduse transparente dériva à portée de vue, avec ses longs filaments urticants. Je jetais un regard au panneau de contrôle de *Jason Junior*. Aujourd'hui, *J.J.* devrait demeurer dans son logement à l'avant de *Alvin* mais, demain, Martin Bowen embarquerait pour piloter notre joli « œil-nageant » autour de l'épave.

Comme devait l'être le futur *Jason*, *Jason Junior* était un robot sous-marin téléguidé mais, à la différence de *Jason*, il était suffisamment léger pour opérer à partir d'un sous-marin habité. Tous deux fonctionnaient au bout d'un câble de liaison de 85 mètres et posséderaient un télémètre, un appareil de photographie et un système de propulsion. *J.J.* n'avait cependant pas les bras de manœuvre et les objectifs pour prises de vues en couleurs que nous envisagions de monter sur *Jason*. Si *J.J.* fonctionnait comme prévu, nous pourrions pousser nos investigations dans des recoins de l'épave que *Alvin* ne pourrait jamais atteindre. Aujourd'hui, nous devions vérifier si quelque 4 000 mètres d'eau glaciale pouvaient faire peur à *J.J.*. Le but essentiel de cette première plongée était de se rendre compte des dangers que le *Titanic* pouvait représenter pour l'équipe des pilotes chevronnés de *Alvin*... et de bien regarder, de près, le navire.

(En haut) Lorsque tous les contrôles sont effectués, les nageurs détachent le câble de sécurité, libérant Alvin *pour la descente.*

(Ci-dessus) Avec Jason Junior *confortablement installé dans son garage,* Alvin *se dispose à plonger.*

Durant notre séjour au fond, j'espérais repérer la partie arrière d'assez haut. A cette fin, j'utiliserais l'une des caméras noir-et-blanc SIT à très haute sensibilité, provenant de *Argo* et que nous avions fixée sur le châssis de *Alvin* pour cette mission. Au cours des plongées ultérieures, nous serions à même de planer en sécurité, hors d'atteinte de tout danger, et de relever les endroits intéressants avant d'y hasarder le submersible. La peur de se prendre dans un enchevêtrement nous était sans cesse présente à l'esprit. Nous savions tous que l'incident grave qui risquait de se produire serait que *Alvin* reste prisonnier de l'épave et ne puisse s'en dépêtrer.

Plongeant sans appareil de réserve, j'avais dû convaincre la Marine que toutes les précautions utiles avaient été prises. D'abord, je ne me poserais qu'en des endroits préalablement reconnus, vidant les ballasts pour alourdir *Alvin* et libérant *J.J.* de son abri à l'avant. Ensuite, c'est *Alvin* qui prendrait seul les risques vraiment sérieux. Au cas où il se coincerait de façon inextricable, un ciseau spécialement monté dans son logement sectionnerait rapidement le câble de liaison afin que nous puissions nous éloigner sans dommage. *Alvin* possédait aussi un système de sauvetage « de dernière chance » en cas de panne, mais il ne devait être utilisé qu'en tout dernier ressort, si tous les autres systèmes de sécurité échouaient. Il impliquait d'abandonner les deux tiers du sous-marin pour ne laisser que la sphère habitée remonter, comme une fusée, vers la surface. Nous reviendrions sans doute à l'air libre, mais presque tout *Alvin* serait perdu à tout jamais. Et comme ce système n'avait, bien évidemment, jamais été essayé, nous ne pouvions que présumer de l'état dans lequel les passagers arriveraient en surface. La sphère tourneboulerait durement sur elle-même, en tous sens, malmenant occupants et instruments comme dans le

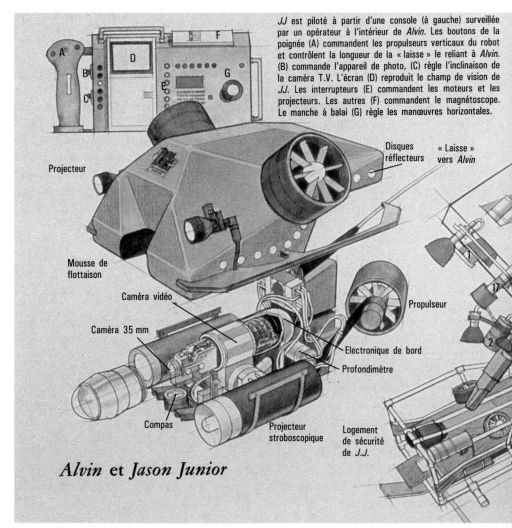

JJ est piloté à partir d'une console (à gauche) surveillée par un opérateur à l'intérieur de *Alvin*. Les boutons de la poignée (A) commandent les propulseurs verticaux du robot et contrôlent la longueur de la « laisse » le reliant à *Alvin*. (B) commande l'appareil de photo, (C) règle l'inclinaison de la caméra T.V. L'écran (D) reproduit le champ de vision de *JJ*. Les interrupteurs (E) commandent les moteurs et les projecteurs. Les autres (F) commandent le magnétoscope. Le manche à balai (G) règle les manœuvres horizontales.

Projecteur

Disques réflecteurs

« Laisse » vers *Alvin*

Mousse de flottaison

Caméra vidéo

Caméra 35 mm

Propulseur

Electronique de bord

Profondimètre

Compas

Projecteur stroboscopique

Logement de sécurité de *J.J.*

Alvin et *Jason Junior*

tambour d'une machine à laver. La sphère atteindrait l'air libre, mais survivrions-nous à ce « voyage » ?

En quelques rares occasions, *Alvin* fut proche du point limite de « sortie en catastrophe ». Le plus sérieux survint en 1974, pendant l'exploration de la Dorsale Médio-Atlantique. Pendant quatre heures, il resta coincé dans une crevasse rocheuse à 3 000 mètres de profondeur, sous des excroissances de lave qui empêchaient la capsule pressurisée de remonter — c'était à coup sûr la mort de son équipage — Heureusement, la crevasse était dans la lave récemment solidifiée qui put être grattée et délitée. A la fin, le pilote put faire cogner l'engin contre la pierre jusqu'à ce qu'elle se brise et *Alvin* s'en tira sain et sauf. Aucun de nous n'était présent lors de cette plongée dramatique et je chassai cette pensée de mon esprit cependant que notre descente s'accélérait. Une minute après avoir quitté la surface, le roulis et le tangage avaient disparu. Nous étions à 30 mètres de profondeur et la lumière du jour déclinait rapidement, virant en un bleu de plus en plus sombre, alors que nous atteignions notre vitesse maximale de descente de 30 mètres à la minute. A ce rythme, il nous faudrait deux heures et demie pour parvenir au fond en une tranquille chute libre dans des ténèbres grandissantes.

Dans notre étroite capsule, il faisait encore chaud et même étouffant, mais l'eau glacée qui nous entourait refroidirait bientôt l'acier au titane de notre coque, si bien que s'appuyer contre la paroi allait vite devenir parfaitement déplaisant. Subitement, un requin blanc apparut devant mon hublot, escortant silencieusement *Alvin* pendant quelques temps avant de s'éloigner. Attirés par le bruit inhabituel et le comportement étrange des sous-marins, les requins s'approchent souvent lorsque *Alvin* s'enfonce dans l'eau. Il était réconfortant de savoir que plusieurs pouces d'acier nous protégeaient !

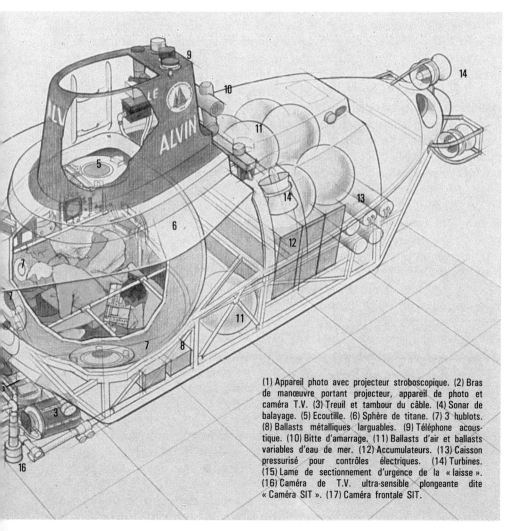

(1) Appareil photo avec projecteur stroboscopique. (2) Bras de manœuvre portant projecteur, appareil de photo et caméra T.V. (3) Treuil et tambour du câble. (4) Sonar de balayage. (5) Ecoutille. (6) Sphère de titane. (7) 3 hublots. (8) Ballasts métalliques larguables. (9) Téléphone acoustique. (10) Bitte d'amarrage. (11) Ballasts d'air et ballasts variables d'eau de mer. (12) Accumulateurs. (13) Caisson pressurisé pour contrôles électriques. (14) Turbines. (15) Lame de sectionnement d'urgence de la « laisse ». (16) Caméra de T.V. ultra-sensible plongeante dite « Caméra SIT ». (17) Caméra frontale SIT.

Je me demandais à quoi Ralph pouvait penser. Il ne se livre d'habitude guère à qui que ce soit. Son aspect bourru et son comportement rude tiennent la plupart des gens à distance. Nous avions été amis — de la manière dont les gens qui travaillent ensemble peuvent l'être — mais c'était avant que je quitte le Groupe *Alvin* et que je me lance dans la concurrence. C'est lui qui avait affublé *J.J.* du surnom péjoratif de « Dope on the Rope », originairement donné à ANGUS.

Pendant que Dudley procédait à quelques réglages sur *Jason Junior*, je chargeai notre caméra vidéo de cassettes vierges, cependant que la musique jouait, en fond sonore, « Les Quatre Saisons » de Vivaldi. (La musique serait coupée dès que nous atteindrions le fond et commencerions à travailler). Normalement, *Alvin* n'avait qu'une caméra vidéo, avec des objectifs à très haute luminosité, fixée sur l'extrême avant, permettant au pilote de voir où il allait. Le magnétophone, encastré dans un casier situé derrière nous, enregistrait nos conversations à l'intérieur de l'habitacle.

Contrôle de la caméra T.V. portable utilisée pour filmer à l'intérieur du submersible.

Pour cette mission, nous avions placé trois autres magnétoscopes dans l'espace déjà encombré et il fallait en permanence les recharger. L'un deux était relié à la caméra couleur montée sur le bras de manœuvre de *Alvin* et devait prendre nos meilleures vues. Comme ce bras était doué d'une amplitude de mouvements de plusieurs degrés, il pouvait fournir des prises de vues en gros-plan lors des passages de *Alvin sur les ponts du Titanic* et nous donnerait également des séquences de *J.J.*; quand celui-ci rôderait hors de son abri. Le bras était également pourvu d'un appareil de photographie, de projecteurs stroboscopiques, de projecteurs pour la télévision, donnant à tout cet équipement l'aspect de « Big Bird », la marionnette la plus célèbre de « Sesame Street », ce qui lui valut de recevoir ce surnom.

Un second magnétoscope fut raccordé à la caméra vidéo couleur de *J.J.* et le troisième fut connecté à la caméra noir et blanc SIT plongeante que nous entendions utiliser lors des survols de l'épave à haute altitude et pour le choix des aires de nos futurs atterrissages.

Ralph, comme pilote, était assis sur un petit tabouret au centre de la sphère et regardait par le hublot avant. Dudley et moi, moitié assis, moitié couchés sur le minuscule plancher de *Alvin*, regardions l'un par le hublot babord, l'autre par le hublot tribord. Au cours des premières minutes de la plongée, nous avions creusé notre nid dans la capsule, installant couvertures et vêtements pour obtenir un maximum de confort. Dans un espace aussi restreint, il arrivait bien souvent que Ralph m'écrase les pieds alors qu'il était absorbé par la conduite de l'engin. D'autre fois, je me heurtais la tête aux étagères au-dessus de moi et lorsque je remuais pour tenter de trouver une position où je serais plus à l'aise, je me cognais régulièrement le dos au magnétoscope ! Enfin, si par inadvertance, mon pied touchait la paroi, ma chaussette était aussitôt trempée et devenait très vite glaciale ! Pendant les longues heures où nous subissions ces conditions éprouvantes, nos jambes s'engourdissaient et je fus souvent pris de terribles crampes dans les hanches ! La sphère ressemblait alors bien plus à une chambre de tortures qu'à une capsule spatiale !

La longue chute vers les fonds est souvent un temps calme. L'intérieur s'assombrit de plus en plus et se refroidit après que, en moins d'un quart d'heure, nous ayons atteint la profondeur de 400 mètres où l'obscurité est totale. Pour économiser nos sources d'énergie, les phares extérieurs sont éteints et notre seul éclairage provient de trois petites lampes, rouges et blanches, à l'intérieur. Ayant été une fois attaqué par un espadon — dont le rostre demeura fiché dans le bord d'un hublot de la coque de *Alvin* — j'avais appris que même cet éclairage intérieur réduit devait être éteint de temps en temps.

Cependant, aujourd'hui, nous n'avions pas le temps de nous livrer à la méditation. Presque tout de suite, des incidents techniques se déclarèrent.

Ce 13 juillet se révélait un jour de guigne ! Tout d'abord, nous découvrîmes que le sonar de balayage de *Alvin* (conçu à l'origine pour la détection des mines flottantes) était tombé en panne. Cela provenait soit de l'eau de mer glaciale, soit de l'augmentation brutale de la pression sousmarine. Sans ce sonar, nous serions aveugles au-delà des quelques mètres de notre rayon visuel et nous devrions nous en remettre au navigateur en surface pour nous guider vers le *Titanic*.

Puis, un peu plus tard, vers 700 mètres de profondeur, nous traversâmes ce que l'on nomme une « couche diffusante profonde », ainsi appelée parce qu'elle forme une sorte de nuage sur l'enregistreur sonar. En fait, il s'agit de plancton formé de myriades d'animalcules vivant dans les grands fonds pendant le jour et remontant pour se nourrir près de la surface pendant la nuit. Beaucoup sont luminescents et leurs corps font jaillir un feu d'artifice lorsque la différence de pression, causée par notre présence, les avertit de la proximité d'un intrus. Ces bestioles s'agglomèrent en colliers de petites lumières, longs de 1,50 à 2 mètres, dont chaque grain jette un éclair, d'un bout à l'autre de la chaîne, en une fraction de seconde. Quand j'aperçus ce phénomène pour la première fois, il me fit penser au passage d'un train miniature, roulant de nuit avec les lumières de ses wagons allumées.

En arrivant à 1 800 mètres, au bout de près d'une heure de plongée, la capsule était devenue froide au point que nous endossâmes un vêtement supplémentaire. L'humidité de notre respiration se condensait sur les parois glaciales de la sphère en fines gouttes d'eau qui, descendant de l'écoutille, dégoulinaient et se rassemblaient à fond de cale. Dix-sept ans plus tôt, lors de ma première plongée avec *Alvin*, j'avais remarqué ces gouttelettes et cru qu'elles traduisaient l'existence d'une infiltration. Le pilote s'était alors borné à sourire et à expliquer au néophyte que j'étais ce qui se passait : je n'avais qu'à cueillir une goutte sur la langue pour me rendre compte qu'il s'agissait d'eau douce et non salée.

Au fil des ans, j'avais appris à supporter les longs séjours dans des engins de plongée. Aujourd'hui, j'avais revêtu une toque de l'équipe de hockey sur glace de mon fils pour me garder la tête au chaud et j'avais des vêtements chauds de réserve en cas de besoin. J'étais également devenu expert dans l'art de se tenir éloigné de la coque glacée.

Dix minutes plus tard, atteignant 2 000 mètres, Ralph remarqua une fuite d'eau de mer dans le caisson des batteries alimentant le submersible et son équipement... A première vue, nos appareils de contrôle indiquaient une fuite légère mais comme le niveau d'eau de mer montait dans ce caisson, cette fuite devenait un grave danger pour nos ressources en électricité : elle signifiait que l'eau de mer prenait progressivement la place de l'huile protectrice baignant les accumulateurs et pouvait provoquer un court-circuit. Heureusement, nous disposions de batteries de secours à l'intérieur de la sphère en cas de besoin et dès lors, cet incident ne menaçait que la durée de notre mission et non nos vies. Cependant, si nous laissions nos batteries se détériorer au-delà d'un certain point, elles s'auto- détruiraient et notre expédition « *Titanic* 1986 » serait finie. Notre séjour au fond, aujourd'hui, serait diablement bref !

L'heure et demie suivante passa sans incident. Vivaldi avait cédé la place à Beethoven sur le magnétoscope et les conversations étaient rares, alors que nous descendions doucement et silencieusement vers le fond. Il faisait de plus en plus froid — moins de 10 degrés — et j'avais enfilé un sweater par-dessus mon chandail à col roulé.

Lorsque nous approchâmes du fond, le navigateur de *Alvin* à bord de l'*Atlantis II* commença à nous diriger en zigzag. Manifestement, ses balises lui fournissaient des indications confuses. Peut-être l'une d'elles fonctionnait-elle mal ? En temps normal, il aurait dû pouvoir nous mener droit sur l'épave. Mais ses directives, transmises par le téléphone acous-

*Le Chef-Pilote Ralph Hollis conversant avec l'*Atlantis II *par le téléphone acoustique sous-marin.*

tique sous-marin, trahissaient qu'il était perdu ! Il nous conduisait d'abord dans un sens, puis dans un autre !

Notre écho-sondeur, qui marchait bien, nous situa le fond à deux cents mètres au-dessous et nous nous en rapprochions rapidement. Nous aurions pu lâcher alors du lest, assurer une flottabilité neutre et effectuer notre approche par nos propres moyens. Mais Ralph, en professionnel averti, attendit jusqu'à la dernière minute, économisant l'énergie, ne larguant du lest que vers 20 à 30 mètres du fond.

Nous étions arrivés... Le seul ennui était que nous ne savions pas où !!

Au cours de l'approche finale en douceur, avec nos projecteurs extérieurs perçant l'obscurité totale ambiante, le fond plat émergea lentement dans la lumière verdâtre. La première chose indiquant sa présence était notre propre ombre, projetée par les projecteurs de *Alvin*, et devenant de plus en plus nette. Nous écarquillions les yeux à travers les hublots, cherchant à distinguer un indice de l'épave. Mais rien ! Pas de *Titanic* ! Pas de débris ! Juste un paysage boueux, doucement vallonné, comme une prairie alpine après qu'une chute de neige a estompé tous les contours : une bosse ici, là ce qui paraissait un trou comblé ! Dehors, une légère « neige » tombait, constituée de plancton poussé par le courant. Si le sonar avait été en état de marche, le *Titanic* se serait présenté comme une énorme tache sur l'écran et le trouver aurait été un jeu d'enfant !

Si près... et pourtant si loin ! Le navire gisait quelque part, près de nous, certainement à moins d'une encâblure. En surface, une telle distance ne signifierait rien mais ici, sous quatre mille mètres d'eau et dans les ténèbres, cent mètres étaient pareils à mille lieues.

Soudain, ce sacré signal d'alarme se mit à sonner, claironnant que la baisse de charge de nos accumulateurs avait atteint un point critique. Ralph pensait déjà à un retour vers la surface ! J'étais là, emprisonné dans une sphère d'acier, à quatre pattes sur le minuscule plancher de *Alvin*, scrutant la boue par mon hublot latéral alors que nous planions à un mètre au-dessus du sol ! Il nous avait fallu treize longues années pour parvenir à cet endroit et maintenant *Alvin*, le plus fiable de tous nos appareils, nous faisait défaut !!

Aucun de nous ne voulait renoncer et rentrer au bercail les mains vides, surtout Ralph dont la réputation était en jeu. Tout ce qui nous restait à faire était de deviner où se trouvait le *Titanic* et de se diriger sur lui en aveugle ! La « neige » du plancton était poussée par un courant de sud-

(A droite) Enfermé dans le submersible obscurci, je déploie le drapeau du Club des Explorateurs devant la caméra.

(Ci-contre en haut) Cette photographie de l'Olympic, prise dans le bassin de radoub de Belfast, donne une idée du mur d'acier sur lequel nous avons buté au fond de l'océan.

(Ci-contre en bas) Nous donnons un coup de projecteur sur les tôles d'acier de la coque du Titanic.

sud-est à une vitesse de 800 à 1 200 mètres à l'heure. J'en déduisis que nous avions été déportés au nord du point recherché. Après une brève discussion, nous fîmes route au sud. *Alvin*, qui glissait sur le fond avec son patin ventral, donnait l'impression d'un skieur unijambiste dans la neige fraîche, laissant une trace unique derrière lui. Ce patin empêchait les parties basses du submersible de labourer la vase et soulevait une épaisse traînée de boue sédimentaire.

La sonnerie du signal d'alarme était de plus en plus forte et perçante, alors que notre tension montait. Ralph était prêt à pousser le bouton lorsque, enfin, la voix du navigateur en surface retentit : « *Alvin*, ici *Atlantis II*. Le positionnement fonctionne. Le *Titanic* est à 50 mètres à l'ouest de votre position ! ». Nous avions deviné juste, manquant le navire de très peu. Nous avancions parallèlement à sa coque.

Ralph fit pivoter *Alvin* vers l'ouest et nous regardions de tous nos yeux. Soudain, le fond changea curieusement : quoique vide de tout débris, il parut monter très fortement, trop abruptement pour être un phénomène sous-marin naturel. C'était comme si ce monceau de boue et de rochers avait été passé au bulldozer. Nos battements de cœur s'accélérèrent !

« Ralph, dis-je, virez à droite ; je crois voir un mur noir juste de l'autre côté de ce tas de boue !». Ralph fit comme je le lui demandais et fit avancer *Alvin* très doucement jusqu'à ce qu'il soit arrêté par la vision d'une chose jamais encore vue au cours de centaines de plongées : droit devant jaillissait une interminable muraille d'acier noir, se dressant sur le fond : la coque massive du *Titanic* ! Je pensai à Edmund Hilary parvenant au sommet de l'Everest, à quelque futur voyageur de l'espace risquant un œil à la frontière d'un univers inconnu. Lentement, je relâchai mon souffle, je ne m'étais même pas rendu compte de ce que je l'avais retenu !

Mais à peine avais-je pu persuader Ralph de me laisser jeter un coup d'œil par le hublot frontal qu'il largua le lest et s'élança vers l'air libre, atteignant rapidement la vitesse ascensionnelle maximale de 30 mètres par minute. J'avais vu le *Titanic* mais même pas assez longtemps pour savoir sur quelle partie de l'avant nous avions buté ! Si nous voulions redescendre le lendemain, nous devions revenir à bord et porter remède à la liste grandissante de nos ennuis techniques. Dieu merci, Ralph avait coupé l'obsédante sonnerie de l'alarme !

Remontant rapidement vers la chaleur et la lumière du jour, je réfléchissais, entre autres, aux treize années pendant lesquelles j'avais passé en moyenne quatre mois sur douze en mer. J'avais vécu d'innombrables heures à quatre pattes, travaillant dans le noir absolu des grandes profondeurs. J'avais pris part à des découvertes exaltantes, grâce aux performances de *Alvin* et de l'autre champion du monde des sous-marins habités, la soucoupe plongeante française *Cyana*. Mais la plongée est souvent décevante et tellement fugace ! Pendant moins de deux minutes, nous avions à peine aperçu la coque démesurée du *Titanic*. C'était le seul résultat de six heures de travail ! Je ne pouvais m'empêcher d'être inquiet sur la durée des réparations à effectuer, pour autant que nous puissions les faire... Et si le temps se gâtait ? Serait-ce ma seule et unique vision du *Titanic* ? Avais-je parcouru tout ce chemin pour rien ? Je luttais contre ma morosité, mais ces pensées déprimantes continuaient de m'envahir.

La remontée est en général accompagnée de musique « rock » et les occupants du submersible plaisantent et se détendent après leur boulot ! Pas aujourd'hui ! Pendant ces deux heures, nous restâmes assis en silence, digérant notre échec.

J'étais encore d'humeur chagrine lorsque j'émergeai du sous-marin au milieu de ceux qui nous attendaient sur la plage arrière de l'*Atlantis II*. Ma seule réponse, quand on me demanda comment se présentait la situation, fut : « j'ai vu le navire pendant environ dix secondes. Il va falloir

bosser toute la nuit. Nous avons un enfant malade et il faut le guérir !».
C'était là où j'aurais voulu que Jean-Louis soit auprès de moi ! Nous
aurions partagé ensemble la défaite comme la gloire et nous nous serions
apitoyés l'un sur l'autre.

Cette année, j'avais sous mes ordres un navire et une équipe de cinquante personnes merveilleusement préparés pour la tâche à remplir.
L'*Atlantis II* est un peu plus petit que le *Knorr* et il n'est pas pourvu du
système sophistiqué de propulsion par turbines. C'est un percheron, pas
un pur-sang du Kentucky et, en 1986, c'était exactement ce dont j'avais
besoin.

L'équipe embarquée, qui comptait bon nombre des anciens de l'expédition de 1985, provenait essentiellement du Laboratoire de Plongée Profonde. A ces membres de la « famille », s'ajoutaient quelques experts de
l'industrie privée qui avaient collaboré avec nous à la mise au point du
système *Argo/Jason*.

Le noyau de l'équipe 1986 était Chris von Alt, le dernier enfant pro-
dige du Laboratoire de Plongée Profonde et le cerveau de *Jason Junior*.
Chris se sentait aussi à l'aise en mer qu'au laboratoire, un modèle d'ingénieur sérieux et efficace, ne désarmant jamais devant un défi élevé. Exactement l'homme qu'il fallait pour ce travail.

Chris travaillait avec une petite équipe venant du Groupe *Argo*, comprenant Martin Bowen, notre expert en pilotage des engins télécommandés, et Emile Bergeron, le technicien par excellence. A notre arrivée
sur le site, nous n'avions encore jamais essayé notre robot dans les grands
fonds et nous ne savions pas comment il résisterait à la pression, de l'ordre
d'une demi-tonne au centimètre carré, rencontrée là-dessous. En principe,
J.J. devait pouvoir faire l'affaire.

L'équipe de ANGUS était également à bord, quoique moins en vedette.
La nuit, alors que tout le monde dormait, Earl Young, Tom Crooke et
Tom Dettweiler dirigeaient ANGUS méthodiquement, de long en large,
sur l'aire de dispersion des débris du *Titanic* et sur la partie arrière qui
nous avait totalement échappé l'an dernier. Pendant que *Alvin* plongeait
sur la proue de l'épave, ANGUS déblayait la voie pour nos dernières plongées sur la poupe.

Les membres d'honneur de l'équipe ANGUS 1986 étaient Bill Lange et
le Dr Eleazar « Al » Uchupi. Lange, bien sûr, se trouvait au PC lors de la
découverte en 1985. Il avait été un des premiers à apercevoir la chaudière
du *Titanic*. Pour préparer la campagne de cette année, il avait collaboré
avec Al pour repasser en revue chaque image récoltée par ANGUS et *Argo*
en 1985. Lorsque l'été revint, ils étaient tous deux devenus les grands spécialistes du *Titanic* et je voulais les avoir avec moi pour analyser toutes les
photographies prises au fond.

Les vingt années passées par Al Uchupi sur le terrain faisaient de lui,
dans mon esprit, le meilleur géomorphologiste du monde — parfaitement
au fait de tous les aspects du paysage sous-marin, depuis les ripples-marks
jusqu'aux éboulements. Par-dessus tout, il possédait une mémoire d'ordinateur qui fut sacrément utile quand il fallut se plonger dans des dizaines
de milliers de photographies et des kilomètres de films vidéo. En l'absence
de Jean-Louis, Al devait être mon alter ego, l'homme en qui je pouvais
entièrement me remettre pour tenir la barre. Pendant que je dormais, je
savais qu'il ferait ce qu'il y avait lieu de faire.

L'équipe de *Alvin* travailla d'arrache-pied pour guérir notre sous-marin
malade, opération rarement tentée en haute mer. Remplacer une des rangées d'accumulateurs de *Alvin* est déjà difficile et dangereux, même dans
les meilleures circonstances. Heureusement, le temps demeurait beau, la
mer au calme plat, et je reprenais espoir de ne pas rentrer bredouille. De
plus, Ralph ne voulait pas recevoir des œufs pourris à la figure dans le
match opposant *Argo* et *Jason* !

(En haut) Emergeant du sous-marin glacial après la première plongée abrégée.

(Ci-dessus) L'équipe de JJ à l'œuvre. De gauche à droite : Emile Bergeron, Chris Von Alt, Martin Bowen et Brent Miller.

Au cours de la nuit, l'équipage affecté à *Jason Junior* vérifia que son enfant avait survécu sans dommage à sa première plongée profonde. Ils multiplièrent les essais de dernière main avant de donner leur feu vert. Ce matin-là, tout paraissait devoir bien marcher.

Il faisait relativement calme sur l'Atlantique Nord, mais le ciel se chargeait de gris.

Ralph Hollis était de nouveau notre pilote pour cette plongée et nous emmenions Martin Bowen pour conduire la première sortie de *J.J.* en haute mer. Martin n'avait pas oublié qu'il avait manqué perdre *Argo* l'année précédente. Je savais qu'il était déterminé à faire de *J.J.* la vedette de l'expédition 1986.

Le programme de notre plongée était sensiblement le même que celui de la veille : capter le *Titanic* au sonar, s'en approcher jusqu'à ce que nous puissions le voir, se hisser le long de sa coque en évitant tout écueil surplombant et effectuer une visite détaillée du navire en se servant de la caméra plongeante de *Argo*. Ensuite, si tout allait bien, nous choisirions un site, atterririons et tenterions de lancer *J.J.*

En préparation de l'expédition 1986, j'avais méticuleusement repassé toutes les photographies prises en 1985 par ANGUS, pour réaliser une mosaïque des endroits où il serait possible de se poser sur l'épave. J'étais particulièrement intéressé par l'un d'eux, proche de l'entrée du Grand Escalier Avant (un autre escalier, surmonté d'un dôme vitré mais légèrement moins grand, était situé entre la troisième et la quatrième cheminée. Mais, en l'état de nos connaissances, cette partie du navire était devenue une épave démantelée). Depuis longtemps, j'étais attiré par l'escalier avant, non seulement parce qu'il paraissait symboliser le luxe du vaisseau, mais aussi parce qu'il était la porte ouverte sur une excursion à l'intérieur des cabines de première classe. Par chance, il devait s'avérer le plus sûr de tous les emplacements possibles pour se poser, une vaste surface de pont, dégagée, entre le pied de la première cheminée et l'entrée de l'escalier. Le toit était encore intact sur la partie arrière des quartiers des officiers et c'était l'un des ponts les plus élevés du navire. La cheminée avait disparu, entraînant avec elle les haubans qui auraient pu emprisonner notre engin, ainsi que la canalisation d'aération qui courait en travers du pont. L'élégant dôme qui dominait l'escalier n'avait pas survécu à l'engloutissement, laissant ainsi une entrée facile pour *J.J.* Il demeurait bien quelques fragments du bastingage sur les deux bords du pont, mais on devrait pouvoir les éviter aisément. Somme toute, c'était comme si quelqu'un était descendu avant nous avec un bulldozer et avait dégagé le terrain pour notre hélicoptère sous-marin.

Une autre aire d'atterrissage possible se trouvait à l'avant du pont des embarcations, à côté de la passerelle, tout près de là où s'élevait autrefois la timonerie. Mais, là, les photos de ANGUS étaient floues et ne semblaient pas correspondre à ce qu'on pouvait voir sur les dessins et photos d'archives. Les cloisons babord et tribord, juste derrière la passerelle et la cabine du Commandant, étaient abattues et le toit était enfoncé comme si un géant y avait écrasé son poing. En outre, le grand mât avec son poste de vigie, son pied plié mais encore implanté dans le pont inférieur du gaillard d'avant, était tombé à la renverse et reposait sur l'aileron babord de la passerelle mais cela n'avait pas été un choc suffisamment puissant pour expliquer la dévastation. Curieusement, un objet très étrange, anormal, était planté au sommet de ce qui avait été la timonerie. Cela ressemblait à un cadre de goniométrie... alors que cette sorte d'antenne n'existait pas en 1912 !

Une autre aire pour se poser était le pont du gaillard d'avant, près de l'écoutille de la cale n° 1. Selon les photographies de 1985, les trois cales avant étaient ouvertes et, en principe, permettraient l'intrusion de *J.J.* — à condition de pouvoir se poser suffisamment près d'elles. Mais deux

(En haut) Al Uchupi et Dudley Foster bavardent dans le laboratoire principal d'où les contrôleurs en surface de Alvin dirigent le submersible sur son objectif... du moins l'espérons-nous...

(Ci-dessus) L'équipage de Alvin travaille sur les caissons des accumulateurs défaillants pour les remettre en état en vue de la plongée du lendemain.

d'entre elles s'ouvraient sur le pont inférieur, entre le gaillard et la dunette, et cela paraissait redoutable. Non seulement le grand mât le traversait, mais il demeurait un inextricable fouillis de câbles encore attachés au mât et au navire, semblant de fort mauvais augure ! L'an dernier, dans notre terrifiante tentative de prendre des photos en gros-plan, nous avions fait passer ANGUS par hasard sous le mât et il avait même effleuré le nid-de-pie. Si *Alvin* se prenait dans ces filins, ce serait la fin du match !

Bien que le temps en surface se soit détérioré, avec une tempête qui montait et la mer qui grossissait, la mise à l'eau s'effectua sans encombre. Mais les difficultés surgirent dès que nous eûmes quitté la surface. Cette fois, c'était au tour de *J.J.* ! Ses propulseurs étaient noyés, inopérants ! Je voyais que Martin, prêt de longue date pour sa première plongée, partageait mon sentiment de frustration. Il était possible de stopper la descente, de revenir à bord, réparer et repartir.

Mais ceci aurait empiété sur le temps précieux que nous comptions passer sur l'épave. Ralph exigeait que nous respections strictement les consignes de conduite de *Alvin* et que nous quittions le fond au plus tard à 15 heures, sans faute, pour que l'équipage soit de retour à bord à l'heure du dîner. Je comprenais certes ses raisons — l'importance de conserver un programme de travail régulier (*Alvin* effectuait en moyenne 150 à 160 plongées par an) — mais j'aurais bien aimé que l'on puisse tolérer quelques entorses, eu égard au caractère historique de notre mission. Cette situation me rendait furieux, mais je gardai mon calme. Plus d'une fois, j'avais discrètement tourné la loi qui nous interdisait de nous attarder un peu, lorsqu'il nous était arrivé d'être sur un objectif palpitant !

Je décidai donc de poursuivre la plongée en espérant qu'il ne surgirait pas d'autres probblèmes en cours de route. Même sans *J.J.*, on pouvait faire du bon travail. Pauvre Martin qui devait attendre patiemment jusqu'à la fin !

Nous descendions dans le noir absolu vers le fond de la mer, loin en bas ! Pendant cette chute, tout parut recommencer comme la veille : le sonar détecteur de mines de *Alvin* faisait de nouveau des siennes et nous avions une panne de circuit électrique. Toutefois, cette fois-ci, il y avait de grandes différences : malgré la panne, il n'y avait aucune infiltration d'eau et le guidage par *Atlantis II* marchait très bien. Un message nous parvint de la surface : « l'objectif est à 180° ! ».

Notre seconde vision du *Titanic* nous coupa le souffle. Comme nous glissions sans bruit au fond, sur notre patin, de l'obscurité surgit la lame de rasoir de l'étrave. L vaisseau nous dominait et semblait foncer droit sur nous, prêt à culbuter *Alvin* ! Ma première réaction fut de me dire qu'il fallait absolument s'écarter de sa route ! Mais le *Titanic* n'allait nulle part... Lentement, Ralph s'approcha jusqu'à ce que nous puissions voir plus nettement la proue. Elle était enfoncée de près de vingt mètres dans la vase. Les deux ancres étaient toujours au bout de leurs chaînes, celle de babord à environ deux mètres du sol, celle de tribord touchant le fond. Je souris : les éventuels renfloueurs n'avaient pas de chance : le *Titanic* était bien trop profondément enterré pour qui que ce soit puisse jamais l'extraire de sa gangue !

En nous approchant, il me sembla que la carène métallique se dissolvait lentement. Des traînées de rouille couvraient le flanc du navire, certaines dégoulinant sur toute la hauteur et ruisselant sur les sédiments du sol en formant des nappes de 10 à 15 mètres de diamètre, couvertes d'une croûte rouge et jaune : le sang du vaisseau répandu en larges flaques sur le fond de l'océan.

Comme nous montions le long de ce mur spectral, sur babord, nos projecteurs réfléchissaient leur lumière dans le verre des hublots intacts et ceci d'une manière telle que je croyais voir des yeux de chat nous fixant dans le noir. Par endroits, la rouille des hublots formait des cils et parfois

L'ancre babord.

*Les projecteurs de J.J. nous font face pendant que Alvin éclaire
la lame de couteau de l'étrave ayant labouré la boue.*

même des larmes, comme si le *Titanic* pleurait sur son destin. Près de la lisse supérieure — encore en grande partie indemne — des stalactites de rouille rouge-brun pendaient sur plusieurs mètres, comme les longues aiguilles de glace au bord d'un toit en hiver. Ce phénomène, dû à l'action des bactéries rongeant le métal, est bien connu mais il n'avait jamais été observé sur une aussi grande échelle. En conséquence de quoi, je baptisai ces sécrétions « rusticles » et ce nom paraît avoir été conservé.

Ces formations de rouille se révélèrent d'une extrême fragilité. Touchées par *Alvin* ou par le remous d'une de ses hélices, elles s'évanouissaient en un nuage de fumée. Une fois la croûte mousseuse enlevée, le métal sous-jacent paraissait parfaitement préservé, seulement légèrement piqueté. Je rêvais un moment de passer une brosse métallique sur la coque pour rendre au navire son lustre d'autrefois. Mais je m'étais juré de laisser le navire absolument intact.

Soigneusement, je comptai les hublots en arrière des écubiers d'ancre pour examiner la place du nom du navire, mais je ne vis rien. Si j'avais pu gratter la rouille, les lettres en auraient été visibles puisqu'elles avaient été gravées dans la tôle avant d'être peintes. En fait, revoyant plus tard quelques films vidéo, nous pûmes à peine distinguer ce qui paraissait être l'empreinte de la lettre « C » sur l'étrave à babord. Mais le dessin n'apparaissait même pas sur nos photographies.

Alvin s'éleva un peu plus, évita le bastingage à l'avant de la cale n° 1 et Ralph manœuvra au-dessus du vaste pont avant du *Titanic*. Pour le coup, je fus fortement surpris par les dimensions réelles de toutes choses : les bittes gigantesques (qu'en 1912 on nommait « bollards »), les énormes anneaux des chaînes d'ancres et les monstrueux cabestans dont le bronze brillait encore. Sur place, c'était vraiment « titanesque » ! Jusque-là, le navire avait toujours paru à mes yeux quelque peu spectral, lointain, irréel. Maintenant il était là, tout près, bien réel, « en chair et en os » !

Comme toujours pendant le travail, les trois occupants du submersible ne parlaient guère de choses autres que leur tâche immédiate. Martin, réduit au chômage par la carence de *J.J.*, regardait par le hublot babord, tranquillement, avec une admiration mêlée de crainte. Il ne pouvait que bailler et attendre le lendemain... Je m'employais à photographier à travers le hublot tribord et à indiquer à Ralph la route à suivre.

Je m'efforçais d'examiner le plancher de bois du pont, un mètre au-dessous de nous. Tout à coup, j'eus un haut-le-cœur et murmurai : « Il a disparu ». Sauf quelques débris ici et là, le bois avait été purement et simplement remplacé par des myriades de petits tubes de calcaire blanc, vides, de 3 à 5 centimètres de long, la carapace des tarets qui avaient dévoré le bois. Ainsi disparaissait notre espoir de retrouver intactes les boiseries du *Titanic*, sa beauté sauvée des ans. Des millions d'animalcules avaient causé plus de dégâts que l'iceberg, détruit plus que la corrosion marine.

Maintenant, je me rendais compte de l'illusion produite par les films de l'an passé. L'apparence des ponts, sur les photos prises par ANGUS, provenait des fines lignes de brai de calfatage qui avaient jointoyé les lattes du plancher. Elles étaient demeurées, formant un motif laminé, mais le bois avait virtuellement disparu. Je me demandai, alors, si les barrots métalliques des ponts pourraient résister à la pression de *Alvin* lorsqu'il se poserait.

Alvin passa au-dessus d'un des énormes cabestans pour atterrir sur le pont tribord, juste devant le mât du *Titanic*. Nous étions sur des charbons ardents, craignant que le pont s'affaisse sous *Alvin*, lorsque nous aurions purgé suffisamment d'air de nos ballasts pour assurer notre assise. Au moment où nous touchions le pont, j'entendis un bruit sourd d'écrasement. Si la charpente métallique cédait, nous serions précipités dans les entreponts avant que Ralph ait eu le temps de larguer les lests. Dans le

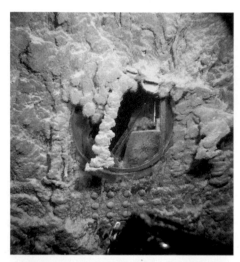

(En haut) Les stalactites de rouille du hublot de la cabine C 46 font penser à un œil qui pleure.

(Ci-dessus) J.J. *explore le pont avant babord, ses projecteurs éclairent une bitte d'amarrage ou « bollard ».*

(Ci-contre) Un des énormes cabestans, plaqué de bronze, du Titanic.

meilleur des cas, ce serait la fin de notre plongée ; au pire, nous resterions prisonniers de l'épave disloquée ! Mais rien ne se passa et notre station se révélait solide. Ceci prouvait qu'il existait de bonnes chances pour que le *Titanic* soit capable de supporter notre poids aux futurs autres points d'atterrissage.

La résistance du pont dûment testée, nous nous soulevâmes légèrement pour nous diriger vers l'arrière, face au « vent », gagnant le côté tribord, entre la ligne médiane et le bastingage. La rembarde tribord du gaillard d'avant était remarquablement intacte, sensiblement épargnée par la rouille. Le courant en travers du pont était aussi fort que la veille, entre 0,5 et 0,75 nœud. Les particules en suspension dans l'eau bleue étaient poussées vers nous et j'armai la caméra plongeante de *Argo* juste à temps pour prendre une vue panoramique du pont avant, pendant qu'il défilait quelques mètres au-dessous de nous. Je pus voir un enchevêtrement de câbles et les grues avant, leurs mâts de charge arrachés de leurs supports. Ce n'était pas l'endroit pour risquer un atterrissage de *Alvin*.

Ralph s'inquiétait : « Le courant est fort et je ne vois rien dans cette bouillasse ! ».

« Ça va », dis-je pour le rassurer, les yeux rivés à l'écran de mon téléviseur. « La passerelle devrait être droit devant nous. Venez sur la droite. »

En survolant les grosses grues, sur l'arrière du pont, je pus voir qu'elles paraissaient, de façon assez surprenante, en bon état, contrairement à celles que ANGUS avait photographiées sur l'aire de dispersion des débris. Puis, la silhouette indistincte de la dunette apparut, se dressant sur trois niveaux jusqu'à la passerelle, d'abord le pont B, puis le pont A et enfin l'avant du pont des embarcations, c'est-à-dire la passerelle et les quartiers des officiers. Lorsque se dessina confusément la passerelle, je compris pourquoi les vues prises par ANGUS, l'année précédente, étaient aussi déconcertantes. La timonerie de bois avait disparu, probablement démolie au cours du naufrage. A part les lattes de teck du plancher du pont des embarcations, il ne restait plus aucune trace de la construction. L'objet que j'avais pris pour une étrange antenne de radio était en fait le chadburn auquel la roue de gouvernail était autrefois fixée. La roue de bois s'était volatilisée mais, assez extraordinairement, son pied de bronze était intact et le courant, au fil des ans, l'avait poli et gardé brillant. Diverses tuyauteries et la flèche de l'indicateur de marche étaient encore là.

Nous vérifiâmes, en nous posant quelques secondes, la solidité de ce second site d'atterrissage. Puis Ralph signala aux contrôleurs en surface qu'il y avait une nouvelle infiltration dans un des caissons de nos accumulateurs. Il en avait noté une première quelques instants plus tôt. Parler dans un téléphone acoustique est un peu comme une conversation dans un puits. Il se produit un phénomène d'écho et la fin de votre dernière parole vers la surface vous revient en même temps que la réponse de votre interlocuteur. En écoutant cette conversation avec quelqu'un, quatre mille mètres au-dessus de nous, je me demandais combien de temps nous serait accordé aujourd'hui. Il y avait tant de choses que je voulais voir ! Le contrôle de surface nous accorda un sursis de quinze à vingt minutes.

« Ralph, je voudrais que vous décolliez d'ici et que vous nous conduisiez directement à l'entrée du Grand Escalier. »

Je le guidai. Un remous du propulseur de *Alvin* souleva les sédiments boueux couvrant le plancher de la timonerie, nous noyant dans un nuage de vase. Mais l'eau redevint vite claire car le courant chassait l'opacité vers l'avant. J'armai de nouveau la caméra plongeante qui me donnait une bonne vision, en noir et blanc, sur le navire au-dessous de nous alors que *Alvin* survolait le trou béant où se trouvait autrefois la cheminée n° 1. Les seuls restes de cette énorme cheminée étaient des éclats de métal se dressant à plus de deux mètres au-dessus du pont. En un sens, j'aurais souhaité que les cheminées soient toujours en place, elles auraient rendu le

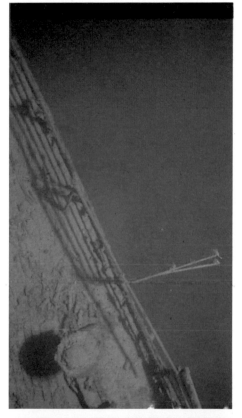

(Ci-contre, en haut, à gauche) La pointe de l'étrave vue de babord. (En haut, à droite) J.J. éclaire un crabe sur le guindeau tribord avant. (En bas) La proue décorée de stalactites de rouille. (En haut) Cette photo, prise par ANGUS en 1985, montre pourquoi nous pensions que le plancher des ponts pouvait être encore intact. (Ci-dessus) Une photo prise en 1986 montre qu'il ne subsiste à peu près que le calfatage.

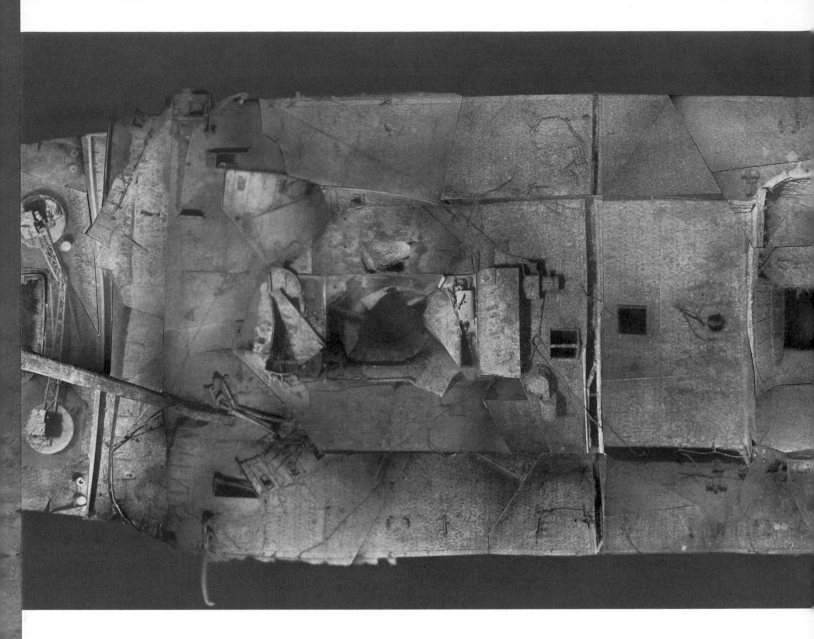

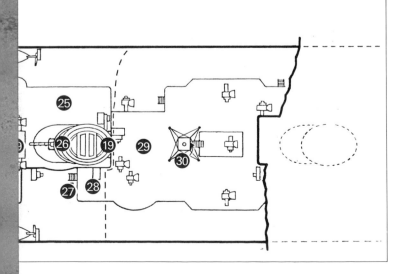

Mosaïque de la partie avant du *Titanic*

Notre engin ANGUS, remorqué à grande profondeur, a effectué des douzaines de passages au-dessus de l'épave et de la zone de dispersion des débris, prenant 53 000 photographies à une altitude moyenne de 8 mètres. Après l'expédition, nous avons entrepris, très méticuleusement, de créer un photo-montage par une mosaïque de vues de la partie avant intacte du *Titanic*, comme cela apparaît ci-dessus. L'ingénieur John Porteous, de Woods Hole, a passé des mois à assembler à la main un puzzle de photographies jointives, ce qui représente un travail herculéen en raison de la diversité des distances de prises de vues, des différentes focales des objectifs utilisés, des conditions de luminosité et des zones que ANGUS avait pu manquer. Plus de cent images sélectionnées pour ce montage manuel ont été ensuite réduites à la même échelle et re-assemblées en laboratoire pour former la mosaïque photographique présentée ci-dessus.

1. Grue d'ancre.
2. Chaînes d'ancre.
3. Bittes d'amarrage (bollards).
4. Guindeau.
5. Cabestan.
6. Ecoutille de la cale n° 1.
7. Brise-lames.
8. Lucarne des cuisines de l'équipage.
9. Base du mât d'artimon tombé sur les treuils à vapeur.
10. Ecoutille de la cale n° 2.
11. Nid-de-pie.
12. Ecoutille de la cale n° 3.
13. Grues du pont inférieur avant.
14. Sommet du mât d'artimon sur la dunette.
15. Appareils de navigation (roue du gouvernail et boussole).
16. Bossoir avant du canot de sauvetage n° 2.
17. Bossoir du canot de sauvetage n° 1.
18. Parois des quartiers des Officiers abattues.
19. Aérateurs de chaufferie.
20. Embase de la cheminée n° 1.
21. Claire-voie de la salle de bains d'un officier.
22. Joint de flexibilité avant.
23. Lucarne de la cabine de radiotélégraphie.
24. Escalier des premières classes.
25. Toit effondré du gymnase.
26. Embase de la cheminée n° 2.
27. Capot de la prise d'air du moteur du ventilateur de climatisation (voir page 163).
28. Toit soulevé au-dessus du salon de lecture.
29. Zone où les ponts s'affaissent vers le bas.
30. Plateforme du compas.

La passerelle

Le mât portant le nid-de-pie d'où fut aperçu l'iceberg fatal, repose maintenant en travers de la passerelle.

(Ci-dessous) Sur son support de bronze, la roue du gouvernail et le transmetteur d'ordres de la timonerie. (A droite) Son état lorsque l'appareil était neuf.

(Ci-dessous) La seule photo existante du Commandant Smith se tenant sur la passerelle du Titanic. A travers la fenêtre, on peut voir le chadburn de la timonerie.

(A gauche) La base de la timonerie est tout ce qui subsiste (Ci-dessus) Peinture de l'état actuel de la passerelle montrant Alvin éclairant la roue du gouvernail cependant que J.J. s'approche du nid-de-pie. (A droite) La passerelle du Titanic avec l'ombre du mât visible. (A l'extrême droite) Le bas du mât avant abattu s'appuie sur les treuils visibles, en bas et à droite, sur la photo de la passerelle.

LA DÉCOUVERTE DU TITANIC

navire tellement plus imposant ! Mais, d'autre part, leur disparition et celle de leur haubanage rendait notre séjour singulièrement plus sûr ! Martin et moi pouvions à peine dominer notre excitation pendant que le navire défilait sous nos yeux.

Nous dépassâmes rapidement la bouche de la cheminée et arrivâmes à l'entrée du Grand Escalier.

« C'est gigantesque » commenta Ralph, « nous n'avons pas besoin de *J.J.* et je peux conduire *Alvin* là en-bas ! »

C'était dit mi-plaisantant, mi-sérieusement, mais je n'entendais pas relever ce défi. « C'est bon, Ralph. Nous nous en tiendrons au programme prévu ; nous poserons *Alvin* sur le pont et expédierons *J.J.* dans ce trou, pas nous !». Cette promenade serait pour une prochaine plongée avec un robot parfaitement en état. Aujourd'hui, je voulais poursuivre l'excursion.

Faisant route à l'ouest, *Alvin* parcourut tout le côté babord du navire et le pont des embarcations disparut derrière nous dans le noir. Sur ma demande, Ralph fit opérer un demi-tour à notre engin, descendit d'un étage, passa en revue les hublots du pont A, le pont promenade couvert des premières classes. Ce faisant, la coque du navire se comportait comme un coupe-vent, nous protégeant du courant. Manifestement, le côté tribord de la coque était le meilleur endroit pour opérer quand le courant était fort.

D'énormes pendeloques de rouille tombaient du surplomb formé par le pont A. Elles aveuglaient presqu'entièrement les petites fenêtres donnant sur les cabines de luxe du pont B, juste en dessous. Observant en extase à travers mon hublot, je m'imaginais aisément les gens déambulant sur la promenade, regardant par les fenêtres comme je le faisais moi-même en ce moment. Soit que les vitrages extérieurs aient manqué, soit que leurs encadrements aient été emportés, je pouvais voir, au travers, les fenêtres de la paroi intérieure de la promenade couverte dans lesquelles les phares de *Alvin* se reflétaient. L'effet était fantastique, comme si une fête était donnée dans les salons des premières classes, ses lumières filtrant par les fenêtres closes.

Je me trouvais au fond de la mer, observant avidement ces objets faits de main d'homme, parfaitement identifiables, conçus et fabriqués pour un autre monde. Je regardais à travers des fenêtres par lesquelles d'autres gens avaient autrefois regardé, des ponts sur lesquels ils avaient marché, des cabines où ils avaient dormi, bavardé, fait l'amour. C'était comme poser le pied à la surface de Mars et y découvrir les traces d'une ancienne civilisation, pareille à la nôtre.

Le pont promenade A, côté babord.

Ralph hissa *Alvin* à la hauteur du pont des embarcations. Subitement, l'engin frémit, un bruit de choc se fit entendre et une cataracte de rouille aveugla nos hublots.

« Ralph, nous avons heurté quelque chose !», criai-je « qu'est-ce que c'est ? »

« Je n'en sais rien !» dit le pilote, « nous devrions être hors de tout surplomb. Je recule. »

Les surplombs invisibles sont le cauchemar des pilotes de sous-marins de plongée profonde. Après s'être éloigné précautionneusement de la coque, Ralph nous fit remonter lentement. Droit devant notre hublot frontal, un grand bras de bossoir basculé, à quelques centimètres ! C'était ce que nous avions heurté. Il faisait partie de ces longs bossoirs courbes du *Titanic* et, tombé sur le pont il dépassait de plusieurs pieds à l'extérieur. C'était le bossoir du canot n° 8, une vision à faire frémir le cœur du plus hardi des explorateurs : le canot n° 8-était celui dans lequel Mme Ida Strauss avait refusé d'embarquer sans son mari, celui dont la barre avait été tenue presque toute la nuit par la vaillante Comtesse de Rothes. Sur le coup, ce fut comme si le pont des embarcations grouillait de monde et que l'on pouvait entendre l'écho du cri : « Les femmes et les enfants d'abord ! »

Nous continuâmes à monter, repartant vers l'arrière, pour observer l'extrémité démolie de la partie avant. Juste au-delà de l'orifice de la cheminée n° 2, le pont plongeait en précipice et Ralph essaya d'en suivre la pente, traversant la coque en diagonale, vers tribord. Mais là, notre engin était en proie à la pleine force du courant et Ralph avait du mal à maintenir *Alvin* « face au vent ». Nous pivotâmes vers le sud et ce que je vis par mon hublot tribord me fit dresser d'horreur les cheveux sur la tête ! Les lignes gracieuses du navire disparaissaient dans un véritable maelström de tôles d'acier tordues et déchiquetées, de sabords renversés, de ferrailles enchevêtrées jaillissant dans notre direction, bien trop proches pour notre sécurité, prêtes à arracher le phare droit de *J.J.*

« A gauche toute ! Je vois des destructions juste devant mon hublot et ça se rapproche ! A gauche toute ! »

Ce sont des moments comme celui-là que les sous-mariniers redoutent en permanence.

« Je ne peux pas, à cause du courant !» répondit Ralph.

« Alors, remontez ! Fichons le camp d'ici ! C'est trop dangereux ! Continuez tout droit jusqu'à ce que ce soit libre. Passons sur le côté tribord du navire, vers la proue ! »

C'était sans doute pire pour Martin Bowen, collé au hublot de gauche et incapable de voir le danger. Il ne disait rien, mais la tension devait l'avoir gagné ; tout ce temps passé à rentrer la tête dans les épaules et attendre que cela finisse !

Une fois encore, *Alvin* fut à la hauteur de sa tâche et Ralph alors me rappela qu'il serait temps de penser au retour. Nous étions au fond depuis bientôt deux heures et demie. Le contrôleur en surface nous prévint que le temps, là-haut, devenait de plus en plus mauvais. Chaque minute de retard rendrait le repêchage plus périlleux. Mais je ne pouvais supporter de quitter le navire avant la fin de la dernière minute permise, maintenant que je l'avais découvert !

Ralph accepta, à contre-cœur, de prendre un peu d'altitude et de tirer quelques bords entre la cassure à mi-navire et la proue, pour repérer d'autres endroits où nous pourrions nous poser le lendemain, quand je voudrais envoyer *J.J.* faire ses premières incursions. Nous passâmes et repassâmes, presque silencieux, tout au long de cette coque sans vie.

Tout d'un coup, l'infernal signal d'alarme retentit à nouveau, indiquant que la charge de nos accumulateurs tombait au plus bas. Le contrôle intervint pour nous aviser que le temps empirait. Notre sursis était

Isidor et Ida Strauss.

écoulé. Ralph éloigna *Alvin* de l'épave, largua les lests et nous commençâmes notre ascension.

J'introduisis une cassette dans le magnétophone ; la bande sonore du film *Flashdance* était ma musique préférée pour la remontée et nous commencions à nous détendre. C'est drôle ! Cette musique rythmée s'accorde parfaitement avec la satisfaction du devoir accompli, après une plongée fructueuse ; elle provoque les blagues que l'on se raconte en de tels moments. Deux heures et demie plus tard, arrivant dans les eaux de surface, dans la lumière du jour, *Alvin* commença à danser dans les vagues. Quand nous émergeâmes, *Alvin* piqua du nez, provoquant la chute d'une pluie de bouteilles, de boîtes et de vidéo-cassettes qui me dégringolèrent sur la tête. Soudain, Ralph hurla : « *J.J.* est sorti de son abri ! » Nous étions là, impuissants, à l'intérieur de l'engin ballotté sauvagement pendant que *J.J.* plongeait. Le tangage de *Alvin* faisait fouetter son câble de liaison qui frottait sur la lame de sectionnement d'urgence, risquant de s'y couper. Si cela arrivait, nous perdrions *J.J.* pour toujours sans avoir pu l'essayer une seule fois. Ralph empoigna le micro de la radio de *Alvin* pour contacter les contrôleurs en surface, pendant que les plongeurs sautaient dans leur dinghy pour venir à nous, inconscients du drame qui se jouait.

« *Atlantis II*, ici *Alvin* ! Envoyez immédiatement les plongeurs passer une amarre de sécurité sur *J.J.* ! »

Mais cet ordre fut perdu dans la confusion générale. La passerelle, la salle de contrôle, le coordonateur de repêchage et le dinghy des plongeurs étaient tous reliés par radio et chacun discutait des préparatifs pour remonter le submersible. En vain, j'essayai de faire des signes aux plongeurs par le hublot. Rien n'y fit ! Ils étaient trop occupés à placer les aussières sur l'avant de *Alvin*. Enfin, Ralph eut le contact du dinghy et hurla littéralement : « Placez immédiatement une amarre de sécurité sur *J.J.* ! » Les plongeurs se ruèrent à la rescousse de *J.J.* qui fut rapidement en sûreté dans le canot pneumatique. Comme la mer était trop déchaînée pour que les nageurs puissent le replacer dans son abri, la seule chose à faire était de couper son câble de liaison. Avec une facilité déconcertante, la lame de sectionnement fit son œuvre... La crise était passée et, peu après, nous étions tous sains et saufs à bord de l'*Atlantis II*.

Nous avions passé au total deux heures et cinquante minutes à observer toute la partie avant du *Titanic*, de la proue à l'embase de la cheminée n° 3, jusqu'au bout le plus à l'arrière, sur la ligne de cassure. Bientôt, notre salle de télévision fut comble, envahie d'un public avide de voir les premiers gros-plans du *Titanic*. Ils ne furent pas déçus !

Pendant ce temps, Chris Von Alt et son équipe avaient déposé *J.J.* sur une « table d'opération », se préparant à une intervention qui allait durer toute la nuit. Non seulement ils devaient remplacer le cordon ombilical coupé mais, en plus, ils voulaient avoir le fin mot du piètre comportement de l'engin lors de son premier voyage et éliminer un « bruit » dont nous avions remarqué qu'il provoquait des interférences dans le système de télévision. En même temps, ils voulaient l'empêcher de s'évader inopinément de son abri lorsqu'on arrivait en surface.

Au moment de m'effondrer sur ma couchette, je fis des vœux pour que *J.J.* fonctionne bien, le lendemain, afin qu'il puisse enfin descendre le Grand Escalier. Chaque plongée pouvait être la dernière et, devant les problèmes posés par les défaillances des accumulateurs de *Alvin*, il n'y avait pas de temps à perdre pour relever le défi. Demain, nous entrerions dans l'épave.

Mike Mahre au travail sur les propulseurs de JJ.

Pendant mon sommeil, l'équipe de *J.J.* s'acquitta de sa mission. Chris inventa même un dispositif ingénieux pour que *J.J.* reste en place pendant les mises à l'eau et les repêchages difficiles. Un ballon gonflé d'air, taillé dans un boudin de caoutchouc noir, fut placé pour obturer l'abri. En surface, il emprisonnerait l'enfant fermement. Au fond, la pression de l'eau comprimerait l'air dans cette vessie, l'aplatirait, rendant à *J.J.* toute liberté d'aller et venir selon nos ordres.

Le gros de la tempête nous épargna et, au matin, le temps s'était calmé... mais mes espoirs d'un jour glorieux s'évanouirent... Alors que nous préparions l'immersion, Chris repéra, au cours des contrôles de *J.J.* depuis l'intérieur de la sphère, qu'un de ses quatre moteurs tournait anormalement. Il avait très bien marché à l'air libre, mais maintenant, il heurtait son bouclier de protection.

Bien que Dudley Foster soit le pilote du jour, c'est à moi que Ralph Hollis, son patron, rappela avec insistance que tout retard au départ signifiait autant de temps en moins au fond car nous devions être de retour en surface à temps pour l'heure du dîner ! Pendant les trois heures qui suivirent, je dansai d'un pied sur l'autre, plongé dans une anxiété grandissante en constatant que les ennuis survenaient les uns après les autres. Une fois le moteur bâbord de *J.J.* réparé, celui de tribord marqua des signes de faiblesse. Pendant que Martin remplaçait un condensateur sur la caméra du bras manipulateur de *Alvin*, Chris Von Alt changeait l'ampoule sautée du projecteur stroboscopique de *J.J.* ! Un temps inappréciable s'envolait.

Finalement, à 11 heures 18, *Alvin* commença sa plongée avec *J.J.* solidement niché dans son garage. Martin Bowen pourrait enfin jouer de son « œil-au-bout-d'une-ficelle »... s'il acceptait de fonctionner encore, une fois arrivé là en-bas !

Il était près de 14 heures quand nous approchâmes du fond et je plaçai sur le magnétophone mes airs favoris d'arrivée : l'orchestre des Boston Pops jouant les thèmes musicaux de « E.T. », des « Chariots de Feu » et des « Aventuriers de l'Arche Perdue » ! C'était une musique idéale pour mettre chacun en condition (nous avions l'habitude de dire en plaisantant que « E.T. » était le refrain de *J.J.* et « Les Aventuriers de l'Arche Perdue » l'hymne de notre expédition). Avec l'orchestre jouant à plein volume, Dudley largua les gueuses de plongée et prit son assiette à moins de cent mètres d'altitude, à bâbord du *Titanic*. C'était un temps parfait pour la plongée car le courant était faible. Nous survolions une aire de débris pleine de tasses à café de porcelaine blanche, marquées aux armes de la Compagnie White Star Line. Quelques instants plus tard, le corps massif du *Titanic* émergeait du néant. Nous arrivions sur le flanc gauche, cette fois, tout près de l'extrémité de la partie avant.

Avec un temps de séjour aussi chichement mesuré, Dudley passa rapidement le long de la coque et monta jusqu'au pont bâbord, vers l'entrée de l'Escalier. Evitant de justesse la lisse, nous piquâmes droit sur le point où je voulais que nous nous posions. Je désignai du doigt l'ouverture béante de la cage du Grand Escalier.

« Aperçu ! » fit Dudley.

« Maintenant, dirigez l'engin légèrement sur la droite et posez-vous près de ce petit tuyau vertical. » Ce tuyau, en plein centre du navire, avait été une des conduites de l'ascenseur, juste au-dessous de nous. Je guidai le pilote en avant, jusqu'au seuil du hall d'accès et fis poser *Alvin*, face à l'arrière, de telle sorte que l'abri de *J.J.* ouvre sur la cage d'ascenseur. Nous nous posâmes doucement sur le pont et Dudley vidangea les ballasts, le crissement des pompes retentissant dans notre capsule. Lentement, notre mouvement de bascule cessa. Nous ne voulions pas être trop lourds, juste assez pour avoir une assise solide.

Alvin se trouvait donc tranquillement sur le plus haut pont du *Titanic*, juste au-dessus de la cage par laquelle les trois ascenseurs transportaient les passagers des ponts inférieurs, pour peu qu'ils ne veuillent pas monter le Grand Escalier. Quant à nous, nous voulions au contraire l'emprunter.

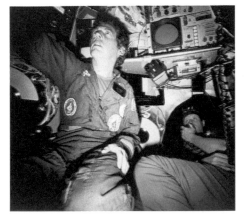

Dudley Foster aux commandes de Alvin.

Martin était extrêmement nerveux, non pas tant parce qu'il craignait de manquer d'habileté mais parce que c'était la première démonstration de *J.J.* Toute son attention était concentrée sur le téléviseur de notre engin et on aurait dit qu'il se désincarnait, se transportant mentalement dans son « œil-nageant » téléguidé.

Le boîtier de commande était posé sur les genoux de Martin. Dans la main droite, il tenait le manche à balai, un levier de commande ressemblant à celui d'un jouet électronique. Quand Martin l'orientait dans n'importe quelle direction, sur 360°, *J.J.* prenait la même ligne. S'il le tournait dans le sens des aiguilles d'une montre, *J.J.* pivotait lui aussi, sur son axe et dans le même sens, et ainsi de suite. Sa main gauche serrait une crosse de commande : s'il poussait le bouton près de son pouce, *J.J.* descendait ; s'il le tirait vers lui, *J.J.* montait. S'il pressait la détente une fois, le câble de liaison se déroulait hors de son tambour ; s'il la pressait plusieurs fois, le câble ramenait *J.J.* au bercail. S'il touchait une manette avec son majeur, les yeux de *J.J.* oscillaient de haut en bas, sur près de 180°. En poussant une autre manette du même doigt, il déclenchait le projecteur stroboscopique pendant l'éclair duquel l'appareil, monté près de la caméra vidéo de *J.J.*, prenait une photographie en couleurs. Martin avait passé de nombreuses heures à s'entraîner à ces manœuvres avec *J.J.* dans un bassin obscur de Woods Hole. Maintenant, on allait pouvoir juger du résultat de ses exercices.

Prudemment, *J.J.* quitta son garage. Martin le fit se retourner sur lui-même et « regarder » *Alvin* reposant sur le pont. C'était, de fait, la première fois que nous pouvions nous voir sur le téléviseur, à travers les « yeux » de *J.J.* Nous étions là, à l'intérieur d'un minuscule sous-marin, environnés d'une obscurité totale et sous une incroyable pression, nos phares paraissant être les yeux de quelque monstre des abysses.

J.J. s'éloigna et se mit à flotter lentement au-dessus de l'Escalier. Pendant un instant, il embarda sous l'effet du courant, comme un ivrogne, jusqu'à ce que Martin le reprenne bien en mains. Observant *J.J.* sur l'écran du poste de télévision de « Big Bird », je crus pendant une seconde qu'il allait tomber dans le puits. Mais les quatre petits moteurs le muèrent en un hydroglisseur sous-marin et *J.J.* s'enfonça dans le noir béant.

Je jetai un coup d'œil sur le capot de protection de la lame de sectionnement d'urgence. Il nous avait fallu déjà une fois le soulever et couper la « laisse » de *J.J.* Cette lame pouvait nous sauver la vie, mais si nous devions nous en servir ici, cela signifierait que nous perdions *J.J.* à tout jamais et, avec lui, un demi-million de dollars ! Je priai avec ferveur pour que nous n'en ayons pas besoin.

La meilleure voie de descente paraissait passer le long du mur le plus proche de la porte d'entrée, où une pendule ornementale tarabiscotée, représentant l'Honneur et la Gloire couronnant le Temps, avait été suspendue. Elle décorait le palier entre le pont promenade et le pont A. Cette voie semblait la moins semée d'embûches et Martin la suivait de très près, libérant le câble pour que *J.J.* progresse. Au début, *J.J.* ne « vit » rien d'autre que la croûte de rouille orange de la cloison verticale dont les rivets étaient encore distincts. Il restait à peine quelques traces de tous les lambris boisés qui la recouvraient. Dudley fit progresser *J.J.* pour que notre caméra « Big Bird » puisse suivre notre petit explorateur qui s'enfonçait de plus en plus profondément. Je me tournai pour observer les images diffusées sur l'écran vidéo de *J.J.*, à l'arrière de notre engin. Dudley regardait aussi. C'était le moment le plus attendu de nos plongées jusqu'à maintenant.

Une salle apparut sur la gauche du foyer du pont A, marquée par les silhouettes imprécises de ses piliers. Martin fit tourner *J.J.* pour mieux voir et aperçut soudain quelque chose à distance. « Regardez, dit-il à voix basse, regardez ce lustre ! »

Le visage de Martin Bowen montre son intense concentration pendant qu'il assure la conduite de JJ.

(Ci-dessus) La zone du Grand Escalier et le lieu d'atterrissage de Alvin. JJ est descendu le long du mur où une pendule était accrochée et explore maintenant ce qui subsiste du pied de l'escalier.

(A droite) JJ a réussi à pénétrer jusqu'au pont D et dirige ses projecteurs encore plus bas, vers le pont C.

(A l'extrême droite) Il ne reste, sur le mur auquel elle était fixée, que l'empreinte de la pendule décorée de motifs représentant l'Honneur et la Gloire couronnant le Temps.

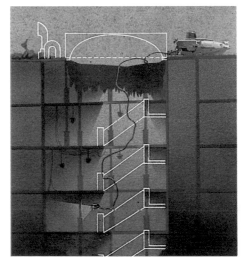

Je pus, moi aussi, voir quelque chose : « Non, cela ne peut pas être un lustre », dis-je, plus à moi-même qu'à Martin, « il n'est pas possible qu'il ait subsisté ! ». J'avais peine à en croire mes yeux. Le navire était tombé de quatre kilomètres de haut, heurtant le fond avec la puissance d'un train percutant le flanc d'une montagne et une petite lampe fragile avait résisté, presque parfaitement préservée ! Bientôt, nous pûmes en voir d'autres un peu plus loin. « Mon Dieu, dis-je, c'est bien un lustre ! » C'était vraiment ce à quoi cela ressemblait !

Je demandai à Martin de faire pénétrer notre robot dans la salle pour en avoir une vue de plus près. Ce serait un vrai test pour éprouver la maniabilité de *J.J.* A quelle proximité d'un objet pouvions-nous parvenir sans encombre ? Notre robot quitta la cage d'escalier, s'engagea dans la salle et se dirigea sur son objectif, raclant au passage des pendeloques de rouille tombant du plafond. La rouille s'éparpilla sous le choc et d'un seul coup, *J.J.* fut enveloppé dans une brume orange, visibilité nulle ! Cependant, en relevant le « regard » de *J.J.* nous pouvions encore voir notre lustre. Martin s'en approcha, jusqu'à moins de 30 centimètres. Une penne de mer vaporeuse dépassait de cette lampe, la transformant en une couronne de cristal garnie d'une plume au sommet. Nous pouvions parfaitement voir les entrelacs délicats du laiton de son armature, autour et au-dessus, encore polie et brillante. Et il restait même la douille de l'ampoule qui y avait été montée.

« Prenez une photo, c'est fantastique !», exultai-je.

« Bob, nous arrivons à l'extrême limite du temps permis, nous devons remonter en surface ! »

Les paroles de Dudley coupèrent net mon excitation, comme avec un couteau. Nous étions à l'intérieur du *Titanic*, en bas du Grand Escalier, réalisant mon rêve... et Dudley parlait de remonter pour dîner !!! Je savais bien qu'il se bornait à obéir aux ordres, mais j'en aurais hurlé de rage ! Nous avions passé au fond moins d'une heure, à cause du temps gaspillé par nos ennuis de batteries. Je pus voir que Martin se sentait aussi frustré que moi, quand il fit sortir *J.J.* de la salle et remonter le long de la paroi de l'Escalier.

Emergeant du trou noir, notre brave petit robot-soldat, fit briller ses phares vers nous pendant que nous observions son approche sur le téléviseur de « Big Bird ». Pendant un instant, je me figurai que nous recevions la visite d'autres êtres. Ce n'était pas nous qui jetions les yeux sur un monde inhabité, mais bien quelque chose qui nous regardait ! Puis *J.J.* manœuvra devant *Alvin*, ses phares balayant nos trois hublots et baignant l'intérieur du submersible d'une lumière surnaturelle. Cela me rappelait une scène de « Rencontres du Troisième Type », lorsqu'un vaisseau spatial venu d'un autre monde survole un camion, ses hublots brillant de toutes leurs lumières. Telle une capsule spatiale, *J.J.* avait marché sur la Lune et en était revenu sain et sauf.

(**En haut**) *Sur le pont A, le foyer du Grand Escalier des premières classes.*
(**A gauche**) *Une vaporeuse penne de mer jaillit d'un lustre électrique pendant, semblable à celui apparaissant au haut de la photographie ci-dessus.*
(**Ci-dessus**) *La base de ce pilier porte encore quelques traces de ses boiseries de chêne.*

CHAPITRE 9

Le sanctuaire

DEUX HEURES ET DEMIE APRÈS AVOIR DÉCOLLÉ DU GRAND ESCALIER, trois astronautes se dégagèrent de leur capsule spatiale sousmarine sur la plage arrière de l'*Atlantis II*, où une foule de collègues s'était rassemblée. Les échos de notre plongée réussie s'étaient répandus et nos compagnons avaient hâte d'avoir la primeur du récit de nos observations au fond. Si l'expédition avait pris fin à ce moment, j'en aurais eu peu de regrets. Nous avions rapporté la preuve que nous étions venus chercher. *J.J.* s'était promené dans les premières classes du *Titanic* !

Martin et moi étions en ébullition, encore sous le coup de notre excursion dans le Grand Escalier et nous tentions de recréer, pour nos camarades demeurés en surface, les sensations fantastiques que nous avions éprouvées pendant notre première intrusion dans le *Titanic*. A un moment, en plaisantant, Martin avança par une exagération quelque peu excusable : « Nous avons dansé dans la salle de bal !». Je fis échos à ses paroles. Peu m'importait qu'il n'y eut pas de salle de bal sur le *Titanic* et que notre « lustre » ne fut qu'un banal appareil d'éclairage, un parmi cent autres pareils ; la formule traduisait exactement notre état d'esprit. Je donnai à Martin une bourrade d'ours pendant que les spectateurs applaudissaient.

La foule, sur le pont, nous suivit dans la salle de télévision pour la première présentation de notre « *J.J.* descend l'Escalier ». Martin et moi revîmes le film avec elle, aucun de nous ne se lassant de la répétition de ce spectacle. Là, devant nous, sur les écrans de télévision, alors que *J.J.* tournoyait dans la cage d'escalier, nous pouvions parfaitement distinguer la forme des rampes et les divers niveaux des ponts. Alors que le lustre que nous avions observé se trouvait placé sur babord, il y en avait d'autres sur tribord, bien plus nombreux, visibles dans le clair-obscur. De même que les premiers que nous avions aperçus, ils s'étaient décrochés du plafond et pendaient au bout de leur fil électrique. Certains étaient intacts, avec les cristaux taillés encore enchâssés dans leurs griffes, d'autres n'avaient gardé que leur monture de laiton.

Il restait plus de boiseries que je ne l'avais pensé à l'origine, ne sachant si les bactéries avaient ou non détruit tous les lambris de bois du bateau. Certaines colonnes de soutènement avaient conservé leur placage à la base, leur dessin étant à peine discernable. La charpente horizontale était encore visible sur la tranche de chaque niveau de pont, en face de la cage d'escalier. Malheureusement, nous ne vîmes aucun reste des magnifiques balustrades de fer forgé que j'avais admirées sur d'anciennes photographies. Peut-être gisaient-elles à proximité, enfouies sous les stalactites de rouille ; plus vraisemblablement étaient-elles tombées dans la cage d'escalier, audelà du point où nous nous étions aventurés avec *J.J.* ? Où peut-être même s'étaient-elles purement et simplement désagrégées, rongées par l'oxydation ?

Ce soir-là, après le dîner et le coucher du soleil, alors que *Alvin* et *J.J.* subissaient une visite en vue de la plongée du lendemain, j'adressai à terre mon rapport quotidien, décrivant nos exploits sous-marins, grâce au téléphone relayé par satellite. Puis je discutai avec des journalistes, une

(Ci-contre) JJ arbore un balai signifiant une plongée réussie alors que l'un de nous regarde par le hublot frontal.

(Ci-dessus) Nous exultons après notre descente du Grand Escalier.

chaîne après l'autre. Comme l'année précédente, les journaux réclamaient à grands cris des nouvelles et j'étais une fois de plus étonné de l'intense fascination que le navire continuait d'exercer sur le public. On me posait une avalanche de questions : « Avez-vous vu des cadavres ? », « quelle est la dimension de l'entaille faite par l'iceberg ? », « est-ce dangereux là en-bas ? », qu'avez-vous vu de plus passionnant jusqu'ici ? », « avez-vous trouvé un trésor ? », « avez-vous remonté quelque chose ? ».

On me questionnait encore et encore sur le renflouage de l'épave mais, avant de partir en expédition, j'avais décrété qu'il était absolument hors de question de ramener quoi que ce soit. J'avais eu de longues discussions avec beaucoup de gens, depuis le Professeur Derek Spencer, Directeur des Recherches de Woods Hole, jusqu'au Smithsonian Institute. Naturellement, la tentation serait grande.

La quatrième plongée débute dans la brume.

Les collectionneurs marins partout dans le monde auraient payé des milliers de dollars pour un morceau d'épave. Et les objets divers pouvaient être ramassés facilement par le puissant bras manipulateur de *Alvin* conçu justement pour récolter des échantillons géologiques ou biologiques dans les grands fonds. J'aurais adoré posséder dans ma cave une des bouteilles de champagne du *Titanic*. Mais en conclusion de toutes nos discussions, il devint clair que le *Titanic* n'avait pas de valeur archéologique propre. Bien qu'il soit tentant de faire la comparaison, le *Titanic* n'est pas la Grande Pyramide des mers. Nous savions exactement comment le navire avait été construit et ce qu'il recélait dans ses flancs. Ramasser un pot de chambre, une bouteille de vin ou un chaudron de cuivre ne serait que pour jouer une partie de chasse au trésor. Mon principal mécène, la Marine, ne souhaitait pas dépenser dans ce but l'argent des contribuables, moi non plus !

Il existe de nombreuses « pyramides » non explorées dans les océans. Par exemple, des milliers et des milliers de bateaux se sont perdus dans les fosses de la Méditerranée et attendent d'être découverts, car ils sont d'une réelle valeur archéologique. Leur cargaison mérite qu'on s'y intéresse, qu'on la ramasse et qu'on en assure la préservation. Pas celle du *Titanic* !

Les contrôles a posteriori de *J.J.* avaient permis de lui délivrer un bulletin de bonne santé, les ennuis d'accumulateurs de *Alvin* paraissaient avoir été résolus et l'immersion du matin suivant prenait un air de routine. Même le temps qui avait été en général bon jusqu'ici, continuait à « coopérer » à contrecœur ! La mer était calme, mais couverte d'un épais brouillard. Néanmoins, notre quatrième plongée, en ce 16 juillet, démarra du mauvais pied. A peine *Alvin* venait-il d'être soulevé de son berceau que Wille Sellars, notre pilote du jour, constata un ennui avec une des caméras et décida de redescendre sur le pont pour qu'il y soit remédié. Par chance, dix minutes plus tard, nous repassions la lisse et quittions le navire.

Le brouillard, cependant, constituait un danger supplémentaire. Le kiosque de fibre de verre rouge de *Alvin*, que nous appelions la « voile » n'est pas un réflecteur radar et un navire naviguant dans cette purée de pois ne nous verrait jamais. Aussi, pendant que Will terminait rapidement ses derniers contrôles en surface, l'*Atlantis II* montait-il la garde, son radar guettant les intrus. Un seul écho apparut sur l'écran, le navire de sauvetage de la Marine *Ortolan*, basé à Charleston, Caroline du Sud. L'*Ortolan* nous tenait amicalement compagnie.

Les contrôles de sécurité terminés, Will purgea les ballasts et *Alvin* s'enfonça dans des eaux plus sûres et plus calmes. Il était assez inattendu de penser qu'il était moins dangereux de plonger à 4 000 mètres que de se balancer à la surface. Mais, en raison du brouillard, c'était bien le cas ! Pour Martin et moi, la route vers le *Titanic* devenait routinière mais pour Will Sellars, c'était une première. Will n'était pas entraîné depuis aussi longtemps que Ralph Hollis ou Dudley Forster, mais suffisamment cependant pour être devenu un pilote émérite. Je savais aussi que, comme ses collègues, il suivrait à la lettre les instructions... d'ailleurs, il n'avait pas le choix. Quand il serait temps de repartir, il décollerait, que nous soyons au milieu d'une découverte passionnante ou pas.

Quand, une nouvelle fois, le *Titanic* fut en vue, nous nous dirigeâmes vers la timonerie. Mettant *Alvin* en bonne position, je demandai à Will de nous poser près des restes de bronze de l'appareil à gouverner qui brillait dans nos phares. Avec un courant plus fort que la veille, Will devait surmonter l'excitation qui l'avait gagné en observant pour la première fois le *Titanic* et effectuer un atterrissage pointu sans endommager la barre... ni notre engin.

Sur ma demande, il fit pivoter le sous-marin pour faire face à la roue et au côté bâbord du navire, se posant juste à côté de la charpente de bois rectangulaire, sur le pont, où la timonerie était abritée.

Le haut du mât avant du *Titanic* était devant nos phares frontaux, et plus loin sur notre droite, là où se trouvait autrefois l'aileron de la passerelle avec ses appareils brillants, le pont s'arrêtait à la lisse déchiquetée et pliée vers le bas.

« Parfait ! Bob, à vous de jouer », dit Will avec un puissant soupir de soulagement.

En fait, c'était à Martin de jouer! Il sortit *J.J.* de son abri et le dirigea sur ce qui restait de la roue du gouvernail. Puis il le conduisit vers le mât. Par les « yeux » de *J.J.*, nous pûmes voir une lanterne de cuivre encore fixée au mât et même les fils encore intacts de l'ampoule.

J'ordonnai à Martin de conduire *J.J.* le long du mât penché vers le nid-de-pie, lui recommandant de veiller aux câbles des haubans. S'il se maintenait légèrement au-dessus, ce serait parfait. *J.J.* disparut rapidement de nos hublots, son câble jaune se déroulait dans l'obscurité, cependant que je contemplais, en extase, sur le téléviseur, notre petit ami se promenant au bout de sa laisse.

L'habileté de Martin à piloter *J.J.* était presque aussi fascinante à regarder que le paysage extérieur. Il jouait de sa console de contrôle comme un concertiste, ses doigts se déplaçant avec une précision foudroyante à travers une jungle de boutons, de leviers, de manettes. Soudain, le nid-de-pie se dessina devant *J.J.* C'était l'endroit exact où Frédérick Fleet et Reginald Lee se tenaient lorsqu'ils virent surgir l'iceberg sur la route du *Titanic*. Et *Alvin* était posé sensiblement là où se trouvait le 6e officier James Moody quand il avait reçu le signal d'alarme des vigies et

Deux vues de la roue du gouvernail avec son pied de bronze. L'une datant de 1986, l'autre de 1912.

Ce feu de position du mât abattu est large d'environ 25 centimètres.

l'avait retransmis à l'Officier de quart Murdoch. Je me rappelais ce dialogue entre Fleet et Moody qui semble si incroyablement flegmatique et détaché, étant donné la situation :

Fleet : « Etes-vous là ? »

Moody : « Oui, que se passe-t-il ? »

« Iceberg droit devant » répondit Fleet.

« Merci » répliqua poliment Moody.

Trente sept secondes plus tard, c'était l'impact ! Regardant par un hublot de *Alvin*, je pouvais imaginer le timonier tournant la roue à « tribord toute » dans le vain espoir d'éviter l'abordage.

La netteté extraordinaire des images sur l'écran TV de *J.J.* nous révéla que le trou dans le mât, juste au-dessus du nid-de-pie tordu, que nous avions pris pour la niche du téléphone d'alarme, était bien plus grand que nous ne l'avions pensé. C'était en fait l'écoutille par laquelle passaient les veilleurs pour monter au nid-de-pie ou en descendre.

Puis, *J.J.* descendit du nid-de-pie jusqu'au no man's land du pont inférieur avant. Devant lui, se dressaient deux grosses grues utilisées pour embarquer les bagages dans les cales 2 et 3. La vue était splendide : les rangées de fenêtres donnant sur le pont, les câbles drapés gracieusement en travers, les détails des grues elles-mêmes ; mais c'était assez risqué. *J.J.* était cerné de superstructures, les câbles, les mâts de charge et des débris d'épaves. Ainsi d'ailleurs que nous le redoutions, nous connûmes alors notre première difficulté grave.

Martin dirigea *J.J.* vers le pavois avant du pont C, juste derrière la grue babord du pont avant, pour prendre une vue de la portière du bastingage. Elle était encore fermée. Puis, il fit passer *J.J.* le long de la rangée de hublots du pont C faisant face à la proue, cherchant un hublot cassé pour observer l'intérieur. La vitre de la cabine de première classe B3 avait disparu et *J.J.* « jeta un œil » : aucun meuble, aucune décoration n'était visible, uniquement les cannelures délimitant le plafond et les parois. Passant de hublot en hublot le long de la partie avant du pont B, on pouvait voir les grandes portes d'acier donnant sur le pont. Elles étaient rigoureusement fermées, leurs gonds et leurs sabords intacts.

Mais *J.J.* était allé trop loin. Tout à coup, Martin s'aperçut que le câble de liaison était pris dans une des parties déchiquetées dépassant de la passerelle. Martin tenta de rentrer le câble mais il commençait à raguer sur une plaque d'acier tordue. « Pas bon ! » murmura-t-il et il manœuvra *J.J.* en tous sens pour tenter de dénouer les boucles, puis le fit s'éloigner. *J.J.* était tourné dans notre direction afin que le pilote puisse surveiller les résultats de ses manœuvres. Alors que la distance entre *J.J.* et nous grandissait, le câble se libéra.

« Ramenez-le », dis-je, « l'endroit est trop risqué ; essayons ailleurs ».

Une fois, *J.J.* en sûreté dans son abri, *Alvin* décolla de la timonerie, vira à gauche et survola ce qui avait été la cabine du Commandant Smith, sur tribord ; sa paroi externe était renversée et gisait sur le pont. La paroi interne défila à quelques centimètres de mon hublot et je pus voir briller l'engrenage de cuivre servant à ouvrir et fermer la partie supérieure de la fenêtre. Etait-ce, me demandai-je, une fenêtre que le Commandant Smith ouvrait pour aérer sa cabine avant de se coucher ?

« Attention ! », dis-je, « nous sommes trop près du morceau de rembarde, je le vois venir droit sur mon hublot ».

Will fit virer *Alvin*, nous écartant de l'obstacle et commença à descendre vers le pont des embarcations tribord. *Alvin* faisait face à l'arrière, vers la cassure à mi-navire. Le courant, pour je ne sais quelle raison, avait faibli. Je balançai le bras manipulateur de *Alvin* vers la droite et fis passer les caméras de « Big Bird » le long des hublots du pont. Pendant ce passage, j'avais l'impression de visiter une ville morte du Far West où, un

(En haut) Le Commissaire Herbert McElroy et le Commandant Smith devant les quartiers des officiers.

(Ci-dessus) Cette fenêtre fait pendant à celle figurant derrière McElroy et Smith sur la photographie ci-dessus.

(Ci-contre et en haut) « Big Bird » éclaire la cabine V de première classe, sur le côté tribord du pont des embarcations.

(Ci-contre, en bas à gauche) Une fenêtre de l'appartement du Commandant Smith, sur le mur renversé tribord du quartier des officiers.

(Ci-contre en bas à droite) JJ « regarde » dans la cabine de luxe V.

jour, subitement, tout le monde aurait fermé ses portes et décampé. Certaines fenêtres étaient ouvertes, d'autres fermées.

Un bossoir vide se dressait sur tribord, nullement délabré après sa dernière mise à l'eau, presque droit. Ce bossoir avait servi plus que les autres, cette nuit-là, puisqu'il avait été déployé pour affaler le canot n° 1 et le radeau C. Puis, il avait été replié pour descendre le radeau A. Mais, le *Titanic* avait embardé et subitement, le radeau A était tombé à la mer. Le Steward Edward Brown avait sauté dedans, coupant les amarres juste avant qu'une vague le balaie loin du navire, le submergeant à moitié. Plusieurs nageurs purent s'y hisser en sécurité. Pendant ce temps, le bossoir se dressait, attendant vainement un autre canot à mettre à l'eau. Devant, un treuil électrique rouillait lentement sur le pont et, le long de la lisse, on pouvait voir la rangée des chantiers sur lesquels les canots de sauvetage du *Titanic* étaient autrefois arrimés.

C'est sur ce pont-là que toute la gamme des comportements humains se joua pendant les trois brèves heures, entre 22 h 40, lorsque le navire aborda l'iceberg, et 2 h 20 du matin, quand il disparut dans les vagues. Alfred Rush, qui avait fêté son dix-huitième anniversaire à bord, refusa d'embarquer dans un canot avec les femmes et les enfants, déclarant qu'il était devenu un homme... et il coula avec le navire. Bruce Ismay, le richissime PDG de la Société Internationale Merchantile Marine, propriétaire de la Compagnie White Star Line, avait sauté dans le radeau B partiellement rempli alors qu'il était prêt à être mis à la mer et il devait se repentir, tous les jours de sa vie, d'avoir laissé prévaloir son instinct de préservation.

Après avoir été traité en public de « J. Brute Ismay », il se cloîtra et mourut, brisé de chagrin.

Et d'ici, vous auriez pu entendre le courageux orchestre du bord, jouant une musique de jazz entraînante pour relever le moral de la foule, alors que les ponts prenaient une gîte de plus en plus prononcée.

(Ci-dessus) Vue du pont des embarcations tribord montrant un treuil utilisé pour hisser les canots après les exercices de mise à l'eau (Ci-dessous) Le même treuil vu d'en-haut.

Nous avions posé *Alvin* juste après l'endroit d'où Ismay avait sauté dans le radeau, près du chantier du canot n° 5. Ensuite, nous envoyâmes *J.J.* par-dessus bord, suivre le même chemin périlleux que les canots eux-mêmes avaient pris pour descendre à l'eau. L'un d'entre eux avait failli vider ses passagers avant d'être redressé de justesse. Une jeune Française avait failli manquer le canot n° 9 et une autre femme avait sauté complètement à côté du canot n° 10, tombant entre les canots qui se balançaient et le flanc du navire. Mais, quelqu'un aux réflexes rapides la rattrapa par une cheville et, alors qu'elle était suspendue la tête en bas, des gens sur le pont inférieur la ramenèrent sur le pont promenade.

Le passager Lawrence Beesley raconta comment s'était déroulée la mise à l'eau de son minuscule canot le long de l'énorme vaisseau : il était éprouvant de sentir le canot descendre par saccades, mètre après mètre, au fur et à mesure que les amarres étaient relâchées de là-haut et elles crissaient en passant dans les palans.

Les cordages neufs et les poulies grinçaient sous le poids du canot chargé de gens et l'équipage interpelait les marins, en haut, car le canot penchait légèrement, soit à un bout, soit à l'autre : « Plus bas devant, plus bas arrière, descendez ensemble » quand il était de niveau. C'était vraiment terrifiant de voir la coque noire d'un côté et la mer, vingt mètres plus bas, de l'autre et de passer devant des cabines et des salons brillamment éclairés ».

Voyant par les « yeux » de *J.J.* le pont promenade A, j'imaginais les passagers de première classe attendant patiemment, rassemblés là par Lightoller qui avait eu la bonne idée, pour accélérer les choses, de faire embarquer dans les canots à partir de la promenade. En effet, les fenêtres avaient été bloquées et de nombreux passagers avaient alors reflué lentement vers le pont des embarcations. Heureusement, toutefois, certaines fenêtres purent être ouvertes et le canot n° 4 fut chargé et descendu à partir du pont A.

(Ci-dessus) Photographie du Titanic *appareillant de Southampton, montrant le pont promenade A à ciel ouvert sur l'avant. (Ci-dessous) Le même pont promenade de l'épave.*

J.J. continuait à descendre, passant au-dessous des fenêtres des cabines de luxe de première classe du pont B. Au passage, il jeta un bref « coup d'œil » à l'intérieur de la cabine B49. Le mur du fond et le plafond étaient clairement visibles, les cannelures d'acier montraient où se trouvait le plafond décoré. Les murs paraissaient avoir été peints en blanc, parfaitement propres, mais il ne restait aucune trace des boiseries ou des meubles. La descente de *J.J.* se poursuivant, les fenêtres cédèrent la place à un mur d'acier constellé d'une interminable rangée de hublots — le pont C —. Quelques-uns étaient ouverts, d'autres indubitablement déverouillés par des passagers de première classe s'étant rendu compte de l'arrêt des machines du navire et qui s'étaient alors penchés au dehors pour voir ce qui se passait. Des passagers des canots ont raconté qu'ils avaient vu la mer entrer en tourbillonnant par ces sabords. Lorsque cette partie du navire fut submergée, les cabines avaient été évacuées depuis longtemps.

Martin ramena *J.J.* et nous l'envoyâmes « se promener » vers l'arrière du pont des embarcations. En chemin, il « regarda » par les fenêtres de plusieurs cabines de première classe et les coursives maintenant ouvertes jusqu'à ce qu'il arrive aux entrées jumelles conduisant au Grand Escalier et au Gymnase. En reculant en direction de ces entrées, il « observa » à travers les vitres du foyer du Grand Escalier. Bien que le toit se soit écrasé quelques mètres plus loin, ne donnant qu'une maigre vision, on pouvait bien voir les piliers. Fixé en haut sur la verrière protégeant des intempéries, autour des encadrements des portes, on pouvait voir le support du panneau lumineux indiquant : « Entrée des premières classes ». *J.J.* fran-

JJ « *regarde* » *par les fenêtres du gymnase, pendant que* Alvin *demeure à quelque distance sur le pont des embarcations.*

chit le seuil de la porte d'accès au Grand Escalier, heurtant celle du vestibule du gymnase, provoquant une tempête de poussière et fit demi-tour. En passant lentement devant les baies du gymnase, *J.J.* nous montra les restes des équipements sportifs, parmi les débris, notamment un morceau de grillage qui avait protégé les mécanismes de certains agrès, tels que le « chameau électrique », appareil d'exercice musculaire de la fin du siècle. On voyait aussi diverses formes de roues et une poignée. Le plafond était drapé de pendeloques de rouille et effondré du côté intérieur. C'était dans cette salle de gymnastique déserte que le Colonel John Jacob Astor avait tranquillisé sa jeune femme enceinte en lui expliquant qu'un filet de sauvetage est rempli de liège, en découpant pour sa démonstration un morceau avec un petit canif de poche.

En regardant par le hublot frontal de *Alvin*, je voyais *J.J.* loin en bas, sur le pont, pivotant pour mieux voir à travers les encadrements des portes et des fenêtres. C'était un peu comme si notre petit automate était doté d'un cerveau tant il paraissait réfléchir et chercher. Martin le pilotait avec une telle dextérité que cet « œil-nageant » était presque devenu le prolongement de son propre corps.

Alors que Martin rapatriait *J.J.*, je songeais à retourner au pied du Grand Escalier. Martin avait fait du si bon travail en nous amenant à quelques pouces du « lustre », lors de la dernière plongée ! Mais, nous avions découvert plus tard, à notre grand désappointement, que l'appareil photo n'avait pas fonctionné. Nous avions un bon film vidéo mais aucune photographie. « Je croyais ne plus avoir toute ma raison » plaisanta Martin quand je lui déclarai que nous retournions sur le lieu de notre triomphe de la veille.

De nouveau, nous nous posâmes près des ruines du puits d'ascenseur, cette fois à gauche et faisant de nouveau face à l'arrière. *J.J.* descendit au pied de l'escalier. Lorsqu'il revint sur ses pas, je demandai à Martin d'examiner plusieurs salles du côté tribord du navire. Mais nous aperçûmes toutes sortes de câbles tombant du plafond et décidâmes de ne pas nous risquer à y rentrer. Enfin, nous repérâmes la petite lampe que nous avions vue d'abord, avec sa vaporeuse penne de mer dépassant effrontément et Martin mit le nez de *J.J.* dessus pendant que je la photographiais. Puis Martin s'enfonça plus loin, dans les profondeurs. On ne pouvait presque rien reconnaître, sauf des colonnes, des lampes et des fils électriques, dans le fouillis de stalactites de rouille tombées, répandues sur plusieurs centimètres d'épaisseur sur le plancher. Il n'y avait aucune trace du mobilier luxueux qui avait orné la salle.

Nous étions alors dangereusement loin dans les entrailles du navire et il aurait été insensé de prendre plus de risques que *J.J.* n'en avait déjà couru. Cette quatrième plongée tournait au jour de gloire pour *J.J.* Nous réalisions exactement ce que nous avions voulu accomplir, nous posant ici, puis ailleurs et laissant Martin et *J.J.* faire leur travail. Notre prochaine station devait être la proue.

Alvin se posa doucement sur le fond sédimenteux, à quelques pieds de la lame de couteau de l'étrave qui se dressait au-dessus de nous. De nouveau, j'étais frappé d'admiration par la dimension et la majesté du vaisseau, sa proue imposante labourant la vase. De notre position avantageuse, il n'y avait aucune preuve de ce que ce monstre ait été « tourmenté » par un simple iceberg. En quelques instants, *J.J.* sortit de sa cage et partit en exploration, minuscule objet contre la grande coque noire. *J.J.* s'envola vers l'ancre babord, s'arrêtant dans un coin de son manchon d'écubier d'où coulait la rouille comme une cascade prise par les glaces, puis il s'éleva encore pour chercher, une fois de plus en vain, le nom du *Titanic*. Toujours plus haut, il passa au-dessus du bastingage du pont avant, puis du treuil de l'ancre auxiliaire jusqu'aux énormes cabestans proches. S'approchant à moins de trois centimètres, Martin fit baisser

(En haut) *Cascades de rouille dégoulinant de l'ancre babord.*

(Ci-dessus) *L'ancre, dans l'état où elle se trouvait lors du lancement du navire.*

l'objectif de *J.J.* et lut sans difficulté la plaque du constructeur « Napier Bros. Ltd., Engineers, Glasgow ».

Avec regret, Martin rentra *J.J.* dans son abri. Il était temps de revenir à l'air libre. Nous nous étions posés en quatre endroits différents, déployant avec un plein succès notre robot à chaque sortie. Nous étions tous trois épuisés mais transportés de joie, lorsque nous crevâmes la surface aux sons de la musique rock. Le plancher de la capsule était une mer de cassettes vidéo, notre butin inappréciable du *Titanic*.

Sur cette photo extraite d'un film vidéo pris par JJ, la plaque du constructeur du cabestan est tout à fait lisible.

Certaines plongées sont faciles, d'autres hasardeuses et notre cinquième excursion sur le *Titanic*, le 17 juillet, se tranforma en quelques quatre heures de frustration intense. Martin était de repos, si bien que c'était Chris Von Alt, l'architecte de *J.J.* qui se mit aux commandes de son enfant. Paul Tibbits, nouvelle recrue du groupe *Alvin* était notre pilote.

Le courant du fond était au plus fort, si bien que l'eau était chargée de vase en suspension. Lorsque nous tentâmes d'atterrir sur l'avant, l'engin cogna contre l'écoutille de la cale n° 1 et contre le cabestan tout proche, avant que nous soyons posés. La pensée d'un heurt entre l'épave et un de nos hublots nous hantait, car les hublots sont les seules parties fragiles de notre submersible. Nous surveillâmes ensuite *J.J.* qui, tel un cerf-volant par grand vent, jaillit hors de son abri, sa « laisse » en grand danger de se prendre, immédiatement, dans le bastingage ou toute autre aspérité de l'épave. Ayant décidé de le remettre au garage, nous nous sentîmes soulagés et nous partîmes explorer la zone de la fracture, là où la partie avant se détacha, juste en avant de la troisième cheminée. Embardant dans le courant, terriblement près de l'épave menaçante, nous avions beaucoup de mal à garder le contrôle de notre appareil. Mais nous en vîmes assez pour savoir que les ponts du navire s'étaient effondrés les uns sur les autres comme un gigantesque accordéon. Il était temps de s'éloigner avant que le courant ne nous propulse sur cet écueil plein de traîtrises.

Paul était épuisé lorsque nous remontâmes vers l'air libre et nous fûmes tous trois soulagés de grimper paisiblement après avoir tossé dans la tempête du fond. De retour à bord de l'*Atlantis II*, nous nous sentions à bout, déçus, surtout Chris qui avait été privé de sa seule et unique chance de piloter *J.J.* dans les grands fonds. Le *Titanic* était une proie fuyante : quand on pensait la tenir entre nos rêts, elle nous glissait entre les doigts.

Ce soir-là, je m'installai avec Al Uchupi pour visionner à nouveau les photographies que l'équipe de ANGUS et lui-même développaient chaque nuit au retour de *J.J.* et de *Alvin*. Notre prochaine plongée serait pour le champ de dispersion des débris et je voulais tirer le maximum du peu de temps qui nous restait, seulement sept jours. J'avais donc demandé à Al de dresser une carte indiquant les objectifs les plus intéressants que j'emporterais avec moi dans le sous-marin. Ceci nous ferait gagner du temps, car le navigateur en surface nous guiderait de cible en cible.

ANGUS avait jusque-là relevé une traînée de débris, tout au long des 600 mètres séparant l'avant de l'arrière, que nous avions localisée l'an passé. La plupart des gros fragments paraissaient concentrés près de l'arrière et à l'est de celle-ci, y compris toutes les petites chaudières monocylindres du navire. Al et moi pensions qu'elles étaient tombées du milieu du navire lorsqu'il s'était brisé en deux en surface ou près d'elle. Nous supposions que ces grosses pièces sphériques étaient tombées, comme des boules de bowling, droit au fond. Près de l'arrière, il y avait d'autres gros morceaux d'épaves, éparpillés au milieu d'une zone constellée de débris plus petits. Outre les chaudières, ANGUS avait relevé trois sémaphores du navire.

Les matériaux plus légers, tels le charbon des soutes du *Titanic* et beaucoup de petits débris du naufrage, tels que tasses, assiettes, plats d'argent et d'innombrables carreaux du sol, avaient été déportés vers l'est de l'arrière par le fort courant de surface cette nuit-là, et je me demandais ce que nous allions découvrir lors de notre inspection.

Mon travail avec Al, ce soir-là, fut interrompu par un appel radio : la chaîne ABC nous appelait. Peter Jennings voulait m'interviewer pour son bulletin d'informations du soir. Comme beaucoup avant lui, il me posa la question rituelle concernant la présence de restes humains. « Eh bien, Peter », lui répondis-je, « si nous devons trouver des cadavres, ce sera demain au cours de notre plongée sur le champ de dispersion des débris ». En fait, il était parfaitement improbable qu'il y en eut, mais je pensais qu'il existait peut-être une très faible éventualité de trouver des squelettes. Dans tous les cas, la seule pensée de découvrir un quelconque indice de corps humain faisait froid dans le dos.

La matinée du 18 juillet fut celle d'un magnifique jour d'été ensoleillé. M'appuyant tranquillement sur le hublot tribord à l'intérieur de notre engin — ma seconde maison — et examinant le plan dressé par Al, je continuais à me sentir nerveux pour notre mission de ce jour. Je me demandais anxieusement sur quoi nous allions tomber là-bas. Au moins les risques, dans l'aire de dispersion, étaient-ils minimes pour Jim Hardiman et son apprenti-pilote J. John Salzig.

C'était aujourd'hui une plongée d'entraînement et *J.J.* avait été laissé à bord du bateau car nous ne devions pas nous en servir. Le groupe *Alvin* cherche toujours à recruter des pilotes. Certains, comme Ralph et Dudley, restent sur le programme de recherches pendant des années. D'autres partent après avoir effectué une centaine de plongées, ou même moins. Eu égard à l'emploi du temps surchargé de *Alvin*, on peut atteindre ce nombre de plongées en moins de cinq ans. Pour conserver une « masse de manœuvre » constante de pilotes chevronnés nous avions institué une règle selon laquelle une plongée sur sept serait effectuée par un pilote à l'entraînement.

Aujourd'hui, notre sixième descente au fond se déroula sans incidents : pas de problèmes de batteries, pas de sonar en panne, pas de signal d'alarme de mauvaise augure. Et nous trouvâmes facilement notre objectif. Par l'ouest, nous fîmes l'approche du champ de dispersion des débris juste au-dessus du fond de l'océan. Quand les premiers fragments du naufrage apparurent, nous eûmes l'impression d'être entrés dans un musée bombardé. Des milliers et des milliers d'objets étaient éparpillés sur le sol, dont une grande partie intacte : les entrailles du *Titanic* répandues à travers le fond en quantités infinies. En contraste brutal avec la majesté de l'avant brisé, c'était un horrible mélange de beautés et de ruines.

Pendant que je mitraillais avec mon Nikon, un véritable inventaire sauvage et cauchemardesque du *Titanic* défilait devant moi : vaisselle, argenterie, casseroles et poêles, bouteilles de vin, chaussures, pots de chambre, têtes de lit, radiateurs, baignoires, bagages et lavabos de faïence. Puis, sans avertissement, je me trouvai nez à nez avec un petit visage blanc, souriant... Pendant une fraction de seconde, je crus qu'un cadavre se matérialisait et ceci me donna une frousse épouvantable. Puis je réalisai que je voyais en fait la tête d'une poupée de porcelaine, sans cheveux, ni vêtements. Mon choc se changea en tristesse alors que cette vision poignante s'estompait. A qui avait appartenu ce jouet ? La fillette comptait-elle parmi les survivants ? Ou bien, l'avait-elle serré très fort dans ses bras alors qu'elle se noyait dans l'eau glacée ?

Nous poursuivions notre chemin. Je jetai un regard sur mes deux compagnons. Eux aussi étaient absorbés par le spectacle ahurissant se déroulant devant nos hublots. Tout l'arsenal des cuisiniers du *Titanic* était

(En haut) Un des 520 radiateurs électriques du bord, brisé.

(Ci-dessus) Un autre radiateur électrique « Prométhée » est visible dans une coursive des premières classes.

répandu sur le fond : poêles et marmites de cuivre, avec leurs couvercles lustrés par le courant, plats, assiettes, tasses et même une cuvette de cuivre. Une casserole contenait même un grand morceau de moquette rose. Il y avait un véritable magasin de vins et spiritueux, valant une fortune, éparpillé devant nous, avec des bouteilles de champagne dont beaucoup avaient conservé leurs bouchons. Bientôt, il devint difficile de sérier les déchets : pots de chambre en porcelaine, têtes de lit en métal émaillé blanc, armatures de fer forgé ouvragé des bancs des ponts, baignoires rouillées, robinets de lavabos avec leur marque « chaud », « froid », cuvettes, carreaux de sol brillants de couleur rouge et blanche, et même un crachoir ! Tout ce qui peut servir dans la vie courante à bord était étalé, les choses les plus communes étant les plus obsédantes. Parfois, la juxtaposition de deux objets accentuait le caractère dramatique de ce spectacle. A un endroit, un horrible déchet de tôle d'acier déchiqueté reposait à quelques centimètres d'un ravissant vitrage provenant d'une baie d'un salon de première classe, tordu mais toujours entier. Ailleurs, nous examinions le côté d'une chaudière et là, au sommet, était juché, debout, un gobelet de métal du type de ceux utilisés par l'équipage, comme s'il avait été déposé là par un des chauffeurs juste avant que l'eau n'envahisse la salle des machines. A côté, il y avait la poignée d'une porte, mais la porte de bois elle-même avait disparu.

Au début, nous parcourions lentement le champ des débris, d'une façon systématique, nous servant du plan dressé par Al Uchupi comme d'un guide. Nous avions beaucoup cherché, mais en vain, le sémaphore du navire, si visible sur les photographies prises par ANGUS. Peu à peu, nous nous promenâmes selon notre inspiration, virant pour examiner les objets qui apparaissaient dans le rayon des phares de *Alvin*. Si quelque chose d'intéressant se présentait devant mon hublot, nous descendions doucement pour que je le photographie. L'échelle réelle de ce musée était écrasante.

Vers midi, nous repérâmes un coffre-fort. Vite, je dis à Jim d'arrêter le submersible et aussitôt nous fûmes plongés dans un énorme nuage de sédiments. La conduite de *Alvin* sur le fond boueux était pareille à celle d'un véhicule tout terrain roulant à cent à l'heure sur les bords d'un lac asséché, un panache de poussière se formant derrière lui. Tant que nous

Un pot de chambre, parmi des douzaines d'autres, dans l'aire de dispersion des débris.

La tête de poupée

(A droite) Cette tête spectrale de poupée, qui nous a donné le frisson quand nous l'avons aperçue depuis *Alvin*, a été identifiée par des experts comme étant d'origine française ou allemande. Elle est faite en biscuit de porcelaine et était montée sur un cou flexible permettant sa rotation, ajoutant à son réalisme. Les proportions du visage montrent que c'est une « poupée-femme » et non pas un poupon à grosses joues. Les yeux étaient de verre et les oreilles sans doute percées pour le port de boucles d'oreilles. Elle était cousue, à la hauteur des épaules, sur un corps de chiffon, lui donnant une taille d'environ 60 centimètres.

nous déplacions, la visibilité était bonne mais dès qu'on s'arrêtait, notre sillage de poussière nous enveloppait.

Comme le courant n'était guère violent ce jour-là, je savais qu'il faudrait attendre un moment pour que la boue se dissipe. Je voulais voir de près le coffre-fort qui paraissait en bon état. Ma première réaction fut d'abord d'en prendre une photo. Le coffre se trouvait alors à 25-30 mètres derrière nous, à droite. Je dis à Jim de faire demi-tour et de s'en approcher, pensant que nous pourrions aussi bien remuer la vase à cet endroit et attendre qu'elle se redépose pendant que nous déjeunerions. Bientôt, notre minuscule cabine embauma le beurre de cacahuète cependant que nous faisions les plus folles suppositions sur le contenu du coffre.

Le déjeuner dans *Alvin* n'a jamais valu trois étoiles. De fait, ce serait plutôt la moitié d'une étincelle ! Mais travailler dans une sphère froide et étriquée vous donne un appétit tel qu'on mangerait n'importe quoi. Les meilleurs repas « sous-marins » que j'ai goûtés étaient ceux des Français : bons fromages, fruits frais, viandes froides, excellent pain français et parfois même un gobelet de Beaujolais frais ! Mais ce n'était pas la boisson tolérée à bord de *Alvin* !

Seize ans plus tôt, à l'époque de mes premières plongées avec *Alvin*, le déjeuner habituel se composait d'un sandwich au saucisson. De fait, ces déjeuners des premiers temps entrèrent dans la légende. En octobre 1968, *Alvin* avait rompu ses amarres avec trois personnes à bord, s'était rempli d'eau par l'écoutille ouverte et avait coulé par 1 800 mètres de fond ! Les occupants avaient pu s'échapper de justesse. Dix mois plus tard, quand le submersible fut repêché, les sandwiches au saucisson étaient encore mangeables ! Ceci ouvrait un nouveau terrain d'études dans la recherche microbiologique puisque la preuve était apportée, une nouvelle fois, que la vitesse de désagrégation d'un corps organique à cette profondeur était beaucoup moins grande qu'on le croyait auparavant. C'est en raison de cet incident de *Alvin* que beaucoup de gens conservaient l'espoir que le *Titanic* serait en bien meilleur état qu'il se révéla être.

En 1977, pendant nos plongées au large de l'archipel des Galapagos, notre cuisinier portugais nous nourrissait de steacks au poivre et de sandwiches à l'oignon ! L'odeur envahissait tout lorsqu'on les déballait dans notre boule confinée ! Maintenant, le menu comporte ce bon vieux beurre

Cette bouteille de champagne a conservé son bouchon de liège. La bouteille de vin, à gauche, a au contraire son bouchon enfoncé à l'intérieur par la pression.

La poupée représentée **(à gauche)** donne une idée de ce que pouvait être celle dont nous avons trouvé la tête dans le champ des débris, lorsque sa propriétaire s'est embarquée. Une telle poupée devait valoir au moins 40 dollars, somme considérable en 1912, et c'était donc certainement le jouet de l'enfant d'un passager de première classe. Elle aurait pu appartenir à Loraine Allison, de Montréal, **(à droite)**, le seul enfant passager de première classe, qui ne fut pas sauvé du désastre. Elle est ici vue avec son frère Trevor qui en réchappa.

(A)

(B)

(A) *Un pied de lit, peint en blanc, provenant d'une cabine de luxe de première classe.*

(B) *Ces marches de bois constituaient sans doute l'escalier servant aux passagers de troisième classe pour accéder du pont arrière au pont de poupe. Probablement faites de teck, ces marches sont dans un remarquable état de conservation.*

(C) *Un siège de W.C. près d'une bouteille de liqueur.*

(C)

(D)

(D) *Un poisson et le bras de manœuvre de* Alvin *« inspectent » ensemble une tasse à café portant l'emblème de la Compagnie White Star Line.*

Le champ des débris

Comme un silencieux musée sous-marin, à près de 4 000 mètres de profondeur, les débris sont dispersés sur le fond de l'océan près de l'épave du *Titanic*. Pour la plupart, ils sont concentrés près de la partie arrière, très endommagée, qui se situe à 700 mètres de la partie avant en bien meilleur état. Une carte du champ des débris entourant l'arrière figure en page 207.

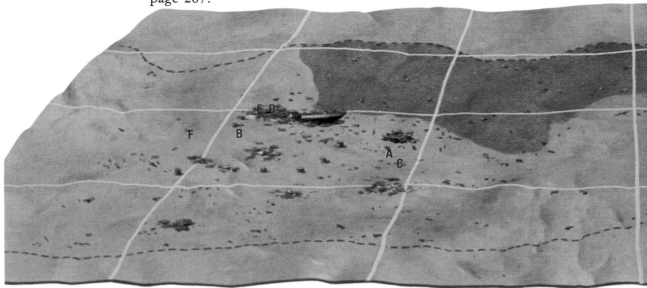

(E)

(E) Le cadre d'un banc de pont dont le lattis a disparu.
(F) Une tête de lit d'une cabine de troisième classe ou d'équipage.

(F)

(Ci-dessous) Les lettres indiquent les objets montrés ci-dessus et le fond noirâtre est constitué par du charbon des soutes répandu sur le fond. Pour un meilleur contraste, la peinture rouge, noire et blanche sur l'épave a été accentuée.

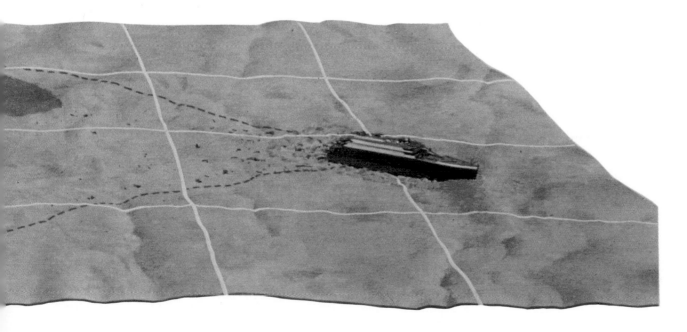

de cacahuète, des sandwiches de confiture, des pommes, du gâteau au chocolat et des bonbons.

A la fin d'une longue journée dans le minuscule submersible, l'atmosphère est souvent... disons... renfermée. On prie le ciel pour que les autres occupants aient pris une bonne longue douche avant de partir et qu'ils n'aient mangé ni ail, ni haricots blancs au dîner de la veille. Et comme il n'existe aucune place pour des toilettes, nous devons avoir recours aux mêmes expédients que les astronautes en apesanteur. (Notre « rossignol » de plastique est surnommé « EEH » : Extenseur d'Endurance Humaine !) Au moins, à la différence des spationautes, ne sommes-nous pas appelés à passer des jours et des jours dans novre capsule !

Avec la fin du repas, le coffre commença à apparaître dans le rayon de nos phares. Très doucement pour ne pas soulever plus de vase que nécessaire, notre pilote nous rapprocha jusqu'à ce que l'objet de notre curiosité soit directement en face de mon hublot, à tribord. Il gisait à la renverse, sa porte vers le haut. La poignée paraissait faite d'or bien que ce ne soit que du bronze. Juste à côté, je voyais le petit cadran rond doré et au-dessus, un joli petit écusson brillant. Je pouvais distinguer le dessin : deux figurines se faisant face. On aurait dit des chevaux ou des licornes se tenant sur leurs pattes de derrière. Mais l'écusson était trop petit pour que je puisse lire l'inscription. Je demandai à Jim de déployer le bras manipulateur de *Alvin* pour prendre une photographie. Ce faisant, je constatai que la pince allait toucher la poignée du coffre. Pourquoi ne pas essayer de l'ouvrir ? J'observai les doigts de métal qui se refermaient sur la poignée et l'articulation qui tournait de gauche à droite. A ma vive surprise, la poignée pivota puis s'arrêta. La porte refusa de s'ouvrir, ses gonds apparemment bloqués par la rouille. Pendant quelques secondes, je me sentis comme l'enfant pris en flagrant délit, la main sur un bocal de bonbons. Il

Quand le coffre fut soulevé par le bras de Alvin, *son fond manquait.*

aurait été si facile d'emporter le coffre en surface avec nous ! Nous avions relevé des charges plus lourdes avec *Alvin*.

Je regardais Jim et il me regarda !

« Et alors ? » me demanda-t-il...

Il y eut un long silence pendant que je pesais le pour et le contre et tentais d'imaginer ce qu'il y avait dedans. Que se passerait-il si, à l'ouverture, nous y trouvions des objets de grande valeur, le « Rubaiyat » d'Omar Kayyam paré de ses bijoux, par exemple ? J'aurais probablement appelé le navire et demandé qu'on passe le message radio à Woods Hole. « Avons trouvé des objets d'une valeur inestimable sur le *Titanic*. Prière de nous dire ce qu'il faut en faire ». Heureusement, mon serment de ne rien rapporter du *Titanic* ne fut pas mis à l'épreuve. Le coffre, d'ailleurs, était probablement vide. Je me souvenais que Bill Tantum m'avait raconté que les coffres-forts des secondes classes auraient été forcés par l'équipage et vidés pendant les dernières minutes ayant précédé l'engloutissement du *Titanic*. Lawrence Beesley rappelle, dans sa description du naufrage, qu'il avait entendu la porte du coffre du commissaire-adjoint se refermer après avoir été vidé. Comme il était certain, après examen approfondi, que « notre » coffre était un de ceux du commissariat des secondes classes, il était bien improbable qu'il ait jamais recélé un vrai trésor. Peut-être un peu d'argent et des bijoux sans grande valeur. Ç'aurait été fantastique de le savoir.

« Laissez tomber, que je prenne quelques photos » répliquai-je finalement. Si je pouvais abandonner ce « souvenir », je pouvais abandonner n'importe quoi. Plus tard, examinant en détail mes photographies, je vis que le fond avait été rongé par la rouille. Tout son contenu aurait été visible sur le sol, mais il n'y avait rien.

Deux jours s'écoulèrent avant que je redescende sur le *Titanic*. C'était maintenant le tour d'un des jeunes officiers sous-mariniers (embarqués pour parfaire leur entraînement au pilotage de *J.J.*) pendant que je dressais l'inventaire de ce que nous avions découvert jusqu'ici. Dans tous les cas, j'avais besoin de marquer un temps d'arrêt. Nous étions arrivés à mi-course de notre expédition et nous avions déjà récolté une belle moisson de films vidéo et des photographics excellentes du *Titanic*.

Mais le Lieutenant de Marine Jeff Powers dut attendre un jour de plus pour faire son excursion à cause du chargeur d'accumulateur de *Alvin*. Par inadvertance, il avait été débranché pendant la nuit si bien que *Alvin* au lieu de se promener au fond, passa la journée du 19 juillet à bord de l'*Atlantis II* pour regonfler ses batteries. Le lendemain 20 juillet au matin, la septième plongée partit comme prévu, emportant le Lieutenant Powers et Jim Aguilar au poste de commande. Martin y alla également pour aider Jeff à manœuvrer *J.J.* Malgré un fort courant de fond, l'engin réussit à se poser sur le *Titanic* et à prendre des photos mais, de nouveau, *J.J.* connut des ennuis : cette fois-ci, ce fut la vidéo qui tomba en panne. Après s'être magnifiquement comporté au cours des premières plongées, *J.J.* devenait un enfant capricieux.

Après deux jours au repos, je trépignais d'impatience pendant que nous faisions route vers le fond ; cette fois, notre objectif était la partie arrière. Ralph Hollis avait repris la barre et le troisième homme de l'équipe était Ken Stewart, un étudiant diplômé travaillant au Laboratoire de Plongée Profonde. Ken s'était occupé de la mise au point de *J.J.* avant l'arrivée de Chris Van Alt et il entendait envoyer *J.J.* observer de près les hélices, pour autant qu'elles soient encore là.

Ce jour-là, j'étais décidé à tirer un trait définitif sur la présentation de Jack Grimm à propos de « son » hélice. Nous avions prévu de poser *Alvin* sur le fond juste derrière la partie postérieure et d'envoyer *Jason Junior*

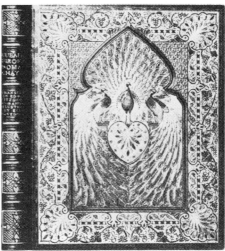

(En haut) Cette vue montre le bureau du Commissaire chargé des passagers de 2ᵉ classe sur l'Olympic. Quatre coffres-forts découverts dans le champ de dispersion des débris se trouvaient dans un bureau similaire à bord du Titanic.

(Ci-dessus) Cette copie des « Rubaiyat » de Omar Kayyam fut achetée dans une vente aux enchères pour 405 Livres Sterling et expédiée à New-York à bord du Titanic. *Plus de 1 000 pierres précieuses étaient enchassées dans la reliure.*

explorer la carène surplombante. A moins qu'elles ne se soient détachées au cours de la chute, les hélices devaient toujours être en place. Tous les témoignages confirmaient que seul l'avant du *Titanic* avait touché l'iceberg, bien que bon nombre de membres d'équipage, qui n'avaient pas vu l'iceberg et qui avaient à peine senti l'abordage, aient affirmé que le navire s'était arrêté parce qu'il avait perdu une pale d'hélice, ce qui est un phénomène rare, mais qui s'est déjà produit. Si seulement ç'avait été aussi simple ! A tous égards, il y avait toutes raisons de penser que les immenses pales étaient encore fixées à leur moyeu et que le safran du gouvernail de 101 tonnes était toujours à sa place. Le *Titanic* possédait trois énormes hélices, les deux tri-pales latérales mesurant 7,20 mètres, la plus petite au milieu, mesurant 5,10 mètres. Ensemble, elles étaient capables de faire avancer ce navire de 46 000 tonnes à plus de 23 nœuds. En fait, la vitesse maximale n'a jamais été déterminée ; Ismay déclara plus tard que les essais de vitesse maximale étaient prévus pour le lundi 15 avril...

C'était la troisième plongée de Ralph sur l'épave. Au lieu de patiner sur le fond, nous fîmes une approche à haute altitude, à nous couper le souffle, sur le champ des débris. Bientôt, le pont de la poupe fut en vue. Cette extrémité de la poupe du *Titanic* était reconnaissable par les gros chaumards des bobines-guides pour amarres. Mais, au lieu de se poser sur le pont, qui était dangereusement encombré de débris, Ralph nous emmena un peu plus loin, juste au-dessous de l'étambot, s'arrêtant un instant pendant que « Big-Bird » cherchait en vain quelques signes du nom du *Titanic* et de son port d'attache, Liverpool. Mais la rouille était trop épaisse.

Nous descendîmes encore et Ralph nous posa en douceur sur le fond, purgeant les ballasts pour une meilleure stabilité afin de laisser *Jason Junior* s'envoler. C'était ce qu'attendait Ken Stewart, mais il ne montrait guère son enthousiasme. Je savais bien qu'il le ressentait, ce n'était pas sa première plongée dans *Alvin* mais c'était la première fois qu'il voyait le *Titanic*. J.J. était à peine sorti de son abri qu'il apparut que quelque chose n'allait pas. Il tournait en rond. Un de ses moteurs, qui avait bien marché en surface, était en panne !

« Merde ! », dis-je, « nous avons fait tout ce chemin, nous sommes posés où nous voulions aller et *Jason Junior* nous laisse tomber ». Ralph avait ce genre de sourire qui signifie : « Je vous l'avais bien dit », pendant que nous rentrions notre robot en tirant sur sa « laisse ».

C'était la seule plongée programmée pour observer la partie postérieure démolie et c'était un fiasco. Je restai assis, renfrogné, regardant par mon hublot le fond boueux et me sentant fort désappointé. Tout à coup, la vase commença de se soulever, Ralph faisait avancer *Alvin* très lentement, sur son patin, sous la coque. Etait-il fou ? Que se passerait-il si un morceau d'épave nous dégringolait dessus ! Je regardai Ken en roulant des yeux et pointai mon pouce vers le dos de Ralph avec l'air de dire « c'est lui le pilote, nous devons nous fier à son jugement ». A son tour, il roula des yeux en signe d'assentiment. Ken pensait manifestement la même chose que moi : Ralph violait la règle première du pilotage de *Alvin* : ne jamais passer sous un obstacle artificiel. Il voulait prouver que *Alvin* pouvait faire tout ce que J.J. faisait... en mieux. Il pensait encore remporter la victoire contre les robots inhabités.

Par mon hublot, je pouvais voir devant nous la limite du no man's land : la zone couverte par la rouille tombée de la poupe au-dessus de nous. Jusqu'à cette ligne de démarcation, le fond de l'océan était clair ; au delà, il y avait un entassement de centaines de pendeloques de rouille. Passer cette frontière correspondait à prendre un risque très grave. Une fois de l'autre côté, il n'y avait aucune issue de secours certaine en cas d'urgence. Je priai le ciel que Ralph sache ce qu'il faisait, mais ne dis

(En haut) Roulements de chaumard, utilisés pour guider les aussières du navire, fixés sur tribord à l'arrière.

(Ci-dessus) Vue arrière du Titanic.

rien. Je voulais aussi voir les hélices. Aucun de nous ne parlait. Le seul bruit dans le submersible était celui de nos respirations.

Tout doucement, j'atteignis un point juste à côté du coude droit de Ralph, la commande du bras manipulateur de *Alvin* et j'orientai la caméra de « Big Bird ».

Si un incident devait se produire, il viendrait de la coque pourrie qui nous surplombait.

Je tournai le dos au hublot et me concentrai sur l'écran du téléviseur couleur à l'arrière de la sphère. Au début, je ne vis qu'un flot de particules en suspension, mais lentement une surface noire et massive se rapprocha des objectifs. Bientôt, tout l'écran fut envahi par l'image d'un immense pavois d'acier, avec ses rivets clairement visibles. Si nous avancions encore, nous allions nous engager sous la poupe. D'ordinaire, je n'éprouve pas de claustrophobie dans un sous-marin mais là, c'était différent. La carène paraissait nous assiéger de tous côtés !

« Je vois le gouvernail, Bob, mais je ne vois aucune hélice », dit Ralph d'un ton neutre. S'il était nerveux, il le cachait bien. Il avait arrêté net *Alvin*.

Je me portai à son hublot et regardai dans le noir. Là, droit devant moi et dans toutes les directions, on ne voyait que la coque se dressant sur le sol, ses bordés courbes disparaissant hors de vue au-dessus et au-dessous. De notre place, elle semblait être en presque parfait état, comme si nous étions dans un bassin de radoub pour un carénage... alors que la coque était propre ! Il y avait à peine de rouille et virtuellement aucune végétation marine. Manifestement, son escarpement l'avait à peu près préservée de la rouille.

Comme l'avant, l'arrière du *Titanic* était profondément enterré dans la vase, 15 mètres environ et la boue dépassait la hauteur des hélices. Seuls quelque cinq mètres du gouvernail émergeaient de ce bourbier, comme si le navire flottait à la surface des eaux. J'étais certain que les hélices étaient dessous, mais je ne pouvais pas le prouver. J'entendais déjà le ricanement de Jack Grimm. Jamais il ne me croirait.

Il n'y avait plus rien à faire et Ralph avait fait ses preuves. « Fichons le camp d'ici », dis-je.

Le pilote fit pivoter *Alvin* et, toujours aussi doucement, reprit la trace laissée par notre patin. *Alvin* franchit la ligne de démarcation de la rouille

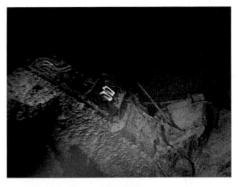

(En haut) La grue de 1,5 tonne du pont A, encore en place mais gisant de côté sur la partie arrière. Cette même grue apparaît sur la photo de 1912 représentant un garçonnet jouant à la toupie, page 17.

(Ci-dessus) Boîtes de fusibles et tableau de commandes d'une grue identique à celle du Titanic, photographiés en 1912.

(A gauche) Les hélices géantes, à la poupe du Titanic, sont maintenant profondément enfoncées dans la vase.

et s'éloigna de dessous la poupe. Enfin, nous pouvions nous détendre, notre sentiment de libération était presque palpable bien que nul n'ait dit mot. Tous, y compris Ralph, étaient heureux que cette aventure hasardeuse ait pris fin.

Pendant ce qui nous restait du temps de cette huitième plongée, je décidai de parachever une mission que je m'étais fixée depuis longtemps. Je voulais déposer une plaque sur le couronnement arrière à la mémoire de mon ami Bill Tantum et de tous ceux qui avaient péri avec le *Titanic*. Plus que n'importe qui, Bill avait soutenu mon rêve du *Titanic*. Un mémorial en son honneur serait également le tribut payé aux membres de l'Association Historique du *Titanic*, qui avait tant fait pour garder vivant le souvenir de ce vaisseau. Anne, la femme de Bill, avait approuvé cette idée et, le jour de notre appareillage, elle m'avait remis une très belle plaque de bronze.

J'avais pensé au début la déposer sur la proue plus superbement préservée. mais ceux qui avaient trouvé la mort avec le *Titanic* avaient reflué

Cette photo du gouvernail a nécessité une manœuvre dangereuse sous le surplomb de la poupe du Titanic.

(A droite) Cette illustration de la partie arrière du Titanic *montre le pont de dunette surplombant en partie la poupe que* Alvin *est en train d'explorer. Le mât principal abattu et la grue tribord du Pont A sont toujours solidaires du navire, ainsi que le rouf d'entrée aux secondes classes sur le Pont des Embarcations.*
Une grosse pièce de débris à gauche en avant plan est une portion de pont. Sur la ligne de débris revenant vers le navire, on trouve des morceaux de la coque et des ponts, trois grues, deux bossoirs et de nombreux objets variés.

sur la poupe lorsque le navire s'était enfoncé par l'avant. La poupe avait été leur dernier refuge.

Nous nous élevâmes vers la poupe et Ralph manœuvra *Alvin* précautionneusement pour l'amener sur le couronnement du pont, près des deux chaumards. Il y avait si peu de place que Ralph ne put faire reposer sur le pont que l'avant de l'engin, notre arrière étant suspendu dans le vide, comme un rocher chancelant au bord d'une falaise. Très soigneusement, le bras de *Alvin* détacha la plaque de l'étui collé sur l'abri de *J.J.* Puis Ralph fit pivoter le bras et, doucement la libéra. Tous les trois, nous regardions la scène sur l'écran TV et nous suivîmes la plaque couler lentement se posant sur la mince couche de sédiments couvrant le pont.

Ensuite, Ralph décolla et nous commençâmes notre ascension, la caméra de « Big Bird » conservant la plaque dans son champ aussi longtemps que possible. Au fur et à mesure de notre montée, elle diminua jusqu'à s'évanouir dans le faisceau lumineux comme le fondu-enchaîné de la fin d'une séquence de film. Je dus encore lutter contre un sentiment de tristesse.

La plaque placée sur la poupe en souvenir de Bill Tantum et de ceux qui périrent sur le Titanic.

Disparaissant à nos yeux, c'était l'image du dernier endroit où les gens s'étaient entassés sur un pont encore hors d'eau du *Titanic*, maintenant désert et paisible. Nous avons peu parlé dans l'engin. Nous étions tous trois sous le coup de l'émotion en gagnant la lumière du jour.

Le temps nous était de plus en plus mesuré et nos deux plongées suivantes s'avérèrent particulièrement frustrantes. Après avoir si bien marché pendant la première moitié de notre expédition, Jason Junior fut confronté à des difficultés chroniques. Malgré les efforts inouïs déployés par Chris Van Alt et son équipe, *J.J.* fut incapable d'un travail suivi les 22 et 23 juillet. Ceci voulait dire que, quatre jours de suite, nous avions été privés de notre « œil-nageur » et hors d'état de pénétrer dans les autres endroits à l'intérieur de l'épave que je souhaitais explorer.

Le 22 juillet, nous photographiâmes tout l'extérieur de la partie avant et étudiâmes spécialement la zone où l'iceberg était censé avoir crevé la coque. De l'étrave jusqu'en un point situé sensiblement à la hauteur de la cale n° 2, les œuvres vives de la coque, situées sous la ligne de flottaison, étaient enfouies dans la boue. Au delà, nous distinguions la place où la voie d'eau se serait trouvée, mais aucune déchirure n'était visible. Au contraire, lors d'un passage vers l'arrière, au ras de la boue, nous sommes tombés sur deux grandes fissures terrifiantes, découpant verticalement les tôles de revêtements de la coque. Celle la plus en arrière était particulièrement instructive : la coque d'acier y était tordue vers l'extérieur à près de 90° et repliée sur elle-même sans signe d'une couture ouverte ou de ligne de rivets sautés. Ces fissures verticales résultaient manifestement de l'écrasement de l'avant sur le fond, le faisant ployer en un angle prononcé. Plus à l'arrière encore, au niveau de la passerelle et juste au-dessus du tournant des bouchains, nous aperçûmes des déformations horizontales et des froissements de tôle de la carène, ces tôles étant légèrement écartées aux coutures et l'on voyait les trous dont les rivets avaient sauté. Là, nous étions bien à l'endroit touché par l'iceberg. Etait-ce une partie de la blessure mortelle du *Titanic* ? Si oui, où était l'immense balafre que nous aurions dû y trouver ? Peut-être y avait-il une autre brèche dans la coque, plus loin en avant mais, d'après ce que nous avions pu voir, il est tout à fait possible que la célèbre entaille n'ait jamais existé.

Le 23 juillet, ce fut au tour des deux autres sous-mariniers du bord, les lieutenants Mike Mahre et Brian Kissel, de plonger. Sur bâbord avant, au niveau du pont D, ils découvrirent une vaste coupée d'accès aux premières classes, grande ouverte, probablement sous l'impact. Ils orientèrent les projecteurs de *Alvin* sur le seuil et jusqu'à l'entrée du hall d'escalier au fond. Mais tout ce qu'ils purent voir était une cloison et le plafond s'évanouissant dans l'obscurité. Qu'y avait-il au-delà de la plage lumineuse des phares ? Ceci aurait été un merveilleux point de départ pour une incursion de *Jason Junior* ! Il aurait pu s'aventurer dans le hall des premières classes, voir les trois ascenseurs, se promener dans les coursives ou retourner dans la salle à manger. Mais, une fois de plus, notre petit robot refusait catégoriquement de coopérer !

A la veille du dernier jour et de notre dernière plongée, je tenais absolument à ce que *Jason Junior* puisse jouer son va-tout. Je demandai à Chris et à son équipe de consacrer au besoin toute la nuit, dans un dernier effort, pour découvrir et réparer ce qui n'allait pas. Juste avant minuit, Chris débarqua dans ma cabine et me tendit un bout de câble déchiqueté. Emile l'avait découvert, « blotti » dans le tambour d'enroulement du cordon ombilical. Manifestement, pendant le montage en usine, ce mince fil avait été endommagé, juste assez pour déchirer sa gaine protectrice de plastique sans nuire au fil lui-même. En surface, rien n'était apparu mais sous l'énorme pression du fond de la mer, le fil avait été

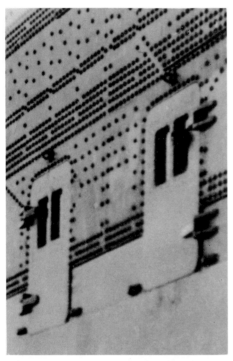

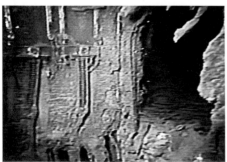

(En haut) Les portes des coursives du pont D en 1912.
(Ci-dessus) Une coupée ouverte en 1986. L'engrenage à vis qui commandait l'ouverture et la fermeture des fenêtres est clairement visible.

quelques fois mis en contact avec la masse. Ainsi, la panne se produisait certains jours et pas d'autres, ce qui est le cauchemar de tout technicien. Nous avions attrapé et tué le démon, mais ce bout de câble abîmé nous avait coûté trois plongées valant 60 000 dollars !

Alors, assuré que tout irait bien, je m'enfonçai dans le sommeil... et me tirai de ma couchette, au matin du 24 juillet, prêt pour ma dernière visite au *Titanic*.

Will Sellars, qui nous avait pilotés lors de notre glorieuse quatrième plongée, était au poste de commande et Martin Bowen avait pris place pour effectuer la dernière sortie de *Jason Junior*. Miraculeusement, le beau temps tenait, notre moral était excellent mais, en quelques secondes, notre euphorie d'une immersion impeccable vira au désespoir. Martin Bowen m'annonça la mauvaise nouvelle : « Bob, j'ai un gros court-circuit sur *J.J.*

« Vous plaisantez ! Dites-moi que vous plaisantez ! » fut ma seule réponse.

Je ne pouvais pas envisager une autre plongée sans mon petit *J.J. Jason Junior* irait à l'intérieur du déambulatoire du pont A des premières classes même s'il me fallait l'y projeter avec le bras manipulateur de *Alvin*. Nous n'avions d'autre choix que de refaire surface et voir si on pouvait réparer. Aujourd'hui, nous avions encore moins de marge de manœuvre que d'habitude. Avant la mise à l'eau, le Commandant Baker avait souligné l'importance d'un retour à une heure précise pour regagner notre port au moment fixé. Les « Puissances » tenaient à ce que nous soyons accueillis à Woods Hole par une cérémonie soigneusement orchestrée et le Commandant ne voulait pas être en retard.

Pendant une heure, Martin, Will et moi devions cuire à petit feu dans notre sphère pressurisée, replacée dans son berceau sur le pont de l'*Atlantis II* qui tanguait doucement, alors que Chris et sa cohorte s'attaquaient à *J.J.* une fois de plus. La température montait dans la capsule, mais je n'aurais pu dire quelle en était la cause : le soleil tapant sur la coque métallique ou ma contrariété croissante ! Heureusement, la panne se révéla une fausse alerte : un mauvais contact sur chacun des moteurs de *Jason Junior* se cumulant pour donner l'impression d'un sérieux ennui. *J.J.* fonctionnerait normalement quand nous serions au fond.

Enfin, peu après dix heures, nous étions de nouveau affalés, nous enfonçant aussi vite que nos lests nous entraînaient. A midi, nous approchions de notre destination. Nous mangeâmes notre dernier sandwich au beurre de cacahuète de l'Expédition *Titanic* 1986. Juste après 12 h 30, nous étions en vue de notre point d'atterrissage familier sur le gaillard d'avant. Nous déposâmes une seconde plaque commémorative (donnée par le Club des Explorations de New York dont je suis membre) sur un des beaux cabestans de prouc. L'inscription gravée demandait à tous ceux qui viendraient par la suite de laisser le navire reposer en paix.

Alors que nous décollions et nous dirigions vers le pont promenade A, Martin confirma que *Jason Junior* paraissait bien marcher. Au cours de passages sur babord, j'avais remarqué une coupée du pont B, juste par le travers de la passerelle dont je pensais qu'elle était assez grande pour que *J.J.* l'emprunte. C'était un passage, ouvrant dans le pavois, dont la porte manquait, deux étages au-dessous des bossoirs qui restaient en place.

Ayant repéré cette ouverture, je demandai à Will de poser *Alvin* sur le pont des embarcations, au-dessus, sur l'aire d'atterrissage babord que j'avais remarquée lors de notre seconde plongée, à côté des quartiers effondrés des officiers. Ayant franchi la rembarde, nous avancions le long du pont, passant devant les fenêtres à babord du Grand Escalier jusqu'à arriver près du joint de flexibilité, derrière l'orifice de la cheminée n° 1 et les appartements des officiers. La superstructure du navire était éventrée tout au long du joint et je pouvais voir au travers le côté tribord. Ce que

Le joint d'expansion avant béant sur babord au travers duquel l'intérieur du bateau nous était visible.

(*Ci-dessous*) La vis d'engrenage qui servit à manœuvrer le bras d'un bossoir du canot n° 2 brille encore.

je voyais à l'intérieur était particulièrement tentant. Dans une cabine, je vis un petit poêle à charbon paraissant recouvert de céramique verte. Peut-être avait-il servi au chauffage des appartements des officiers ?

Nous progressâmes lentement en direction du bossoir babord le plus en avant, le bossoir du canot n° 2, près duquel nous souhaitions nous poser, à proximité de la cabine du premier officier Murdoch. C'était le seul bossoir demeuré en place sur babord. Will l'aperçut ainsi que tout un tas de débris, un peu plus loin à droite, là où la cloison du quartier des officiers s'était abattue. Se poser là serait risqué. Juste en arrière du bossoir, des montants métalliques, qui avaient autrefois servi de support à une rembarde le long du flanc du navire, dépassaient de plus d'un demi-mètre. Mais Will posa *Alvin* et l'approcha aussi près qu'il put.

Ce devait être le champ du cygne de *J.J.* Selon toute probabilité, aucun de nous ne reviendrait sur le *Titanic*. « Allons-y, Martin, c'est maintenant ou jamais », dis-je.

Avec son habileté coutumière, mais quelque nervosité toutefois, Martin fit descendre *Jason Junior* deux ponts plus bas, allant et venant, cherchant l'ouverture que j'avais choisie. Serait-elle assez grande ? Martin le croyait et avança avec précaution, évitant le bastingage de chaque côté de la coursive ouvrant sur le pont B et s'aventurant sur la pointe des pieds. Malheureusement, il n'y avait pas grand chose à voir. L'eau était souillée de sédiments et de particules de rouille et Martin renonça.

Voyant sa voie barrée dans sa tentative d'explorer cette promenade, Martin hissa *J.J.* sur le pont des embarcations pour observer de près le bossoir n° 2 dont il prit d'excellentes photographies en gros plan, révélant des détails merveilleux : ses engrenages étaient aussi brillants et neufs qu'au jour de leur fabrication. Le canot n° 2 et le radeau D avaient été

(Ci-dessus) Un panneau indiquant « porte réservée à l'équipage ». (Ci-dessous) Une fenêtre donnant du Grand Escalier sur le Pont des Embarcations.

affalés à partir de cet endroit. Le radeau D, dernier à quitter le bord, était celui dont Lightholler avait défendu l'accès en faisant former une chaîne par ses marins pour empêcher une ruée sauvage. Parmi ceux qui avaient pu se sauver sur cet esquif, il y avait les enfants Navratil, enlevés par leur père des bras d'une épouse dont il s'était séparé. Quand le *Carpathia* était arrivé à New York, il fallut des jours avant que leur identité réelle soit connue (le père, qui disparut avec le naufrage, avait été inscrit sur la liste des passagers sous le nom de M. Hoffman). Bien d'autres enfants n'eurent pas cette chance.

Martin guida *Jason Junior* par-dessus bord à la recherche d'une autre voie pour accéder au pont A, le dirigeant à travers une promenade privative à ciel ouvert, à l'extrémité avant de celle réservée aux passagers de première classe, à la verticale de l'entrée du pont B, si décevante. Il se trouvait là deux coursives menant dans deux directions différentes. Sur la face extérieure de la grande porte de la cloison nous séparant de cette promenade privative, s'ouvrait une fenêtre utilisable. Des stalactites de rouille pendaient de façon menaçante de part et d'autre, si bien que Martin déplaça l'engin vers une autre porte ouverte, conduisant apparemment à l'intérieur du navire. Ce faisant, je remarquai une plaque de cuivre à droite et il fit jouer le téléobjectif pour en prendre une photo rapprochée. Il était inscrit : « Porte pour l'équipage seulement ». Nous constatâmes que cette porte ouvrait sur un escalier intérieur menant, non pas aux cabines intérieures, mais au pont des embarcations, juste au-dessus, près de la passerelle.

En s'élevant pour mieux voir, *J.J.* percuta une grosse pendeloque de rouille coulant du pont en surplomb et aussitôt fut aveuglé. *J.J.* tournoyait en tous sens et nous ne savions plus l'orienter. Puis, sa laisse se prit

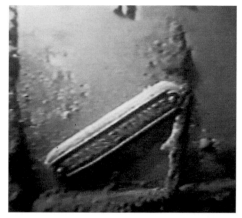

*(Ci-dessous) La coupée des premières classes sur le Pont des Embarcations.
(Ci-dessus) Le panneau au-dessus de la porte indique « Entrée des premières classes ».*

dans un obstacle. Je pensais à la fameuse réplique de Stan Laurel : « Eh, bien Hardy, nous voilà frais !» Et, au même moment, Will Sellars me signala qu'il était presque temps de revenir à la surface. Enfin, *J.J.* fut à même de « voir » sa laisse dans l'eau chargée de rouille. Elle était prise dans une ferraille déchiquetée. Martin fit manœuvrer *J.J.*, le libéra et nous poussâmes tous un fort soupir de soulagement lorsque j'ordonnai : « Ramenez-le ; Martin, nous avons fait nos preuves. Tous nos objectifs sont atteints. Remettez-le dans son abri et rentrons ». En sortant de la promenade et en revenant sur le pont des embarcations, il « aperçut » une petite prise d'eau, sur la lisse près d'une écoutille. Sa peinture rouge était encore visible.

Une fois *J.J.* en sûreté dans son nid, Will décolla du pont et s'éloigna du navire pour larguer nos lests sans risque, dans la vase. Le submersible marqua un temps d'arrêt comme s'il rechignait à quitter le *Titanic* pour la dernière fois, puis nous commençâmes notre ascension, accélérant pour rejoindre la surface. Je regardais sur l'écran du téléviseur le pont du navire s'évanouir dans le faisceau des projecteurs. Les dernières choses que je distinguai furent le toit enfoncé des quartiers des officiers et un bossoir solitaire.

D'un seul coup, tout fut fini ! Le *Titanic* disparut de ma vue lorsque Will éteignit les phares à incandescence et nous progressâmes silencieusement dans le noir absolu. Pour une fois, je ne fis pas passer le thème musical de « *Flashdance* » sur le magnétophone. Je jouai une musique plus douce et plus classique ; on n'échangeait aucune des conversations ou des plaisanteries habituelles, aucune des marques rituelles de défoulement après ces heures d'intense concentration. Chacun de nous restait sagement assis, plongé dans ses pensées.

Je savais que c'était la dernière visite que je rendais au navire. Dans l'hypothèse bien improbable d'un retour, je ne serais pas dans *Alvin*. *Argo* et *Jason*, nos appareils de prises de vues sous-marines télécommandés remplaceraient notre engin. Ce serait un incontestable progrès pour la Science, mais il y manquerait quelque chose ; disparus ce contact, cette intimité que j'avais connus pendant ces douze derniers jours. Comment pouvais-je ressentir cette sensation de manque, me demandai-je ? Après tout, le *Titanic* n'était en dernière analyse qu'une grand épave dans les abysses. Notre mission avait été un plein succès technologique ; j'aurais dû en être profondément heureux. Au lieu de cela, je me sentais comme un bachelier disant adieu à sa petite amie attitrée avant d'entrer à l'université. Je voulais tourner mes regards vers l'avenir mais je ne pouvais m'empêcher de me pencher sur le passé.

Deux heures et demie plus tard, à notre arrivée en surface, ce n'était pas le moment de faire la fête ou de réfléchir. Chacun avait une tâche urgente à accomplir : repêcher les balises, arrimer le submersible, s'assurer que *J.J.* était bien en sécurité et se préparer à faire route vers notre port. Plus tard, dans la nuit, la fête battrait son plein dans le laboratoire, mais, malgré tout, je ne cessais de penser au *Titanic*, à ceux qui l'avaient construit, qui avaient voyagé à son bord et qui moururent quand il s'engloutit dans les flots.

Le R.M.S. *Titanic* avait livré bon nombre des secrets qu'il avait gardés pendant 74 ans. Nos deux expéditions avaient été un remarquable succès. Le *Titanic* avait été retrouvé et exploré avec la déférence qui lui était due. Mais, avions-nous abandonné le navire à son dernier sommeil ou, au contraire, avions-nous ouvert une ère toute nouvelle de spéculations sur son destin et de tentations de piller sa sépulture ?

La petite bouche à eau que nous avons repérée sur le Pont des Embarcations.

Le *Titanic* hier et aujourd'hui

Bien que le mobilier Edouardien somptueux ait disparu, que les cheminées aient été arrachées et la coque brisée, l'épave et l'aire où les débris se sont répandus révèlent des images fascinantes de ce que fut ce vaisseau.

(A droite) Le pont des embarcations, à tribord du Titanic, sur une photo prise à Queenstown par Mlle Kate Odell. Au premier plan à gauche, un des ventilateurs Sirocco et son moteur d'entraînement (ci-dessous). Ce ventilateur et le bâti du moteur sont demeurés en place après 74 ans. Le haut capot du ventilateur que l'on voit ci-dessus a été emporté dans le naufrage. A peu de distance de cet endroit, le pont s'affaisse, plongeant suivant une pente vertigineuse.

le pont de la passerelle B, le pont abri C, le pont salon D, le pont supérieur E, le pont milieu F, le pont inférieur G, le pont Orlop et le pont des ballasts.

Noter les deux escaliers des premières classes, le gymnase (en réalité sur le côté tribord) et le grand salon des premières classes, la salle à manger et le fumoir.

(Ci-dessous, à gauche). Ce diagramme offre une vue sur tribord, des conséquences de la cassure et du plongeon du Titanic. Une surcharge a été effectuée, sur le plan d'origine, pour permettre de comparer l'état actuel de l'épave avec le navire.

1. *Safran du gouvernail enterré sur 15 mètres.*
2. *Pont arrière arraché au-dessus de l'étambot.*
3. *Pont inférieur arrière arraché.*
4. *Ponts détuits et effondrés.*
5. *Grue de marchandises arrière tribord tordue mais toujours reliée à son embase.*
6. *Entrée des 2ᵉ classes et restes de la cage d'ascenseur.*
7. *Ponts effondrés les uns sur les autres.*
8. *Pont des cuisines affaissé dont le bord s'appuie sur le sommet du bloc-moteur d'une turbine alternative.*
9. *Tôles de carène demeurées partiellement verticales bien que le pont des embarcations soit enfoncé au centre.*
10. *Brèche large de 30 cm dans le joint de flexibilité.*
11. *Carène gondolée au-dessous du joint de flexibilité.*
12. *Seule trace possible de l'abordage de l'iceberg visible ici.*
13. *Proue ployée vers le bas de 7 à 10° C.*
14. *Gauchissement consécutif à la pliure de la proue.*
15. *Niveau de la quille d'origine.*
16. *Etrave enterrée de 20 mètres dans le fond.*

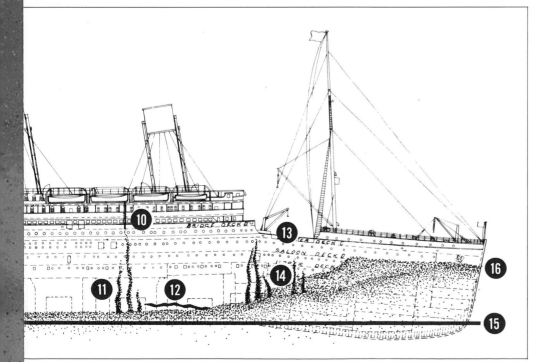

THE LARGEST STEAMERS IN THE WORLD

...artments, contain nine steel decks, and provide accommodation for ...
Each vessel when completed will have cost £1,500,000.

*(A gauche) Cette photographie
(ci-dessous) de l'Olympic montre ce à quoi
ressemblait l'entrée des 2e classes sur le
Titanic. (Au-dessus, à gauche) L'entrée
des 2e classes et la cage d'ascenseur se
trouvent sur la partie arrière (voir tableau,
pages 156/157). Les fenêtres cintrées
tribord ont implosé (à gauche) et le dome
de protection de l'entrée est toujours
en place.*

Le grand salon des premières classes

Le grand salon des premières classes du *Titanic* est décrit, dans un numéro de 1911 de la revue *The Shipbuilder*, comme « ...un noble appartement de styles Louis XV, dont les détails ont été copiés sur le Palais de Versailles. Ici, les passagers goûteront les plaisirs de lire, de bavarder, de jouer aux cartes, de prendre le thé et de savourer toute autre distraction mondaine... ».

(Ci-dessus) Le vitrage demeure intact dans certains vitraux du salon des premières classes. En haut et à gauche de cette vue du salon *(à droite)* on peut voir la lumière passant à travers un de ces vitraux.

(Ci-dessus, à gauche) Cette fenêtre du salon des premières classes de l'Olympic *a permis d'identifier celle trouvée dans le champ des débris du* Titanic *(ci-dessus)*. Cette photo a été prise à l'Hôtel du Cygne Blanc à

Alnwick (Angleterre) dont les meubles proviennent de l'Olympic.
(Ci-dessus) Une des appliques murales du salon, en forme de candélabre, photographiée par ANGUS dans le champ des débris.

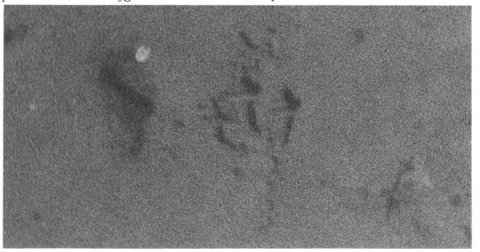

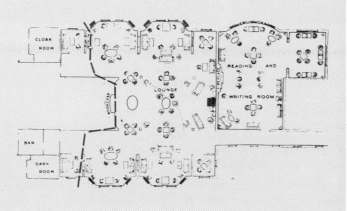

(Extrême droite) Cette statuette décorait le manteau de la cheminée (ci-dessus en médaillon). C'est une copie en réduction de la célèbre « Artémis de Versailles » qui est actuellement au Louvre. Elle représente Artémis, la déesse grecque de la chasse, tirant une flèche de son carquois alors qu'elle saisit un cerf. La teinte grisâtre de la statue indique qu'elle était sans doute faite d'un alliage de zinc, peint de couleur bronze.

Ce plan du salon des premières classes montre l'endroit où se trouvait la statuette sur la cheminée et l'emplacement des vitraux. La ligne de pointillés marque l'endroit de la cassure lorsque le navire s'est brisé en deux parties.

L'escalier arrière des premières classes

Bien que moins grand et moins majestueux que le grand escalier avant, celui de l'arrière était décoré dans un style identique, s'enorgueillissant des mêmes lambris de chêne et des mêmes balustrades raffinées de fer forgé. Comme la cassure se produisit au moment du naufrage juste à la hauteur de cet escalier arrière, il a été découvert beaucoup plus de morceaux de lui que de son homologue plus célèbre de l'avant.

(A gauche) Cette vue du hall, sur le pont A, de l'escalier arrière de l'Olympic est identique à celle que l'on pouvait avoir à bord du Titanic. *(Ci-dessus)* La base de bronze, la décoration et même une partie du fil électrique sont demeurés sur cette lampe

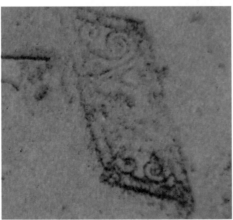

(Ci-dessus) Cette pièce de bois sculpté, longue de 1,50 mètre, marquait le centre de l'escalier figurant ci-dessus. Il fut retrouvé, flottant près du lieu du naufrage, en avril 1912, par le Minia, un des bateaux envoyés de Halifax par la White Star Line à la recherche des victimes du Titanic.

(Ci-dessus) Neuf segments de balustrade de fer forgé de l'escalier arrière furent retrouvés dans le champ des débris : deux d'entre eux formant des parties rectangulaires pareilles à celle montrée ci-dessus à droite. Les autres courbés, provenant de la rampe comme celui ci-dessus. La décoration florale dorée est demeurée et reflète le projecteur de la caméra qui la filme.

La salle à manger des premières classes

La plus vaste salle flottante, la salle à manger des premières classes du *Titanic*, splendidement décorée en style Jacques 1er, pouvait accueillir plus de cinq cents personnes. Les baies en alcoves, sur les côtés de cette pièce longue de 38 mètres, formaient des salons particuliers auxquels les murs blancs et les moulures conféraient une atmosphère discrète et élégante.

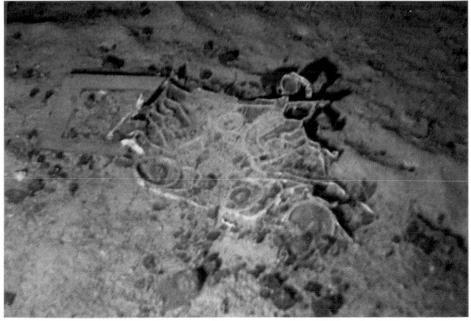

(En haut et à droite) L'encadrement et les carreaux cassés d'une des fenêtres du bar.
(Ci-dessus) Un des salons privés de la salle à manger

(A droite) Un fragment de vitrail du même genre que celui ci-dessus et une baie vitrée peinte (ci-dessous).

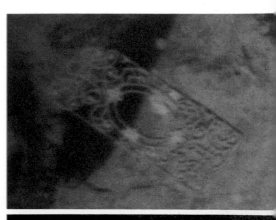

(Ci-dessous, à droite) Bien que tordu et dépourvu de ses carreaux, le vitrail de la porte de la salle à manger était parfaitement identifiable quand nous l'avons photographié dans le champ des débris. Plus tard, son jumeau fut repéré sur une image d'un film pris par ANGUS *(encadré, en haut et à gauche)*.

Sur cette photo de la salle à manger paru dans la revue The Shipbuilder *(ci-dessus)* on peut voir les deux grilles des portes d'accès.

R.M.S. "TITANIC."

APRIL 14, 1912

HORS D'ŒUVRE VARIÉS
OYSTERS

CONSOMMÉ OLGA   CREAM OF BARLEY

SALMON, MOUSSELINE SAUCE, CUCUMBER

FILET MIGNONS LILI
SAUTÉ OF CHICKEN, LYONNAISE
VEGETABLE MARROW FARCIE

LAMB, MINT SAUCE
ROAST DUCKLING, APPLE SAUCE
SIRLOIN OF BEEF, CHATEAU POTATOES

GREEN PEAS   CREAMED CARROTS
BOILED RICE
PARMENTIER & BOILED NEW POTATOES

PUNCH ROMAINE

ROAST SQUAB & CRESS
COLD ASPARAGUS VINAIGRETTE
PÂTE DE FOIE GRAS
CELERY

WALDORF PUDDING
PEACHES IN CHARTREUSE JELLY
CHOCOLATE & VANILLA ECLAIRS
FRENCH ICE CREAM

Ce menu du dernier dîner servi aux passagers des premières classes au soir du 14 Avril 1912, montre le luxe et le raffinement des repas offerts au cours du voyage. Ce menu était sous une couverture où un dessin représentait les symboles de l'Europe et de la Concorde se donnant la main par dessus une étoile blanche et un second dessin représentait le salon de réception proche de la salle à manger.

(A gauche) Bien que soumise à une pression de 500 kg/cm², cette bouteille de champagne est toujours bouchée. Même le capuchon de plomb sur le goulot est reconnaissable.

(A droite) Cabossée mais encore brillante, une soupière d'argenterie repose à côté d'une conduite de vapeur brisée.

(Encadré, ci-dessus, à droite) Ce plat de métal argenté a peut-être servi à présenter le saumon sauce mousseline mentionné sur le menu *(à gauche)*.

Les cuisines

« Les services de cuisine, sur ces navires, sont parmi les plus complets du monde », proclamait la revue *The Shipbuilder* à propos des installations des nouveaux *Olympic* et *Titanic*. Les cuisines communes des premières et des secondes classes, comprenant offices, boulangerie et arrière-cuisines, étaient situées sur le pont D entre les salles à manger des deux classes et étaient pourvues de l'équipement culinaire les plus moderne. Au cours du naufrage du *Titanic*, des milliers de casseroles, de marmites, de poêles, de plats et d'autres ustensiles de cuisine tombèrent au fond.

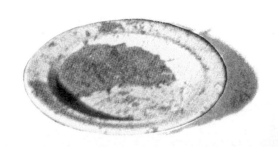

(**En haut, à gauche**) *Une assiette du service de table des troisièmes classes (deux ponts au-dessous de la salle à manger des premières classes) porte les armes de la White Star Line*

(**Ci-dessus**) *Cette bassine de cuivre vient certainement d'un des offices et devait servir à la vaisselle des plats et des casseroles.*

La corrosion paraît avoir peu attaqué cette saucière de cuivre et cette marmite. (**Ci-dessous, à gauche et au centre**) *Un morceau cassé du carrelage s'est glissé dans cette casserole*

Des pots semblables à celui-ci étaient en usage dans les cuisines des premières classes de l'Olympic, photographiés ici (**en bas, à droite**).

Une section d'une des étagères, longues de 35 mètres, est visible sur cette photo des offices et montre des cruchons suspendus au plafond ainsi que des plats rangés sur les étagères.

(**Ci-dessus**) *Cette cruche est semblable aux douzaines d'autres suspendues aux étagères de l'office* (**ci-dessus**).

Un morceau d'une des étagères pourvues d'ouvertures ovales où étaient posés les couvercles, est visible sur ce dessin (ci-contre, en bas, à gauche).
(Ci-dessous) Rangées de bols semblables à ceux visibles dans l'office (ci-dessus) encore sagement rangés malgré un plongeon de 4 000 mètres dans la mer.

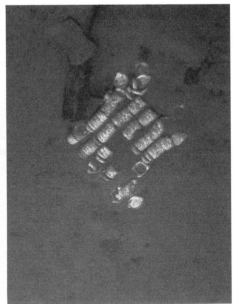

177

Les fumoirs

Lorsque le *Titanic* percuta l'iceberg, dans la nuit calme du dimanche 14 avril 1912, la plupart des passagers qui n'étaient pas encore allés se coucher buvaient un dernier verre ou fumaient un dernier cigare dans le fumoir des premières classes sur le pont A. Avec ses lambris d'acajou de style Georgien, incrustés de nacre, une vaste cheminée et de larges fenêtres à vitraux, on y goûtait l'ambiance d'un Club de gentlemen londonien.

(Ci-dessous) Ces fragments de vitraux, dans le champ des débris correspondent au quartier inférieur gauche du vitrail avec un voilier dans son centre (à droite).

(A droite) Cette photo de l'Olympic montre comment se présentait le fumoir des premières classes du Titanic.

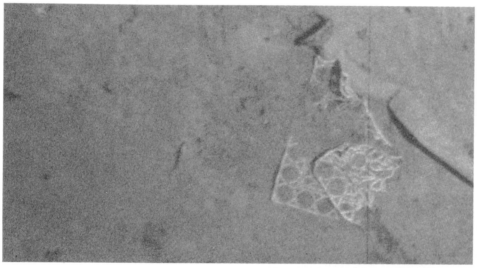

Un panneau de porte vitrée, bien préservé, provenant du fumoir des 2ᵉ classes repose sur le fond. On le retrouve sur la porte au centre de la photographie (en bas, à droite).
(Ci-dessous) Un crachoir provenant sans doute d'un des fumoirs.

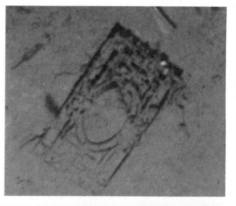

(Ci-dessus, à droite) Cette lampe est semblable à celle figurant au plafond (ci-dessus) sauf qu'elle porte cinq globes et qu'elle était fixée le long d'un mur.

(Ci-dessus, à gauche) Un carreau de linoleum du plancher du fumoir.

(A droite) Un fragment de bouche d'aération identique à celui figurant en bas à droite du fumoir des 1ʳᵉ classes.

(A droite) Diverses grilles de ventilation métalliques aux dessins variés étaient utilisées un peu partout dans le navire.

Les cheminées

Pendant sa chute vers le fond, le *Titanic* eut ses monumentales cheminées arrachées. Il fut pourtant difficile d'en trouver des traces dans le champ des débris. Après examen des vues prises par ANGUS, nous avons repéré le pied de la cheminée N° 4 près de la partie arrière et identifié les morceaux de deux autres.

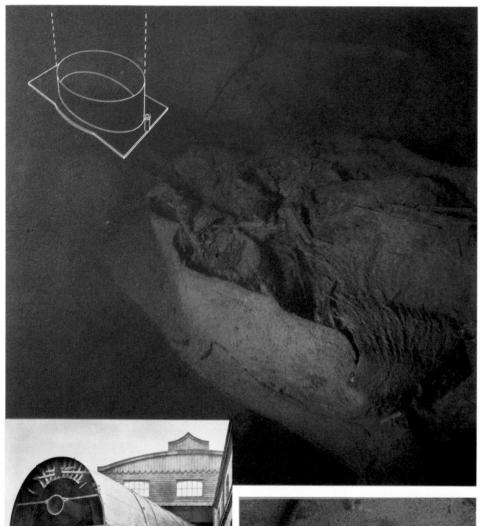

(*Ci-dessus*) *Les cheminées 3 et 4 du* Titanic. *Noter les sirènes au sommet, identiques à celles ci-dessous.*

(*A gauche*) *L'embase de la cheminée N° 4. Le diagramme encadré montre comment elle se présentait à l'époque.*

(*Ci-contre, à gauche*) *La dernière cheminée de l'*Olympic *quittant l'atelier de fabrication.*

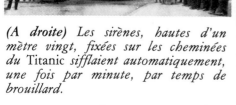

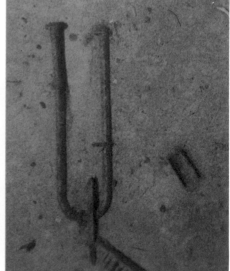

(*A droite*) *Les sirènes, hautes d'un mètre vingt, fixées sur les cheminées du* Titanic *sifflaient automatiquement, une fois par minute, par temps de brouillard.*

(*Ci-contre, à droite*) *Une conduite d'eau sous pression provenant du côté d'une des cheminées du* Titanic.

Les appartements de luxe

L'un des objectifs de la White Star Line, en lançant l'*Olympic* et le *Titanic*, était d'offrir aux passagers des installations supérieures à tout ce qui avait pu exister antérieurement sur les flots. Depuis les décors d'époque des appartements des ponts B et C jusqu'au cuivre et l'acajou des couchettes des 2e et 3e classes, White Star créait un nouveau monde de confort pour les passagers des routes transatlantiques.

(En haut, à droite) Les phares de Alvin éclairent une cornière de cuivre tenant une des fenêtres d'appartement du pont B à tribord.

(Ci-dessus) Le lit, sur cette photo de la suite B 57 prise en 1912, a un pied de laiton et de fer émaillé pareil à celui photographié (à droite) dans le champ des débris du Titanic.

(Ci-dessous) Plan de l'appartement B 57.

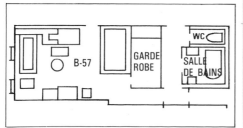

181

(Ci-dessus) Bien que n'étant pas aussi luxueux que ceux des premières classes, les appartements de 2ᵉ classes avaient des lavabos doubles aux dessus de marbre, un hublot d'aération et un radiateur de chauffage près du lit.

(A droite) Ces robinets, sur un morceau de lavabo cassé, sont les mêmes que ceux figurant ci-dessus.

(Ci-dessous) Ce radiateur de chauffage est très semblable à celui fixé au mur près du lit *(ci-dessus)*.

(Ci-dessus) Bien que couvert de rouille, le hublot de l'appartement C 10 n'est pas cassé et son encadrement de cuivre est encore brillant.

(A droite) N'ayant pas de hublot cette cabine double de troisième classe est pourvue d'un ventilateur de plafond semblable à celui trouvé par ANGUS *(encadré, à droite)*.

(Au milieu, à droite) Cette cuvette de lavabo est pareille à celle que l'on voit dans la cabine de 3ᵉ classe *(à droite)*. Elle est encore fixée à la partie du lavabo qui pouvait se renverser pour évacuer l'eau. Un carreau de sol gît à côté d'elle.

(A **droite**) Photo prise par en-dessous, à bord de la chaloupe embarquant des passagers à Queenstown. Cette vue de côté du Titanic montre les hublots et les passagers se penchant par-dessus bord. Tout en haut, se tient le Commandant Smith, regardant vers le bas, depuis l'aileron tribord de la dunette ;

(Ci-dessus, à droite) Cette chasse d'eau entourée d'un pot de chambre et d'une cuvette de lavabo vient d'une cabine quadriplace de 3e classe pareille à celle figurant ci-dessus.

(Ci-dessous) L'émail blanc de cette baignoire métallique a été presque complètement rongé par la rouille, contrastant ainsi fortement avec son aspect primitif, lorsqu'elle était neuve.

(Ci-dessous) Ce cabinet de toilette de 1ère classe est muni d'un porte-savon identique à celui figurant dans l'encadré **(à droite)**.

(En bas, à droite) Un enchevêtrement de tuyaux et de robinets et une chasse d'eau renversée composent une sculpture abstraite sur le fond.

Le gymnase

Dans sa description du gymnase, la revue *The Shipbuilder* relevait que « ...les passagers peuvent s'y livrer aux plaisirs de l'équitation, du cyclisme, de l'aviron et s'entraîner tout en s'amusant... ». Situé sur le pont des embarcations, près de l'entrée tribord des premières classes, le gymnase offrit un refuge chaleureux, pendant la nuit du drame, aux Astor et aux autres passagers qui attendaient de prendre place dans les canots de sauvetage.

(Ci-dessus) Cette photo du gymnase de l'Olympic montre un cheval mécanique à gauche, près de la fenêtre.

(Ci-dessous) En pantalon de flanelle blanche, le moniteur de gymnastique du Titanic, T.W. McCawley, fait une démonstration de la machine à ramer.

(Ci-dessus) Lawrence Beesley (qui fut par la suite l'auteur du récit d'un rescapé du naufrage) et une de ses amies pédalent sur la bicyclette fixe.

(Ci-dessus) La flèche indique l'endroit où se trouvait le gymnase sur le pont des embarcations, à tribord.

(Ci-dessous) Cette photo, prise par Francis M. Browne, montre un homme non identifié se tenant près des grandes fenêtres cintrées du gymnase.

(A droite) On peut voir sur cette photo la console qui porte le panonceau d'accès, la porte du gymnase *(au centre)* et une de ses fenêtres encroûtée de rouille.

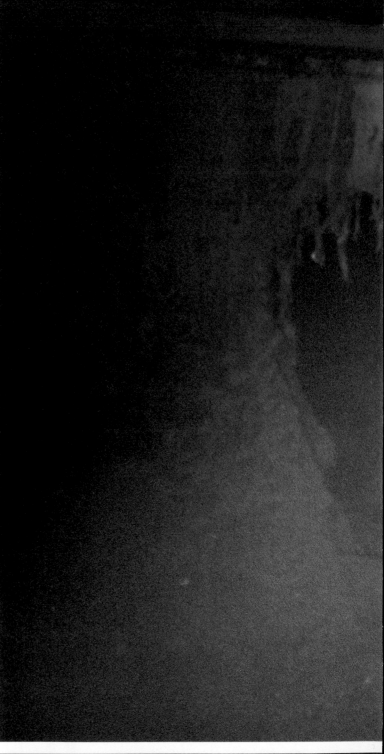

(A gauche) Une jeune fille est montée sur le cheval électrique. Un fragment du treillis qui protège sa machinerie et celle d'un autre appareil de gymnastique est visible par la fenêtre du bas, à gauche.

(Ci-dessous) Les fenêtres cintrées du gymnase sont drapées de stalactites de rouille sur les trois photos ci-dessous.

(A droite) Le levier, au sommet, qui commandait la marche du cheval électrique *(à droite)* est demeuré en place et on peut le voir de l'autre côté de la fenêtre du gymnase apparaissant sur cette photographie *(au centre, à droite).*

Les canots de sauvetage

Les témoins les plus hallucinants de la tragédie du *Titanic*, observés depuis l'intérieur de *Alvin*, furent les bossoirs des canots de sauvetage, évoquant de façon poignante la nuit pendant laquelle ils servirent pour la première et dernière fois.

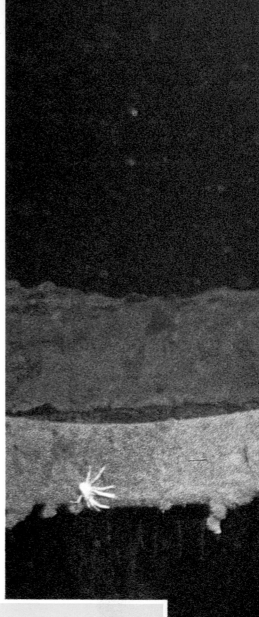

Le bossoir photographié **(à droite)** est le même que celui que l'on peut voir, portant le canot n° 8, immédiatement derrière la passagère, accoudée au bastingage, photographiée à bord du Titanic à Queenstown.

Un crabe court le long du bras du bossoir **(à droite)** qui servit une dernière fois, le 15 avril 1912 à 1 heure 10 du matin, à affaler le canot n° 8. Derrière le palan encore intact, on peut voir profiler le pont promenade supérieur.

L'histoire du canot n° 8

(Ci-dessus) La Comtesse de Rothes qui prit la barre du canot de sauvetage n° 8.

(A droite) Cette photographie montre un des canots du Titanic approchant du Carpathia au petit matin.

Le canot n° 8, le second à être affalé à babord, emportait 24 femmes et 4 membres d'équipage. Il avait pris à son bord Mme Isidor Strauss, épouse du fondateur des Grands Magasins Macy's, mais elle préféra rester auprès de son vieux mari. Le Second Officier Lightholler y fit monter toutes les femmes et les enfants qu'il put voir mais il restait de nombreuses places libres. Les épouses qui y avaient pris place prièrent le Commandant Smith de laisser embarquer leurs maris pour ramer. Mais l'ordre était formel : « Les femmes et les enfants d'abord ».

Lightholler en confia le commandement au matelot Jones et lui ordonna de ramer vers les lumières qu'on apercevait au loin. Jones passa le gouvernail à la Comtesse de Rothes : « Elle parlait tant que je l'ai mise à barrer le canot ! ». Ils ramèrent vers les lumières, dont ils pensaient qu'elles étaient celles d'un navire, mais il ne paraissait jamais se rapprocher. Mme J. Stuart White devait témoigner devant la Commission d'Enquête Américaine que « ...toutes les femmes de notre canot se mirent aux avirons... Les hommes n'en connaissaient pas les premiers rudiments... ».

Quand le *Titanic* eut sombré, le matelot Jones proposa de revenir sur les lieux du naufrage pour tenter de recueillir ceux qui se débattaient dans l'eau. Mais il fut accueilli par les hurlementsq de protestations des femmes qui, un peu plus tôt, avaient plaidé en faveur de leurs époux. Il a été rapporté que le matelot Jones aurait alors déclaré :« Mesdames, si certains d'entre nous sont sauvés, qu'ils se rappellent que je voulais revenir. J'aurais préféré me noyer avec eux que les abandonner ! ».

(Ci-dessus) Ce dessin montre le canot n° 15, près d'être descendu sur le canot n° 13 qui avait été déporté, alors qu'un marin essayait de couper l'amarre le rattachant au navire.

(Ci-dessus) Les bossoirs « Welin » du Titanic étaient conçus pour 32 canots, mais il n'en desservaient que 16, nombre exigé par les règlements du Ministère Britannique du Commerce.
(A gauche) La crémaillère utilisée pour basculer le bras de bossoir est encore dans un état proche de celui où elle se trouvait 74 ans plus tôt.

Les chaudières

Pendant des années, de nombreux historiens ont cru que les massives chaudières du *Titanic* avaient rompu leur scellement et avaient crevé la coque lorsque le navire avait fortement piqué du nez. En fait, seules cinq chaudières à foyer unique, situées dans la chaufferie où s'est produite la fracture, ont été retrouvées dans le champ des débris. Les vingt quatre autres sont vraisemblablement restées à l'intérieur de la partie avant de l'épave.

(Ci-dessus) Un ouvrier, dans l'atelier des chaudières de Harland & Wolff, a l'air d'un nain à côté de la rangée des chaudières hautes de 6 mètres.
(Extrême droite) Un gobelet de métal et une serrure de porte gisent près de la porte circulaire du foyer d'une des chaudières.
(A droite) Cette photo, prise par ANGUS, *montre tout le flanc d'une des cinq chaudières.*
(Ci-dessous) Ce plan de la partie arrière du pont le plus bas du Titanic, *le pont ballast, montre les chaufferies n° 1 et n° 2 et la soute à charbon située entre elles.*

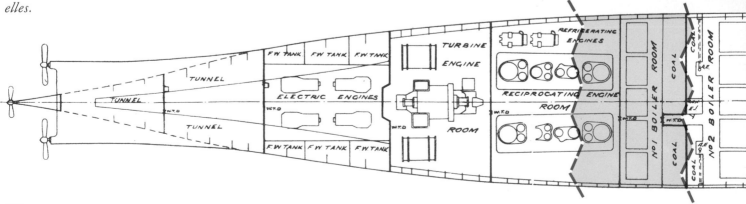

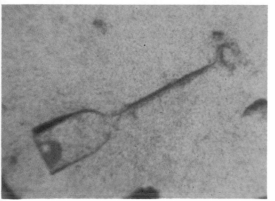

(A *droite*) Cette photographie de soutiers au travail, prise sur un autre
navire de l'époque, donne une image
de ce qu'étaient les chaufferies du
Titanic. Une pelle à feu identique à
celle retrouvée au fond par ANGUS (*à
gauche*), repose sur un tas de charbon.
(*Encadré, ci-dessus, à droite*) Morceaux
de charbon provenant des soutes dislo-
quées répandus sur une vaste surface
dans le champ des débris.

Passagers et équipage

« Avez-vous découvert des cadavres ? » fut une des questions le plus souvent posées par ceux qui ont pris part à l'expédition sur le *Titanic* de 1986. Bien que tous les restes humains aient disparu depuis longtemps, les nombreuses reliques d'objets personnels photographiés par ANGUS sont le signe évident que l'épave du *Titanic* est vraiment une sépulture.

(Ci-dessous) Ce message d'adieu griffonné sur une feuille arrachée à un calendrier de poche fut remis à une des femmes embarquant dans un canot de sauvetage.

(Ci-dessous) Un des 328 cadavres repêchés sur les lieux du drame par les navires envoyés par la White Star Line, est ici embaumé à bord du Mackay-Bennett.

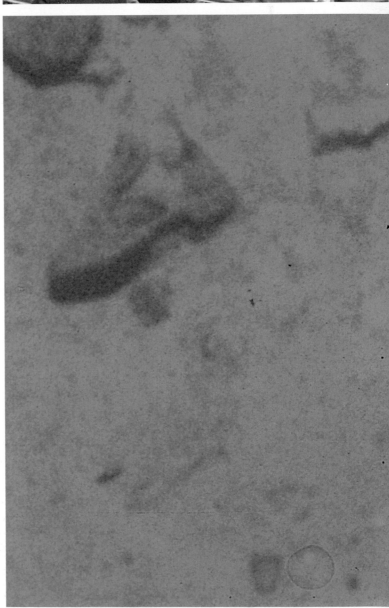

(A droite) Des chaussures, gisant l'une à côté de l'autre, sont tout ce qui reste d'un cadavre tombé au fond. De multiples paires de chaussures, comme celle-ci, ont été photographiées par ANGUS.

(A droite) Passagers en instance d'embarquement à Queenstown (Irlande) dans une chaloupe chargée de sacs postaux.

(A droite) Le numéro du 27 avril 1912 de la revue Illustrated London News utilisa cette photo d'une foule de 1 500 personnes pour donner une idée de ce que représentait la perte de vies humaines enregistrée dans le désastre du Titanic.

(Ci-dessous) Passagers déambulant sur le pont promenade des 2e classes deux jours avant le drame.

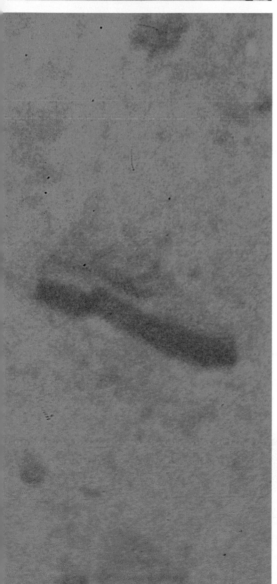

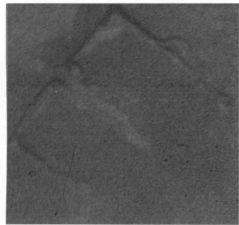

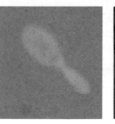

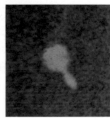

(Ci-contre, au milieu) Ce dessin montre une passagère avec ses bagages dans une cabine de 2e classe. *(A gauche)* les restes d'une valise ouverte. *(Ci-dessus, à gauche)* une brosse à cheveux et *(à droite)* un miroir à main trouvés dans le champ des débris.

A bord de l'Atlantis II, je tente de reconstituer ce qui s'est passé pendant le naufrage du Titanic.

CHAPITRE 10

Le *Titanic* repensé

A L'ORIGINE, UNE PART DE LA FASCINATION EXCERCÉE SUR MOI PAR LE *Titanic* était due au seul fait qu'il existait. Ce navire perdu était l'Everest de mon monde : l'Océan ; c'était le pic que nul n'avait escaladé. Au cours de ma longue enquête, ce vaisseau vint à représenter bien autre chose. Connaissant de mieux en mieux l'histoire de sa construction et de son fatal premier voyage, j'étais pris au piège d'une tragédie humaine et du récit, nettement plus moralisateur, de l'histoire d'un orgueil de technicien aboutissant inéluctablement à un désastre. Il demeure que c'est par un extraordinaire enchaînement de circonstances que ce navire remarquable — le plus grand et le plus beau paquebot jamais construit — avait fait naufrage au cours de son voyage inaugural. Et les événements de cette nuit sont sans cesse ponctués de questions, d'hypothèses auxquelles nul ne peut apporter la solution : que se serait-il passé si le bâtiment avait navigué moins vite ? Si les vigies avaient été pourvues de jumelles ? Que serait-il arrivé si la lune avait brillé ou si la mer avait été agitée : un abordage de front au lieu d'un coup feutré ? Et si l'opérateur radio du *Californian* n'était pas allé se coucher dix minutes avant que le *Titanic* ne lance son premier appel de détresse ?

La place du *Titanic* dans l'Histoire et dans la mémoire des hommes est faite. En repensant à nos efforts, je trouve intéressant que, dans un certain sens, le respect dû à la tragédie du *Titanic* et le succès de notre découverte soit liés à un mot : la technique. Les progrès technologiques de l'époque avaient permis la construction de ce navire, « pratiquement insubmersible ». De même, la technologie sophistiquée de nos jours nous a permis de le retrouver et de le photographier dans ses moindres détails. En quelque sorte, notre découverte du *Titanic* ajoute un paragraphe à une page de l'Histoire tournée et, en même temps, en ouvre une autre. Après le naufrage du *Titanic*, le monde ne fut plus tout à fait le même ; je crois que notre découverte a fait faire à l'exploration des grands fonds un pas de plus vers une nouvelle ère.

Le passé et l'avenir se conjuguent à quatre mille mètres sous les mers. Lorsque notre robot ultra-moderne plongeait son « œil » dans la cage du Grand Escalier, nous avions une conscience aiguë des hommes qui l'avaient descendu. Découvrir et photographier l'épave avait été un test concluant pour notre technique de prise de vues à grande profondeur, nous autorisant maintenant l'exploration de nombreuses autres frontières sous-marines. Cela nous a donné des informations complémentaires permettant de reconstituer certains des événements qui ont marqué les derniers instants du *Titanic* et de retracer ce qu'il en advint quand il disparut, hors de toute vue, pour trois quarts de siècle.

La balafre

Nous ne saurons sans doute jamais avec certitude la nature de la blessure infligée par l'iceberg dans le flanc tribord avant du *Titanic*. Une trop grande partie en est enterrée très profondément. Mais ce que nous avons vu confirme que l'avarie ne fut nullement cette déchirure dont d'aucuns

La banquise rencontrée par le Titanic, *au cours de sa dernière nuit, telle que représentée, en 1912, par un dessinateur.*

ont cru qu'elle avait été causée par l'impact avec la glace. Bien sûr, comme certains experts du *Titanic* le savent — et Walter Lord le raconte dans son livre *The night lives on* — une balafre ou une fissure ininterrompue dans la carène du *Titanic* est virtuellement une impossibilité physique. Il y eut suffisamment de dépositions de témoins relatant où et comment la mer avait fait irruption dans le navire pour en conclure que la voie d'eau s'étendait du premier au cinquième des seize compartiments étanches, mordant légèrement sur le sixième, soit sur une longueur de 76 mètres. Lors de l'enquête menée par les Britanniques en 1912, Edward Wilding, un des architectes navals des chantiers Harland & Wolff, se livra à des calculs pour déterminer les dimensions de la blessure. Se basant sur les preuves fournies au cours de l'enquête, à propos des temps où la mer avait affleuré successivement les différents ponts par rapport aux parties endommagées de la coque, il estima que le bâtiment n'avait embarqué que quelque quatre cent cinquante tonnes d'eau au cours des quarante premières minutes. Il employa ensuite une formule pour chiffrer la surface totale de la voie d'eau et parvint à une superficie d'un peu plus d'un mètre carré ! En supposant que la balafre ait été longue de soixante-dix mètres (assez pour tenir compte de toutes les preuves de l'avarie), il divisa la surface par cette longueur et calcula que la largeur de l'entaille était de l'ordre de 2,5 centimètres. Evidemment, ce résultat parut à Wilding hautement improbable. Il en tira la conlusion que la blessure dans les œuvres vives était discontinue et non pas d'un seul trait.

Notre examen de l'épave tend à confirmer les conlusions de Wilding, du moins partiellement. Mais le navire, tel qu'il gît actuellement, est profondément envasé, de l'étrave jusqu'à l'extrémité du pont inférieur avant, si bien que nous n'avons pas observé l'essentiel de la partie atteinte. Tout ce que nous pouvons dire avec certitude est que l'avarie que nous avons examinée et photographiée paraît mineure : un certain nombre de tôles du pavois écartées et froissées dans le sens horizontal, et dont les interstices vont de deux à vingt centimètres. En fonction de la portion de coque que nous avons pu voir, d'un endroit situé juste sous l'arrière du pont inférieur jusqu'à son extrémité, 60 centimètres au-delà de la salle des chaudières n° 6 (c'est-à-dire entre les membrures 58 à 80), l'hypothèse de Wilding, selon laquelle la balafre est discontinue, paraît devoir être retenue.

Par contre, sa théorie d'une blessure ayant consisté en une série de perforations de la carène ne l'est pas. Nous avons pu voir que des tôles béaient par les coutures rivetées. S'il s'était produit une série de ruptures, et non des trous, aux jointures des tôles de la coque, cela aurait pu encore accréditer la thèse de l'irruption de l'eau aperçu par les divers témoins. Bien sûr, sont demeurés invisibles le fond de la coque et l'extrémité inférieure avant où se sont produites les avaries les plus importantes, si bien que nous ne serons jamais certains de rien. Mais il paraît probable que les

(Ci-dessus) La coque de l'Olympic a un aspect menaçant dans le bassin de radoub, ses bordés rivetés et sa quille de bouchain sont clairement visibles.

(En bas) Cette mosaïque, bâtie à partir de photos extraites de films vidéo pris par Alvin, *montre quels dégâts l'iceberg a pu causer à la carène du* Titanic. *Les rivets arrachés et les coutures béantes sont visibles.*

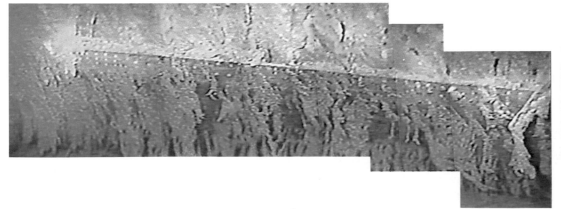

perforations de la carène, pour autant qu'il y en ait eu, ont été rares et que l'impact avec l'iceberg a provoqué la dislocation des rangées de rivets liant les tôles, l'eau se ruant alors par les fentes ainsi créées.

Un ingénieur métallurgiste m'a écrit en suggérant que la coque d'acier du *Titanic* pouvait avoir été particulièrement vulnérable aux contraintes exercées par la basse température. Le professeur H.P. Leighly, de l'université du Missouri, émet l'idée que certains aciers, en cette fin de siècle, pouvaient devenir friables au-dessous d'une certaine température et qu'ils auraient pu se fissurer sous la pression du poids de l'iceberg se propageant « catastrophiquement » (le mot est particulièrement approprié !) et faisant ainsi sauter les rivets de leurs alvéoles. Ceci aurait pu contribuer à la rupture du bâtiment en deux morceaux. C'est là une théorie assez séduisante et, de fait, certaines de nos photos montrent des portions de coque brisées comme des coquilles d'œufs et soufflées, plutôt que déchirées aux coutures comme on le pensait.

Quelle que soit la nature exacte de la blessure infligée par l'iceberg, c'était assez pour couler le navire, juste assez, connaissant le système qui tolérait que soient noyés les quatre premiers (mais non un cinquième) compartiments étanches. Il faut relever que le drame ne doit pas dissimuler le fait que le *Titanic* était un navire relativement sûr, au regard non seulement des normes de son temps, mais même des nôtres. Selon l'architecte naval anglais K.C. Barnaby, dans son livre « Quelques naufrages et leurs causes », : « ...Il est douteux que les normes actuelles de compartimentage des navires aujourd'hui rendent ceux-ci plus sûrs que le *Titanic* ». D'ailleurs, d'après les études de Barnaby sur le naufrage de l'*Andrea Doria* en 1956 et du *Shillong* en 1957, il apparaît que les dégâts fatals causés à ces navires n'auraient été que des « incidents » pour le *Titanic*. La faute incombe non pas tant à un défaut de conception ou de construction, mais bien à l'impossibilité où le bâtiment s'est trouvé d'éviter à pleine vitesse une collision avec un iceberg. A la décharge des contructeurs, il faut ajouter que jamais auparavant, aucun navire n'avait été la victime d'un coup pareil à celui donné par l'iceberg, s'étendant sur plus d'un quart de sa longueur (sauf, évidemment, à l'époque d'avant la radio, où les navires coulaient sans pouvoir lancer un appel de détresse et dont nul ne survivait pour faire un récit). De même, aucun sinistre de ce genre ne s'est produit depuis lors. Les risques d'une telle collision sont extrêmement rares.

La véritable position du *Titanic* et la question du *Californian*

Il n'existe plus aucune raison désormais de garder secrète la position exacte de l'épave du *Titanic*. Au début, j'espérais la protéger des chercheurs de trésors, mais trop de gens savent maintenant où elle est ou, du moins, sont à même de le déterminer. Bon nombre de ceux qui ont participé à nos deux expéditions connaissent l'endroit et des avions équipés de

(Ci-dessus) Est-ce l'iceberg qui a blessé à mort le Titanic *? Il a été photographié près des lieux du naufrage le 15 avril (le lendemain) à bord du navire allemand* Prinz Adalbert. *Ceux qui l'ont observé ont relevé une trace de peinture rouge à sa ligne de flottaison.*

(Ci-dessous)Ici, les tôles de la coque ont été tordues vers l'extérieur et séparées les unes des autres par le heurt avec la glace (le tuyau visible à droite est tombé pendant ou après le choc avec le fond et s'est logé dans la couture ouverte).

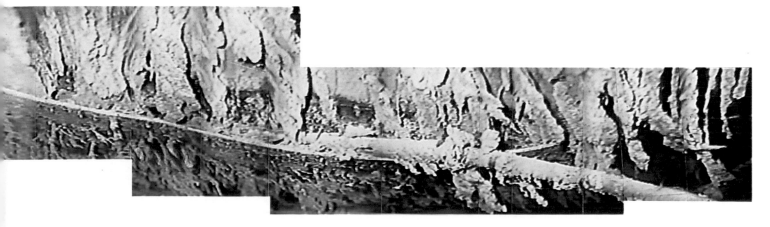

systèmes de navigation sophistiqués ont survolé le site pendant que nous y travaillions en 1986. Et, tant qu'à dresser un rapport complet de nos trouvailles, nous sommes tenus, en tant que gens de science ayant suffisamment le sens des responsabilités, de fournir assez d'informations pour permettre à une autre expédition scientifique de retrouver l'épave sans trop de difficultés. Mais en attendant que cela arrive, l'intérêt réel que donne l'indication de la position exacte de l'épave est d'apporter une contribution nouvelle à la controverse qui entoure encore le commandant Lord et son navire, le *Californian*, dont certains croient qu'il était assez proche des lieux du drame, cette nuit-là, pour pouvoir secourir presque tous, peut-être même tous les naufragés du *Titanic*.

Ceux qui prennent le parti du commandant Lord et qui pensent que les commissions d'enquête anglaise et américaine en ont fait un bouc-émissaire, sont appelés dans les « milieux du *Titanic* », les « Lordistes ». Ils ont la conviction que le navire vu du *Titanic* pendant qu'il coulait n'était pas le *Californian*, de même que celui aperçu par les officiers et les marins du *Californian* n'était pas le *Titanic*.

Pour les lecteurs non avertis de cet aspect de l'histoire du *Titanic*, il faut récapituler brièvement les faits : vers 22 heures 30 (heure du *Californian*) dans la nuit du 14 avril 1912, le vapeur *Californian* stoppa, arrêté par une vaste banquise. Il resta, machines stoppées, à dériver avec ce champ de glaces pendant le reste de la nuit. En fonction d'un point astral relevé au crépuscule, le commandant Lord détermina sa position comme étant : 42° 5' nord par 50° 7' ouest, soit à 19 milles (35 kilomètres) dans le nord-nord-ouest de la position du *Titanic* lors de son premier S.O.S. C'est peu de temps avant cet arrêt que l'opérateur radio avait tenté de rentrer en contact avec le *Titanic* pour lui passer un message le prévenant de la présence des glaces, mais il s'était fait rembarrer par Phillips qui était trop occupé à « travailler » avec le Cap Race.

Vers 23 heures, le 3e officier du *Californian*, Charles Groves, vit les feux d'un navire venant du sud-est. Vers 23 heures 30, le « mystérieux navire » s'arrêtait. Après minuit, on aperçut des fusées blanches au-dessus ou au-delà de ce bâtiment stoppé. Ensemble, le second officier Stone et l'aspirant Gibson, du *Californian*, pensèrent que cet étrange bateau étant en difficulté. Stone, alors de quart, fit remarquer à Gibson : « Il a un drôle d'air ! ». Gibson saisit les jumelles de la timonerie et ajouta : « Il a plutôt l'air d'être à lège ». A 1 heure 40 du matin, une huitième et dernière fusée fut observée. Peu après 2 heures, le navire étrange avait complètement disparu, paraissant avoir fait route au sud-ouest.

Malgré de nombreuses différences entre les témoignages de ceux qui étaient à bord du *Titanic* et du *Californian* — notamment en ce qui concerne l'heure à laquelle les fusées de détresse furent tirées — les commissions d'enquête, tant anglaise qu'américaine, retinrent que le bâtiment

Le Commandant Stanley Lord, Capitaine du Californian, *tel qu'il s'est présenté à la Commission d'Enquête*

Membres de l'équipage du Californian *posant devant le bâtiment où siège la Commission d'Enquête Britanique.*

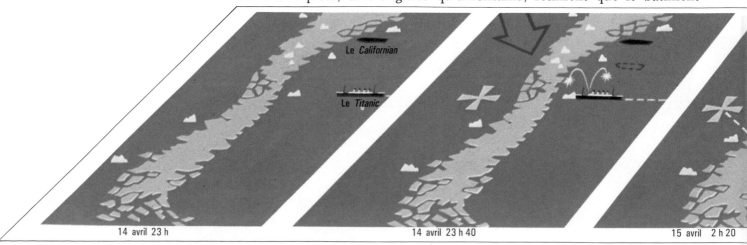

14 avril 23 h   14 avril 23 h 40   15 avril 2 h 20

aperçu du *Californian* était bien le *Titanic* et elles stigmatisèrent la carence du commandant Lord comme relevant d'une négligence criminelle. Lord avait quitté son service alors que le navire était à portée de vue, mais avant que les premières fusées soient aperçues. Quand il en fut informé, il se borna à demander de quelle couleur elles étaient et à dire à ses hommes de tenter de rentrer en contact avec ce navire à la lampe Morse. Ils ne reçurent pas de réponse et l'opérateur radio ne fut pas réveillé.

Le commandant Lord maintint jusque sur son lit de mort qu'un troisième bateau, autre que le *Titanic*, fut le seul à être aperçu du *Californian*. Il proclama qu'il n'avait pas l'aspect d'un paquebot (un des officiers du *Californian* contredit cette affirmation) et qu'il fut perdu de vue alors qu'il était bel et bien à flot. Evidemment, même s'il avait raison, et aucun navire mystérieux n'a jamais été identifié (bien que les Lordistes aient affirmé avoir relevé toutes sortes de navires dans les parages cette nuit-là), la présence de ce tiers navire ne change rien au fait que les fusées furent observées sensiblement au moment où le *Titanic* les avait lancées — fusées signifiant signal de détresse — et que rien ne fut fait pour réveiller l'opérateur radio du *Californian* et pour tirer la situation au clair. (Pour justifier l'inaction du commandant, les Lordistes font valoir que toutes sortes de fusées et de feux étaient en usage en 1912, que les procédures des signaux de détresse en mer étaient en cours de codification et que les signes de reconnaissance de certaines compagnies de navigation étaient des fusées blanches.)

Jusqu'à maintenant, les deux grandes inconnues de l'histoire étaient les positions respectives réelles du *Titanic* et du *Californian*. Actuellement, au moins la dernière position du *Titanic* peut être donnée avec un degré raisonnable de certitude, à supposer toutefois que l'épave repose presqu'exactement au-dessous. Partant du fait que la partie arrière et les chaudières sont vraisemblablement tombées verticalement au fond, elles sont sans doute toutes proches du point de naufrage. L'arrière gît au fond par 49° 56' 54'' ouest et 41° 43' 35'' nord alors que le point moyen des chaudières est par 49° 56' 49'' ouest et 41° 43' 32''. Le centre de la partie avant repose par 49° 56' 49'' ouest et 41° 43' 57'' nord. Ceci signifie que le *Titanic* a coulé sensiblement au sud-sud-ouest de l'endroit d'où il a lancé ses S.O.S. Il est juste au sud de sa position estimée mais nettement plus dans l'est. Donc les navigateurs du bord ont surestimé la vitesse du *Titanic* d'environ deux nœuds : au lieu de faire route à 22,5 nœuds, comme le supposait le 4ᵉ officier Boxhall, il marchait à environ 20,5 nœuds. Ceci place alors le *Californian* à 21 milles (38 kilomètres) dans le nord-nord-ouest.

Un point particulier intéressant — et qui explique partiellement pourquoi J. Grimm n'a pas trouvé l'épave — est que la position réelle du bâti-

(Ci-dessous) Le Californian *aurait-il pu sauver les passagers du* Titanic ?

Voici les faits saillants se rattachant aux illustrations ci-dessous :

14 avril, 23 heures. Faisant route à l'ouest, le *Titanic* approche une barrière de glace et d'icebergs, large de plusieurs milles et s'étendant du nord au sud sur près de 750 kilomètres. Une demi-heure plus tôt, le *Californian*, suivant une route légèrement plus au nord, a rencontré cette barrière et s'est arrêté pour la nuit.

14 avril, 23 heures 40. Marchant à une vitesse que, par erreur, son navigateur estime supérieure à 21 nœuds, le *Titanic* aborde un iceberg et commence à couler, émettant des signaux de détresse donnant sa position estimée (croix rose). Peu après minuit, le *Titanic* lance des fusées blanches de détresse. A peu près dans le même temps, les Officiers du *Californian* voient des fusées blanches, tirées apparemment par le navire qu'ils ont vu approcher à l'est. Les défenseurs du Commandant Lord ont longtemps avancé la théorie selon laquelle il y avait un navire mystérieux entre le *Titanic* et le *Californian* et que c'était ce navire que le *Californian* avait observé (La grosse flèche indique la direction de la dérive du *Californian*).

15 avril, 2 heures 20. Le *Titanic* coule tandis que le paquebot de la Compagnie Cunard Line, qui a capté le premier message de détresse alors qu'il se trouvait à 58 milles au sud-est, fonce à la rescousse.

15 avril, 4 heures 10. Juste avant l'aurore, le *Carpathia* rencontre les canots, bien au sud-est de leur position attendue. Entre-temps, le *Californian* a appris le naufrage et fait route sur l'endroit indiqué arrivant sur les lieux du désastre sensiblement en même temps que le *Mount Temple* et d'autres navires. Le Commandant Lord se dirige alors vers le *Carpathia*, survenant après que tous les rescapés ont été repêchés. Le navire mystérieux, pour autant qu'il ait jamais existé, s'est évanoui.

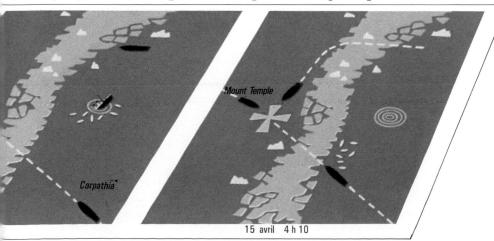

Mount Temple

Carpathia

15 avril 4 h 10

ment diffère de 5,5 milles (10,3 km), dans le nord-est, de celle où les canots de sauvetage furent repêchés par le *Carpathia*. Si cette position des canots, telle que calculée par le *Carpathia*, était correcte, et ceci doit être considéré en tenant compte de l'incapacité du *Titanic* à déterminer sa propre position, elle signifierait que les canots ont dérivé, sous l'effet du courant, du vent (qui s'est levé avant l'aurore) ou se sont déplacés à la rame, au sud-ouest du lieu du naufrage. Grimm, Spiess, et Ryan étaient partis de l'idée que l'épave ne pouvait probablement pas être plus à l'est que le point de repêchage, soit 50° de longitude ouest, alors qu'elle se trouve en réalité bien au-delà.

Après l'abordage de l'iceberg, le *Titanic* a très certainement dérivé vers le sud et vers l'est, dans le courant, et le *Californian*, déjà bloqué par la banquise, a dû en faire autant. Le *Californian*, ayant stoppé plus tôt, avait déjà été déporté au sud de sa route, en raison du courant, se rapprochant ainsi de la route suivie par le *Titanic* quand il heurta l'iceberg. La dérive, cette nuit-là, fut mentionnée par le 3e officier Groves, entre autres. La position vraie du *Titanic* jette sur celle du *Californian* un jour nouveau mais n'accroît pas de façon décisive les présomptions pour ou contre le commandant Lord. Tous les témoins du *Californian* ont confirmé que le navire qu'ils avaient vu avait « disparu » en direction du sud-ouest. Nous savons aujourd'hui que la position estimée du *Californian* était à l'ouest et non à l'est de l'endroit où le *Titanic* a sombré. Aussi longtemps que la position du S.O.S. fut tenue pour acquise, cela plaçait le *Titanic* à l'ouest du *Californian* si bien que son naufrage pouvait avoir été confondu avec une progression vers l'ouest. Ceci semble donner un bon argument pour les Lordistes.

Mais le *Titanic* était tellement plus à l'est de sa position estimée — au moins pour partie à cause du courant cette nuit-là — que l'on doit retenir la forte possibilité pour que le *Californian* ait été sensiblement en un point, bien que dans le sud, également très à l'est de sa position calculée. En somme, grâce aux nouveaux éléments recueillis, il est tout à fait vraisemblable que le *Californian* se soit trouvé à 21 milles (35 km), au grand maximum, du *Titanic*. Il est non moins probable qu'il se trouvait bien au-delà des 5 à 6 milles estimés par Boxhall et Lightholler à bord du *Titanic*, quand ils virent les feux d'un navire au nord, les incitant à lancer les fusées de détresse.

Le Californian, *vu du* Carpathia, *alors qu'il arrive du sud-ouest. N'ayant trouvé aucune trace du* Titanic *dans la zone donnée comme étant celle du naufrage, il fit route au sud pour contourner la barrière de glaces avant de se diriger vers le nord-est sur le* Carpathia.

Cette carte montre ce dont nous sommes sûrs à propos des errances du Californian *et du* Titanic *pendant les heures cruciales. Les seules positions sensiblement certaines sont celles de l'épave du* Titanic *et du lieu où les canots furent repêchés. Tout le reste demeure spéculation.*

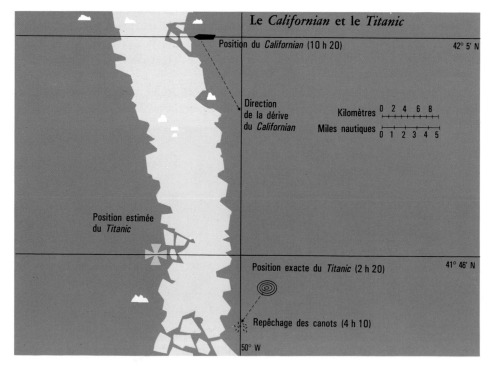

Le *Californian* et le *Titanic*

Position du *Californian* (10 h 20) — 42° 5' N

Direction de la dérive du *Californian*

Kilomètres 0 2 4 6 8
Miles nautiques 0 1 2 3 4 5

Position estimée du *Titanic*

Position exacte du *Titanic* (2 h 20) — 41° 46' N

Repêchage des canots (4 h 10)

50° W

Tout ceci conforte la thèse selon laquelle les fusées blanches aperçues par les officiers du *Californian* étaient bien celles tirées par le *Titanic*. Même si les navires avaient été distants de 21, de 19 milles ou moins encore, les fusées pouvaient certainement être vues, par une nuit aussi claire, bien au-delà de cette distance. Plus tard, avant le petit jour, le *Californian* repéra les fusées presque sûrement mises à feu par le *Carpathia* qui se précipitait à la rescousse, beaucoup plus loin que le *Titanic* n'avait jamais été.

Bien sûr, la position réelle du *Californian* ne sera jamais connue et le cas du commandant Lord jamais élucidé. Même s'il avait réveillé l'opérateur radio à la vue des premières fusées, s'il avait compris que le *Titanic* était en détresse, puis forcé de vapeur, fait route sur le bâtiment qu'il voyait et découvert qu'il s'agissait d'un paquebot en train de sombrer, il aurait fort bien pu n'arriver sur les lieux que pour repêcher quelques rescapés à demi morts dans l'eau glacée. Mais le fait demeure que ses officiers et lui n'ont rien fait alors qu'il était de leur devoir d'agir.

La cassure

A l'examen de multiples autres épaves découvertes dans des eaux peu profondes, y compris celles de gros navires plus vieux et moins bien construits, beaucoup de gens gardaient le ferme espoir que le *Titanic* reposait, au fond de la mer, en une seule pièce. Certainement, jusqu'à ce que nous ayons découvert le *Titanic*, nombreux étaient ceux qui pensaient qu'il s'était enfoncé dans l'océan intact. Bien que plusieurs témoins aient relaté le contraire, ce fut la conclusion à laquelle parvinrent les deux commissions d'enquête de 1912 ; c'est ainsi qu'il fut présenté dans les films tournés sur cette tragédie et, jusque très récemment, c'est ainsi que tous les auteurs, y compris Walter Lord, ont décrit le naufrage. Mais Walter Lord changea d'opinion après avoir épluché les dépositions souscrites au cours des enquêtes anglaise et américaine, dépositions ignorées par les rapports officiels. Ces enquêtes prêtèrent une foi entière aux témoignages du 2ᵉ officier Lightholler, du colonel Archibal Gracie, du 3ᵉ officier John Pitman, décrivant le navire coulant en un seul morceau. Lightholler, Gracie, et Lawrence Beesley (qui a modifié sa version) ont publié des relations du naufrage faisant autorité. Aucun d'eux cependant n'était bien placé pour voir les derniers instants du vaisseau. (Gracie était quasiment

(A gauche) Au cours du voyage sur New-York à bord du Carpathia, *Jack Thayer fit une description du navire se brisant en sombrant, à L.D. Skidmore, de Brooklyn, qui en tira ces dessins. Bien qu'inexacts à divers égards, ces dessins sont intéressants en ce sens qu'ils montrent la partie arrière pivotant sur elle-même avant de couler.*

(Ci-dessus) Jack Thayer à l'âge de 16 ans.

sous l'eau et ne vit rien). D'un autre côté, plusieurs témoins ont affirmé que le navire s'était cassé en deux, l'avant plongeant alors que la poupe se relevait un moment avant de se dresser presque verticalement pour couler peu après.

Le jeune Jack Thayer en fut un des témoins oculaires, ainsi qu'il ressort de sa déposition qui figure à la fin du chapitre 2. Les dessins reproduits ici sont basés sur sa description du plongeon final et exécutés de mémoire à bord du *Carpathia* alors que celui-ci ramenait les survivants à New York.

Devant des faits tels que la distance de 700 mètres entre les deux morceaux principaux de l'épave sur le fond, le monceau de débris supplémentaires à proximité de l'arrière, l'absence de traces de ripage entre les deux parties, le fait qu'elles soient orientées dans deux directions opposées et debout sur leur quille, il apparaît presque certain que le navire s'est brisé en surface ou tout près d'elle. A mesure que l'avant s'enfonçait et que l'arrière se dressait de plus en plus au-dessus de l'eau, la contrainte exercée sur la quille est devenue insupportable et sa rupture intervint au point le plus faible de la carène, entre la troisième et la quatrième cheminée, à la hauteur de la salle des turbines alternatives. C'était un point faible en raison des vastes espaces vides sous les ponts, de l'emplacement du grand escalier et de la fosse d'évacuation des fumées de cette salle des machines. Le navire ne s'est pas brisé à l'un de ses joints de flexibilité, qui ne se situent que dans les œuvres mortes et ne se prolongent pas, vers le bas, jusque dans les œuvres vives de la coque. Celle-ci présente effectivement des fissures verticales, mais elles sont probablement dues à l'impact de la proue avec le fond. Le joint de flexibilité arrière n'a rien à voir avec la déchirure de la coque, qui se forma lorsque le maître-bau de la quille ploya et se rompit ; mais il apparaît que c'est bien au niveau de ce joint que commence l'effondrement des superstructures.

Les parties avant et arrière qui gisent au fond de l'eau conservent la majeure partie de la quille. Sept segments de coque, situés entre 45 et 80 mètres au nord-est, à l'est et au sud de la poupe, s'entassent en un V, juste en arrière du milieu du navire. La zone du pont des embarcations, au-delà de la deuxième cheminée, là où se trouvait le piédestal de bronze du grand compas du navire, est toujours en place, mais affaissée sur un angle. Le piètement du compas lui-même n'a pas été retrouvé.

La chute finale

Vers 2 heures 15 du matin, les passagers pétrifiés des canots du *Titanic* regardaient, emplis d'horreur, l'avant du bâtiment s'enfoncer de plus en plus tandis que l'arrière se dressait hors de l'eau jusqu'à atteindre un angle d'au moins 45°, selon les récits des rescapés. Puis la proue se rompit et se détacha (restant peut-être quelques instants liée au maître-bau) « avec un bruit de tonnerre », selon les termes d'un témoin, et aussitôt commença de s'engloutir. Elle fut suivie de près par différents agrès du navire projetés à la mer au moment de la séparation de la coque et des superstructures. Les plus lourds tombèrent les premiers. La quille cassa exactement sous l'avant de la salle des machines, entre les cheminées 3 et 4, et les blocs cylindres à basse pression, en avant de la cassure, durent chuter droit au fond, comme des bombes, de même que les chaudières à basse pression de la chaufferie n° 1. Les deux blocs cylindres à haute pression et le reste des machines, en arrière de la cassure, restèrent accrochés à leurs berceaux et y demeurèrent malgré le plongeon et le choc au fond. La partie la plus lourde de toutes était l'avant qui s'était lentement rempli d'eau au cours des deux heures et demie précédentes et qui s'enfonçait progressivement sous la surface, toujours debout, prenant une vitesse croissante. (A condition qu'il y ait assez de fond pour qu'elles aient le temps de se stabiliser, toutes les épaves devraient reposer debout sur leur quille puisque c'est la partie la plus pondéreuse d'un navire.).

(En haut) Une vue du joint de flexibilité avant babord.

(Ci-dessus) La quille de bouchain portant des traces de peinture anti-corrosion.

D'aucuns ont soutenu une théorie selon laquelle, lorsque la proue atteignit une certaine inclinaison, les chaudières rompirent leurs scellements, s'écrasèrent sur les parois, crevant la carène et tombant verticalement, en chute libre, au fond. A supposer que cela fut possible (les architectes navals, sauf Wilding, ont en général ricané à l'idée qu'une chaudière puisse passer à travers les tôles de la coque...), cela demeure toutefois fort improbable. Etant acquis que l'avant s'est brisé en surface ou presque, il n'a jamais atteint la même pente que l'arrière, ni pris une gîte plus accentuée que celle accusée en surface. Nous pouvons en être sûrs car l'état de la proue démontre que l'étrave n'a pas percuté le fond de la mer à la verticale. Dans semblable hypothèse, les chaudières auraient été précisément dans l'extrême avant et, si elles avaient alors crevé la coque, nous en aurions vu au moins quelques-unes sur le fond. (Nous n'avons trouvé que cinq chaudières à foyer unique qui provenaient de la chaufferie la plus proche de la ligne de fracture.)

Peu après 2 heures du matin, lorsque l'avant commença sa chute, l'arrière se redressa quelques instants puis bascula presque à la verticale avant de disparaître à son tour. Ce que les spectateurs ont pris pour le navire entier n'était en réalité que la partie arrière. Quand celle-ci surgit hors de l'eau, tout ce qui n'était pas scellé et arrimé tomba à la mer et on devait retrouver tous les objets ainsi précipités par l'ouverture répandus dans le champ des débris. Curieusement cependant, bien peu d'objets découverts dans ce champ peuvent être rattachés indiscutablement à la partie arrière du navire. Ce qui peut l'être comprend des sommiers *Orex* et des matelas à ressorts provenant des couchettes des secondes classes, des lames de ressorts des sommiers de l'équipage et des troisièmes classes. Les appareils des salles des machines que nous avons vus proviennent également de la partie arrière, de même que des grues, des armatures de chaises longues et des manches à air des ponts arrière.

Toutes sortes de débris plus légers provenant d'endroits proches de la cassure sont tombés à des vitesses variables, certains mettant plusieurs heures à toucher le fond. Nous en avons trouvé certains, pas d'autres, et, dans leur échantillonnage, on compte : des tonnes de charbon provenant des deux chaufferies détruites et des soutes du pont G, mélangées avec des tisonniers, des pelles à feu et d'autres outils ; des pots, des poêles et des ustensiles de cuisine, des piles d'assiettes et de casseroles, des milliers de bouteilles de vin, de champagne et d'autres boissons (dont 15 000 bouteilles de bière !) ; des carreaux de linoléum imprimé du plancher de différentes pièces, de nombreux segments de fer forgé et de balustrades de bronze doré du Grand Escalier arrière, des morceaux tordus des vitraux de la salle à manger et du fumoir, un panneau mural du salon des premières classes, des têtes et des pieds de lit, des chaises longues, des pelles à poussière, des pots de chambre, des machines à laver, des ventilateurs, des pots à lait, des grilles d'aération, des plateaux d'argenterie, plusieurs des cinq pianos, des brosses à cheveux, des miroirs à main, et toutes sortes d'effets personnels des passagers, depuis des vêtements jusqu'à des jouets et des valises... Si les cales avaient éjecté leur contenu, la pluie des débris aurait compris trente caisses de clubs de golf et de raquettes destinées à Spalding, 800 cartons de noix écalées, un tonneau de précieuses porcelaines pour Tiffany, une caisse de gants destinée aux magasins Marshall Field, 30 000 œufs et 76 caisses d'un produit nommé « Sang à Dragon » (sans doute une spécialité pharmaceutique).

Ces objets tombèrent et dérivèrent dans le sillage créé par la chute de la partie arrière qui, pour sa part, tomba verticalement. A la différence de l'avant, l'arrière n'était pas inondé avant l'engloutissement. Au moment de la séparation des deux parties, l'eau s'y rua, détruisant les cloisons étanches moins solides et causant de considérables ravages à l'intérieur. L'air, ainsi comprimé, s'échappa de la poupe, contribuant ainsi à « souf-

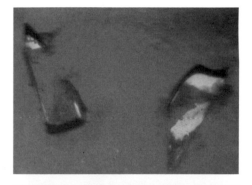

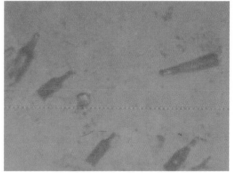

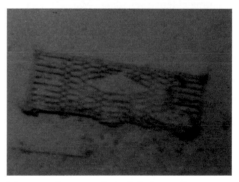

Trois photos de débris prises par ANGUS. *(**En haut**) Deux cuvettes gisant l'une à côté de l'autre. (**Au milieu**) Quelques unes des milliers de bouteilles de vin. (**En bas**) Un sommier « Orex » et des lattes du cadre d'une couchette de cabine de 3ᵉ classe.*

La cassure et le plongeon final

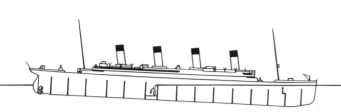

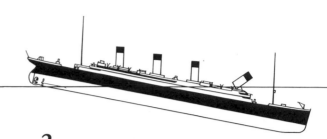

Ces dessins illustrent le scénario probable, basé sur une étude exhaustive des preuves recueillies, de la rupture du *Titanic* et de sa chute au fond de l'océan.

PHASE **1**

A 1 heure du matin, temps du navire, soit sensiblement une heure et demi après l'abordage, la proue du *Titanic* est profondément enfoncée dans l'eau. la mer emplit un compartiment après l'autre, gagnant l'arrière en débordant par dessus le sommet des cloisons étanches.

PHASE **2**

A environ 2 heures 17, le débit de l'inondation accélère soudain de façon dramatique et le navire pique du nez. Lorsque la dunette s'immerge, un remous la recouvre. La cheminée n° 1 tombe en avant et la passerelle ainsi que la partie antérieure des quartiers des officiers s'effondrent sous la pression de l'eau. Peu après, la mer atteint le dôme du Grand Escalier avant et, sous son poids, la verrière implose.

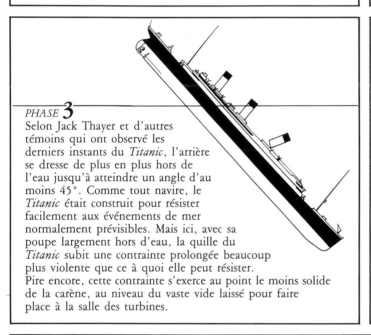

PHASE **3**

Selon Jack Thayer et d'autres témoins qui ont observé les derniers instants du *Titanic*, l'arrière se dresse de plus en plus hors de l'eau jusqu'à atteindre un angle d'au moins 45°. Comme tout navire, le *Titanic* était construit pour résister facilement aux événements de mer normalement prévisibles. Mais ici, avec sa poupe largement hors d'eau, la quille du *Titanic* subit une contrainte prolongée beaucoup plus violente que ce à quoi elle peut résister. Pire encore, cette contrainte s'exerce au point le moins solide de la carène, au niveau du vaste vide laissé pour faire place à la salle des turbines.

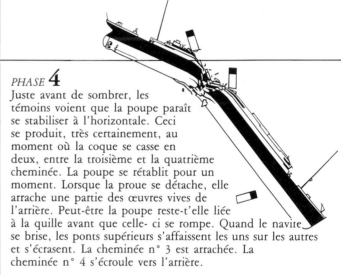

PHASE **4**

Juste avant de sombrer, les témoins voient que la poupe paraît se stabiliser à l'horizontale. Ceci se produit, très certainement, au moment où la coque se casse en deux, entre la troisième et la quatrième cheminée. La poupe se rétablit pour un moment. Lorsque la proue se détache, elle arrache une partie des œuvres vives de l'arrière. Peut-être la poupe reste-t'elle liée à la quille avant que celle-ci se rompe. Quand le navire se brise, les ponts supérieurs s'affaissent les uns sur les autres et s'écrasent. La cheminée n° 3 est arrachée. La cheminée n° 4 s'écroule vers l'arrière.

PHASE **5**

La poupe s'enfonce de plus en plus du fait de l'envahissement de la mer. Des débris provenant de la cassure dégringolent (chaudières, tôles de coque, cheminées, etc...) La proue, maintenant complètement séparée de l'arrière, se remet droite, entamant son immersion et accélérant sa plongée dans l'abîme. La friction opposée par l'eau fait ployer vers l'arrière le mat d'artimon et arrache les volets des grues de leur embase et les projets contre la dunette. (Le mat plie très nettement au niveau du pont du gaillard d'avant mais se brise en tombant sur la passerelle à bâbord). Sur la passerelle, l'habitacle de la timonerie est balayé, probablement après avoir été ébranlé par la chute du mat et de la cheminée n° 1.

PHASE **7**

Au début du plongeon, alors que l'arrière coule rapidement, la pression de l'eau s'engouffrant sous le pont arrière le fait se replier sur lui-même, vers l'arrière. Peut-être les grues sont-elles arrachées par la mer à ce moment. Dès qu'elle glisse sous la surface, la poupe retrouve son assiette, les parties les plus lourdes de la coque l'entraînant vers le fond.

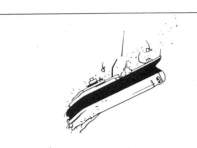

PHASE **6**

La poupe se rétablit en pivotant sur elle-même. Les lourdes machines, à son extrémité avant, lui font prendre une inclinaison de plus en plus abrupte jusqu'à se trouver à peu près verticale. Curieusement, elle reste comme suspendue dans cette position pendant une minute ou plus, avant de s'engloutir hors de toute vue. Les grues arrière brisent leur scellement sous leur poids, soit à ce moment précis, soit au cours de la phase 7 suivante.

PHASE **8**

Alors que la partie arrière tombe plus ou moins verticalement, comme un lest de plomb, probablement en tournoyant lentement sur elle-même, la proue s'enfonce suivant un angle assez faible tout en accélérant sa course (l'angle de chute paraît s'être écarté de 12° par rapport à la plongée verticale de la poupe). Bien entendu, il est possible que la proue n'ait pas suivi une course droite, continue, de la surface jusqu'au fond, mais qu'elle ait balancé, d'avant en arrière, à la manière d'une feuille morte, cherchant un équilibre entre le point de moindre frottement (la lame de rasoir de l'étrave) et le point le plus lourd (au niveau de la ligne de fracture). Nul ne le saura jamais.

PHASE **9**

(A) La proue doit avoir labouré le fond suivant un angle suffisamment faible pour créer un effet de talonnade, tordant la coque vers le bas en deux endroits (elle n'a pas pu heurter le fond suivant un angle aigu car les super-structures se seraient alors arrachées). Le coup de frein encaissé par la proue s'enfonçant profondément dans la couche sédimentaire (plus de vingt mètres au niveau des ancres) fait basculer la grue d'ancre vers l'avant. D'énormes nuages de vase s'élèvent au fur et à mesure que l'étrave laboure le sol et des monceaux de boue sont rejetés de part et d'autre.

(B) Lorsque la partie arrière de la proue s'écrase à son tour dans la vase, les ponts, près de la cassure de la carène, s'affaissent les uns sur les autres.

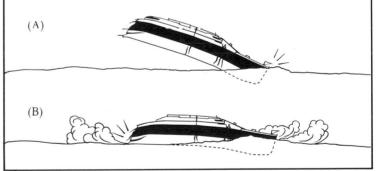

(A)

(B)

PHASE **10**

La partie arrière tombe droit au fond, accompagnée dans sa chute par d'autres débris lourds, tels que blocs-cylindres et chaudières, s'écrasant à proximité immédiate. Elle heurte le sol avec une telle violence que les ponts s'effondrent les uns sur les autres et que les tôles des bordés de la carène se disloquent et s'ouvrent. Elle s'enterre de 15 à 18 mètres au niveau du safran du gouvernail. Ayant tournoyé sur elle-même au cours de sa chute, elle atterrit en pointant à 180° par rapport à l'orientation de la partie avant.

fler » le pont qui se tordit sur lui-même. Mais cette torsion peut avoir été provoquée par la puissance de l'eau se déversant et s'engouffrant sous les ponts au cours de l'engloutissement. En accélérant dans sa chute, elle a dû tournoyer sur elle-même, comme une feuille morte, ainsi que font les submersibles, comme *Alvin*, au cours de leur descente en chute libre. Ceci explique son orientation dans la vase du fond, différente de celle de l'avant.

Toute estimation de la vitesse à laquelle le *Titanic* est tombé relève de la plus pure spéculation. Il faudrait tenir compte de trop nombreuses variables. En se basant sur l'exemple d'un navire plus récent, qui fut sabordé et dont la chute fut chronométrée, on peut admettre que les deux grandes parties de la coque du *Titanic* ont atteint une vitesse de l'ordre de 40 à 55 km/h. En fonction du temps mis pour atteindre cette vitesse, la chute a pu durer environ six minutes. Nous n'en savons guère assez sur le poids respectif de ces deux parties ou sur la manière dont leur forme et leur surface portante ont pu freiner ou augmenter cette vitesse ; on peut raisonnablement estimer qu'il aura fallu plusieurs minutes pour atteindre l'allure maximale, puis le point d'impact.

L'avant a sans doute percuté le fond avant l'arrière, l'étrave la première et suivant un angle assez faible. Sa monstrueuse force d'inertie fit que l'étrave s'enfonça dans la vase à plus de dix-huit mètres, ce choc puissant ployant et tordant l'extrême avant vers le bas. Quelques secondes plus tard, après cet enfouissement, la partie située en arrière du premier joint de flexibilité se rompit et s'affaissa, augmentant sans doute les dégâts causés lors de la cassure en surface et fit s'effondrer les ponts, à l'arrière, les uns sur les autres, comme un millefeuille.

L'écrivain Charles Pellegrino, qui est l'auteur d'un livre sur le *Titanic*, émet une théorie plausible pour expliquer la dévastation des alentours de la passerelle qui m'avait parue, quand je la vis pour la première fois, écrasée comme sous le poing d'un géant. Selon lui, un très gros objet lourd, accélérant dans l'eau jusqu'à la vitesse atteinte par la proue, provoque une sorte de sillage derrière lui, comme la queue d'une comète. Quand la proue fut stoppée net au fond, le torrent d'eau qui la suivait vint s'écraser sur elle, à pleine puissance, au centre de cette partie avant, c'est-à-dire exactement sur la passerelle. Cette « cataracte » pourrait expliquer l'état dans lequel se trouve l'épave.

D'un autre côté, la destruction autour des quartiers des officiers peut fort bien s'être produite en surface. Certains témoins ont fait état d'une secousse au moment où l'eau gagnait la passerelle. Pour peu que l'avant ait été en train de sombrer rapidement quand cette secousse eut lieu, le remous de la mer se refermant sur lui aurait parfaitement pu jeter à bas tout l'édifice abritant la passerelle, les parois éclatant vers l'extérieur et le toit des cabines, encore hors d'eau, s'effondrant.

Quelques minutes après la partie avant, l'arrière percuta à son tour le fond, beaucoup plus durement, à 600 mètres au sud, s'enfouissant sous 15 mètres de vase, Sur cette partie, déjà affaiblie par les ravages causés par l'irruption de l'eau en surface, l'effet du choc contre le fond fut si dévastateur que les ponts s'écroulèrent l'un sur l'autre (N'importe quel coup aurait d'ailleurs accentué le processus.). Actuellement, toute la zone des ponts est en ruines, Les dégâts, pour la plupart, se sont produits tant au début de la chute qu'au moment de l'impact.

Pendant les heures suivantes, de nombreux débris tombèrent, les plus légers déportés par le courant sous-marin en direction du sud-est, mais essentiellement près de la partie arrière. D'abord les blocs cylindres à basse pression et les autres morceaux très lourds du navire s'écrasèrent dans la boue du fond ; puis une pluie de débris moins pesants et enfin les objets les plus légers tels que chaussures, tasses à thé, peut-être même un paquet de cartes à jouer détrempé ! Au moment où les rescapés étaient

La partie babord de la construction abritant les quartiers des Officiers, juste en arrière de « l'écrasement ».

recueillis par le *Carpathia*, la plupart des débris reposaient déjà sur le fond vaseux. D'autres, notamment les cadavres (qui coulent lorsque les poumons sont noyés d'eau) avaient pu flotter un certain temps avant de s'engloutir loin du lieu du naufrage. Certains, non munis de gilets de sauvetage, emprisonnés dans le navire en train de sombrer ou qui s'en étaient échappés trop tard, coulèrent à pic dans le champ des débris. (Dans l'eau froide, il ne se produit aucune fermentation qui fait remonter les corps en surface).

La zone de dispersion de l'épave que nous avons parcourue au fond correspond donc, en réalité, à deux champs se recouvrant partiellement l'un l'autre : le premier, orienté au sud-est, va de l'avant vers l'arrière, l'autre part de l'arrière et se dirige dans la même direction. Ils forment une longueur totale d'environ deux kilomètres. Comme ils se superposent autour de la partie arrière, on trouve là un mélange de débris légers et lourds.

Les années qui passent

Les grands fonds océaniques sont des lieux calmes et relativement stables. Après des heures dernières tumultueuses, le *Titanic* a trouvé, par 3 750 mètres de fond, un environnement où les changements se mesurent en décennies et non en jours. Les premières à se désagréger furent toutes les matières organiques tendres, telles que la nourriture, les corps humains, la chair et les os rapidement dévorés par les poissons abyssaux et les crustacés. (Les os épargnés par ces prédateurs étant par la suite dissous par la salinité de l'eau de mer.). Dans certains cas, des chaussures de cuirs ont survécu, l'une à côté de l'autre lorsqu'elles étaient aux pieds d'un cadavre. Peut-être certains produits de tannerie ont-ils rebuté les bactéries ?

A un certain moment, des semaines ou des mois plus tard, des tarets, dont les larves étaient probablement drainées par les courants sous-marins, se sont abattus sur l'épave. Ils s'y implantèrent, subirent leur métamorphose et dévorèrent le bois de pin tendre des ponts, puis ils migrèrent petit à petit à l'intérieur par les orifices du navire. En quelques années, les ponts furent rongés et, dans la carène, le mobilier somptueux, les belles sculptures. Les tentures délicates et les tapis disparurent en même temps que les lambris boisés et les rampes de chêne du grand escalier.

Ces tarets jouent un rôle important dans l'éco-système des grands fonds, assimilant ce qui est en bois et faisant ainsi tourner le cycle traditionnel. Lorsque nous avons exploré le vaisseau, ces animalcules étaient vraisemblablement morts ou repartis à la dérive. Tout ce qui en subsistait était les carapaces de calcaire caractéristiques de cette espèce particulière de vers à bois : ceux qui ont joué le rôle essentiel dans la destruction de l'épave. Pendant que ces mollusques se développaient, les poissons et les crustacés qui s'en nourrissent prospéraient également, faisant de l'épave une oasis sous-marine.

On ne peut que faire des suppositions sur l'état de préservation de certaines parties en bois du *Titanic* et dans l'aire de dispersion des débris. Le teck, bois très dur, résiste généralement bien aux vers et ce qui en était constitué a plutôt bien survécu. Les rembardes de teck, les toits et les charpentes paraissent à l'état de neuf. Mais, en général, cette faune ne respecte pas le bois ayant subi un traitement contre les intempéries : comment expliquer alors que nous ayons trouvé une volée de marches d'escalier si bien préservée ? Peut-être ces marches étaient-elles faites de teck ? Il n'y a pas si longtemps, un antique bateau, enfoui sous la vase de la Méditerranée, a été retrouvé avec un boisage en grande partie intact. Une fois renfloué, le bois demeura impénétrable aux tarets alors que du bois vert, laissé à proximité, était consommé. Apparemment, un phénomène se produit quand le bois est enterré, mais on ne le connaît pas. Et, dès lors que le bois du *Titanic* n'a jamais été enfoui, on ne peut expliquer cette préservation sélective.

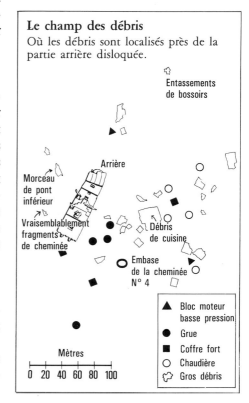

Le champ des débris
Où les débris sont localisés près de la partie arrière disloquée.

Entassements de bossoirs

Arrière

Morceau de pont inférieur

Vraisemblablement fragments de cheminée

Débris de cuisine

Embase de la cheminée N° 4

Mètres
0 20 40 60 80 100

▲ Bloc moteur basse pression
● Grue
■ Coffre fort
○ Chaudière
⬠ Gros débris

Diverses sortes d'organismes vivants, comme les bactéries ou certains animaux microscopiques, ont attaqué les autres matières organiques dans l'épave. Contrairement au bois, la plupart des objets, tels que les articles de vêtement, se sont désagrégés très lentement : matelas (probablement en crin de cheval), draps, le corps de chiffon d'une poupée.

Ainsi, les années passant, tout ce qui était organique dans le navire et le champ des débris s'est désintégré et le *Titanic* est devenu un lieu encore plus calme. Mais il continue d'être un havre pour certaines espèces abyssales, notamment des crabes galathée, des étoiles de mer et divers poissons queue-de-rat qui ont trouvé abri dans la spacieuse épave.

La grande exception à tout ceci fut et est encore la bactérie qui provoque l'oxydation du métal et génère les stalactites de rouille. Ce sont des micro-organismes utilisant les métaux ferreux comme source non organique d'énergie : ils oxydent les métaux et rejettent des particules de rouille comme des déchets. Le milieu, dans les grands fonds, n'étant pas assez acide pour leur convenir, ces bactéries fabriquent un environnement plus favorable dans lequel elles vivent.

Elles sécrètent une sorte de bave visqueuse qui les protège de la salinité de l'eau. Cette sécrétion s'écoule et se détache de la surface métallique, entraînant avec elle les cellules mortes, des oxydes de fer (rouille) et des hydroxydes. C'est ainsi que se forment les pendeloques de rouille. Elles grandissent encore, si rien ne les touche, puis tombent, entraînées par leur propre poids.

Comme ces formations sont extrêmement fragiles, elles se volatilisaient au moindre contact du *J.J.* et de *Alvin*, ou même sous l'effet des remous de notre petit engin ; elles témoignent du calme et de la tranquillité du milieu dans les grands fonds.

Les dégâts causés par les bactéries oxydantes au cours des ans sont incalculables. Quand nous les avons grattées, l'acier sous-jacent paraissait en excellent état mais ceci est partiellement dû au fait que, contrairement à la corrosion chimique, l'oxydation bactérienne « nettoie » le métal, laissant une surface polie.

Le spécialiste de bio-chimie de Woods Hole, le professeur Hohger Janfasch, pense que le navire est d'ores et déjà tellement rongé que toute tentative de renflouement aurait pour seul résultat de le briser en mille morceaux.

Le 18 novembre 1929, 17 ans après le naufrage, la région où gît le *Titanic* fut ébranlée par le tremblement de terre des Grands Bancs. Bien que loin de l'épicentre, les avalanches de boue que le séisme déclencha furent arrêtées par le canyon du *Titanic*, sauvant l'épave d'un probable ensevelissement. Nous n'avons aucun moyen de déterminer quels dégâts, pour autant qu'il y en ait eu, le séisme entraîna sur l'épave, mais il ne semble pas qu'elle en ait souffert. Nous sommes sûrs d'avoir vu beaucoup de choses inchangées depuis le jour du naufrage ; la tasse en équilibre sur une chaudière en est le parfait exemple...

Depuis le tremblement de terre, sauf les bactéries (et sans doute celles-ci ont-elles poursuivi leur œuvre dans le tréfonds du navire), le *Titanic* est demeuré tel quel ; il est virtuellement un cimetière.

Seules quelques créatures de la nuit totale nichent dans ses recoins et ses fissures.

Les questions en suspens

Nous en savons maintenant beaucoup sur le *Titanic*. Nous pouvons reconstituer de façon plausible ce qui se passa quand il sombra et toucha le fond. Mais bien des mystères demeurent : de nombreuses choses que nous aurions dû retrouver facilement nous ont échappé ou nous sont restées cachées. Où est, par exemple, le piédestal du grand compas de bronze qui a dû tomber du pont supérieur, d'entre les cheminées 2 et 3 ?

(En haut) Pendeloques de rouille dues à l'action des bactéries oxydantes qui ornent la pointe de l'étrave.

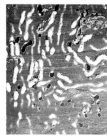

(Ci-dessus) A peu près toutes les parties en bois du Titanic *avaient déjà disparu lorsque nous avons découvert l'épave. Cette planche doublée d'amiante placée dans de l'eau de mer pendant un peu moins d'un an montre ce qui peut arriver au bout d'un temps aussi bref. Les tarets l'ont dévorée, laissant seulement leur enveloppe calcaire, ou tube, derrière eux.*

Il devrait être en bon état et pourtant nous n'en avons pas vu la moindre trace. Alors que nous avons trouvé de multiples sections de fers forgés et des balustrades dorées du Grand Escalier arrière, avec les carreaux du sol de cet endroit, où est la fameuse statue de bronze représentant un jeune homme portant un flambeau qui était placée sur le palier de l'escalier avant, sur le pont B ? C'était une des deux statues, presque pareilles, dont l'autre était placée sur le palier du pont A.

Aucune trace, non plus, de la cloche du navire, des instruments de navigation, des services de porcelaine des premières classes, ou des petites pièces d'argenterie, telles que fourchettes et couteaux.

Curieusement, nous n'avons relevé que très peu de choses provenant du fumoir des premières classes qui était juste au-dessous de la quatrième cheminée. Il n'y avait à peu près rien provenant de la partie arrière, alors qu'elle aurait dû se vider de tout ce qu'elle contenait en tournoyant dans sa chute...

Qui sait ce que nous aurions trouvé si nous avions pu parcourir les coursives de l'épave à notre guise ? Peut-être la grille de protection, en fer forgé, des portes de l'ascenseur des premières classes est-elle encore place ? Et, peut-être aussi, dans la salle à manger du pont D, aurions-nous pu observer les couverts du petit-déjeuner répandus sur le plancher ? Le cadre du piano qui embellissait la salle de réception des premières classes est sans doute toujours à sa place, quoique fort désaccordé !

Et, dans les cales avant gisent les restes de la Renault et toutes sortes de marchandises, peut-être même les fameux « Rubaiyat » dont la couverture est incrustée d'émeraudes et de rubis ! Peut-être un poisson abyssal nage-t-il dans la petite piscine encore dans le hammam ? Personne ne le saura sans doute jamais.

L'avenir : sanctuaire ou renflouement ?

Aussi longtemps que l'épave sera épargnée par les chasseurs de trésor, le *Titanic* ne changera guère d'ici la fin de mes jours. Les courants, qui nous ont donné tant de mal au cours de certaines plongées, continueront d'entasser les sédiments sur les côtés « sous le vent » des morceaux de l'épave, mais un total ensevelissement, sous les sédiments tombant d'en-haut, prendrait moins d'un millénaire pour les petits morceaux et près d'un million d'années pour les deux grandes parties de la carène.

Bien avant ce temps, les bactéries oxydantes auront terminé leur travail de démolition. Les dépôts sédimentaires, aussi loin dans l'océan, sont extrêmement lents et même les petits objets que nous avons vu, tels la tête de la poupée, ne montrent que très peu de signes d'envasement, bien que 75 ans se soient déjà écoulés.

Comme le navire gît dans une zone de dunes de sable sous-marin, le terrain environnant se déplacera au rythme des dunes, découvrant des objets enterrés et recouvrant ceux que nous avons vus.

A plus long terme, les bactéries vont continuer de sécréter des pendeloques de rouille. Graduellement, le navire sera rongé jusqu'à ce que l'intégrité de sa charpente soit menacée.

Mon collègue Hohger Janfasch prédit qu'au bout des 75 prochaines années, peut-être un peu plus, le *Titanic* ne sera plus qu'un tas de décombres et que sa noble proue ne sera plus qu'un souvenir. On pourra voir quelques restes, surtout dans le champ des débris, des objets de porcelaine, de bronze ou de cuivre, des morceaux de charbon. Mais ce ne sera pas beau à voir !

Pour l'instant, les plus graves menaces contre le *Titanic* viennent de l'homme, spécialement d'opérations sauvages de dragage inconsidéré.

Il existe toutes sortes de navires de pêche ou de forage pouvant être affrétés pour aller sur le site et tenter de repêcher des morceaux d'épave. Les objets de quelque valeur gisent, pour la plupart, dans le champ des

(En haut) Juste derrière le jeune Jack Odell se dresse l'impressionnante plate-forme du compas.

(Ci-dessus) La statue de bronze représentant un chérubin, telle qu'elle figurait, en 1912, dans le Grand Escalier.

débris et peuvent être ramassés par un submersible équipé d'un bras manipulateur. Mais à part *Alvin*, il n'existe actuellement que deux engins capables d'opérer à grande profondeur : le *Sea Cliff* de la marine américaine et le *Nautile* français.

La loi votée par le Congrès des Etats-Unis et promulguée par le président, demandant que l'épave soit classée « mémorial international » et demeure intangible devrait décourager la plupart des pilleurs d'épaves. Au moins les assure-t-elle d'une fâcheuse publicité.

Mon vœu est seulement que ceux qui organiseront d'autres expéditions scientifiques sur l'épave traitent celle-ci en respectant les lieux comme je l'ai fait.

Maintenant que la position réelle de l'épave est connue, son appropriation pourrait bien être la solution. Elle gît dans des eaux que le Canada revendique comme étant ses eaux territoriales, mais les U.S.A. ne reconnaissent pas cette prétention.

Quelle que soit la souveraineté dont relève son épave, le *Titanic* nous appartient à tous.

Regards en arrière

Avec l'avantage du recul, nous pouvons constater que le naufrage du *Titanic* a constitué un tournant de l'histoire. Il est facile d'imaginer les passagers des premières classes, réunis dans le fumoir pendant le voyage inaugural, faisant le point de l'état du monde et des progrès de la Science avec un air d'auto-satisfaction. Le monde était en paix et l'humanité paraissait avoir dompté la nature. Le navire sur lequel ils naviguaient était la justification tangible de leur optimisme, l'*ultima ratio* de leur suffisance victorienne.

La disparition du *Titanic* fut, pour les gens de cette époque, aussi traumatisante que, pour nous, l'assassinat de John F. Kennedy. Une sorte d'innocence disparaissait à tout jamais. La foi des peuples en l'ordre naturel des choses en fut secouée. On peut incontestablement mettre en parallèle, parce que très récente et très proche de nous, la destruction en vol de la navette spatiale *Challenger*. Dans les deux cas, on se fia trop aveuglément à la technique, on sous-estima la puissance du milieu naturel de l'homme. Dans les deux cas, les « hautes sphères » péchèrent par négligence. Manifestement, nous avons encore des enseignements à tirer du *Titanic*.

Découvrir le *Titanic* et le filmer ne peuvent se comparer, du point de vue historique, avec la tragédie de 1912 mais cela représente néanmoins un tournant. D'abord cela prouve l'efficacité ∅ de la recherche visuelle dans les grands fonds. La conséquence de notre réussite sera que les recherches futures de navires coulés combineront les moyens de détection acoustique et visuelle. L'exploration au sonar donne les meilleurs résultats sur des fonds plats et sans reliefs. Mais le fond des océans est varié à l'infini, avec deß montagnes et des vallées qui produisent des échos trompeurs. Pour établir un quadrillage sonar complet, il faut doubler la couverture et, même dans ce cas, on ne peut être à 100 % certain d'avoir tout vu. Seul l'objectif d'une caméra peut déterminer si une cible sonar est ou non celle que l'on recherche.

Plus importante que toute contribution au progrès des techniques de recherche sous-marine, l'exploration télévisuelle du *Titanic* fut un travail de pionniers de la super-haute technologie exécuté dans les grands fonds, Pour la première fois, un engin téléguidé fut la clef du succès d'une mission dans les abysses. J'aimerais être là, dans soixante quinze ans, pour voir de combien aura progressé cette méthode scientifique.

Considèrerons- nous alors l'expédition sur le *Titanic* comme le point de départ de l'exploration rationnelle des profondeurs ? A ce jour, l'homme a à peine exploré les deux tiers des mers du globe et ces régions gardent encore une grande partie de leurs mystères.

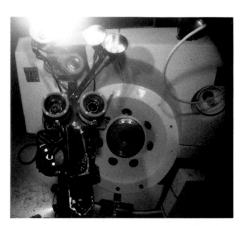

Ce « portrait » de Alvin, *pris par* Jason Junior *sous près de 4 000 mètres d'eau, ouvre la voie de l'exploration visuelle des grands fonds océaniques.*

Les océans représentent les dernières étendues vraiment inexplorées de notre planète. À l'exception de quelques zones de forêts vierges tropicales et de certains pics montagneux lointains, l'humanité a mis le pied sur sensiblement toute la superficie des terres émergées. L'ascension de l'Everest, bien qu'encore fort dangereuse, est pratiquement devenue une routine. Avec assez d'argent, on peut s'offrir une randonnée au pôle Nord.

Mais notre connaissance des océans demeure sommaire. Pour la véritable aventure, il faut se tourner vers l'espace autour de notre Terre ou « dedans », dans ce monde inconnu sous les mers .

Nous avons consacré des trésors d'intelligence et d'argent à la conquête de l'espace, par rapport aux sommes investies dans la découverte et l'exploration de notre propre planète. D'une part, nous tenons les mers pour chose acquise ; d'autre part, l'océanographie n'a jamais captivé l'imagination du grand public aussi fortement que la conquête de l'espace, et elle ne sera jamais un aussi puissant pôle d'attraction. Mais il reste d'excellentes raisons d'accroître notre connaissance des océans.

La plus évidente d'entre elles est que l'eau est à la fois la chose la plus abondante et la plus précieuse sur terre, c'est le sang de notre planète. La parfaite compréhension du régime des mers devient absolument essentielle en raison de la rapide propagation de la pollution. Nous empoisonnons ce sang de la vie.

Les océans conditionnent nos saisons, l'oxygène que nous respirons et ils renferment en eux les forces dynamiques qui forment et déforment notre globe.

Il y a d'autres raisons : aussi longtemps qu'il existera une rivalité entre les super-puissances, les mers seront d'un immense intérêt stratégique et l'exploration des grands fonds aura une importance militaire certaine. De même, la mer pourra un jour devenir une mine essentielle de ressources naturelles, encore que cette possibilité paraisse s'atténuer du fait que nous dépendions moins des matières premières.

Nos expéditions sur le *Titanic* auront également prouvé à ceux qui en doutent que la Science et le Spectacle peuvent faire bon ménage. Par tradition, les savants s'intéressent à la science, pas à la publicité ! Parfois même, ils se sont dévoyés pour que leurs découvertes restent ignorées du public.

Mais je crois qu'une certaine mise en scène, convenablement orchestrée, peut aider la science à parvenir à ses fins. Si on peut trouver les fonds nécessaires pour financer les recherches.

Peut-être, dans quelques générations, le *Titanic* sera-t-il oublié de tous ou presque, mais j'en doute. Longtemps après que sa carène sera tombée en ruines, j'ai le sentiment que les peuples seront toujours frappés par le drame de la nuit du 14 avril 1912.

CHAPITRE 11
Epilogue

MA SECONDE VISION DU *TITANIC* EST CELLE QUI RESTERA TOUJOURS gravée dans ma mémoire : une énorme forme noire surgissant du néant obscur, la lame de rasoir de l'étrave labourant la boue du fond en une vague gigantesque se jetant sur moi...

En tout, j'ai visité neuf fois le *Titanic* et je connais bien son état, à la fois noble et ravagé. En nous posant sur ses ponts et en pénétrant dans ses entrailles dévastées, je ne pouvais m'empêcher de revivre, encore et encore, les scènes tristement célèbres du drame de 1912, au lieu exact où elles s'étaient jouées. Après chaque plongée, je suis revenu impressionné par la majesté de ce mausolée.

Le *Titanic* s'en est allé, pour de bon, ancré enfin au port. Il ne sera jamais renfloué, ce dont je suis non pas triste mais, au contraire, heureux. Après que des hommes, pendant trente-trois heures, aient exploré sa carène démantelée ; après bien plus d'heures passées par *Angus* pour le photographier, son destin est scellé. Bien qu'il frappe encore par ses dimensions, il n'est plus ce vaisseau de rêve qui coula au cinquième jour de son voyage inaugural en avril 1912. Sa beauté s'est évanouie, il est brisé en deux... et l'âge l'a blanchi. Ses tôles d'acier massives se dissolvent en longues coulées de rouille. Ses cloisons étanches, dont tous étaient si fiers, sont tordues et éventrées. Ses lambris élégants ont été rongés et réduits en poussière par des légions de tarets. Ses entrailles sont impudiquement répandues à travers les fonds vaseux de l'Océan... De nos explorations, le seul vestige sera une bouteille de Pepsi-Cola tombée dans le champ de débris, probablement jetée par-dessus bord par un passager inattentif. du *Knorr* ou de l'*Atlantis II*...

Le fond de la mer est un lieu calme et paisible, une sépulture digne de tout ce qui s'est englouti avec le *Titanic*. L'épave que nous avons découverte et photographiée, peut constituer un monument consacré au péché d'orgueil, à un âge perdu et à une sorte d'innocence que nous ne retrouverons jamais, à ceux, acteurs coupables ou spectateurs victimes, qui ont joué ce drame.

A l'avenir, quand je penserai au *Titanic*, je reverrai sa proue se dressant sur le fond, majestueuse dans sa décrépitude, et enfin au repos...

Jusqu'à maintenant, seuls les courants marins viennent perturber la plaque commémorative du Club des Explorateurs que nous avons déposée sur le cabestan.

Inventaire du champ de dispersion des débris

Apparaissant sur des kilomètres de films pris par les caméras de ANGUS, on trouve des milliers d'objets divers provenant du *Titanic*. En voici certains des plus caractéristiques. Sur cette page, ces objets sont à rattacher à la photographie du pont arrière de l'*Olympic*, au centre :

Un chadburn, utilisé pour transmettre les ordres de marche à la salle des machines, semblable aux deux figurants ci-dessous.

Ce téléphone du pont arrière se trouvait dans le boîtier situé au-dessus de la rembarde de la passerelle de coupée, au centre.

Cet habitacle est semblable à celui qui abritait le compas de la timonerie, au centre ci-dessous.

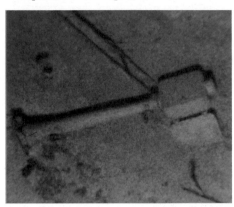

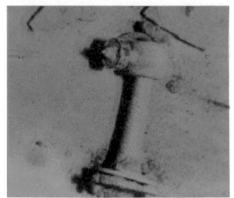

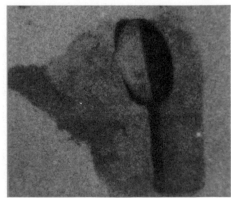

Le piedestal de la roue de gouvernail se trouve juste derrière l'habitacle ci-dessus.

Ce banc de pont, avec certaines de ses lattes de bois encore intactes, est le même que ceux figurant ci-dessus.

Une manche à air pareille à celles se dressant sur le pont arrière, ci-dessus.

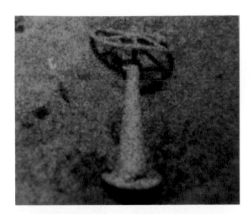

Ce volant de réglage de vapeur et son socle peuvent être vus sur le pont, ci-contre, au centre.

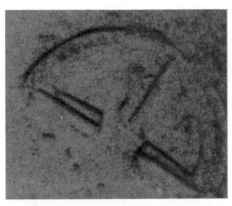

Le cadran indicateur de direction de la barre provenant du télétransmetteur de la timonerie (voir page 126).

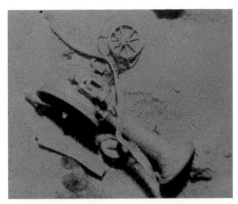

Ce télégraphe de passerelle est peut-être celui que l'on voit derrière le Commandant Smith, page 126.

Une des chaudières à foyer unique provenant de la chaufferie n° 1.

Un morceau rectangulaire de débris métallique s'est posé sur une face de cette chaudière.

Le flanc d'une chaudière (pour les deux autres chaudières, voir pages 190/191).

Un enchevêtrement de bossoirs forme un dessin abstrait sur le fond.

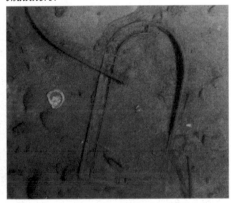

Le cadre métallique d'une fenêtre cintrée du Café Véranda (voir page 17).

Un des trois coffres-forts provenant du bureau du Commissaire des Deuxièmes Classes.

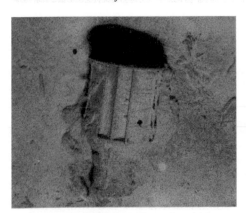

Un aérateur Gibbs provenant du toit de l'entrée des 2ᵉ classes.

La tourelle et le bras d'une grue arrière gisent près de quelques échelles.

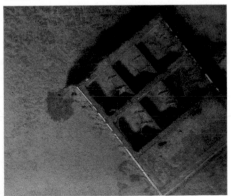

Un meuble d'office avec de la vaisselle au fond.

Salle des machines

Le plan ci-dessous montre la disposition de la trop vaste salle des machines du *Titanic*. Les numéros indiquent la place qu'occupaient les divers appareils que nous avons trouvés et les pointillés dessinent la ligne de fracture.

(A droite) Les turbines alternatives pour les trois navires jumeaux de la White Star Line étaient les plus grosses jamais construites. Hautes de près de dix mètres, elles s'élevaient jusqu'au niveau du pont E. Ici, les machines du Britannic en cours de montage aux Chantiers Harland & Wolff.

(A gauche) Cette passerelle courait le long des blocs-moteurs à moyenne pression de tribord.

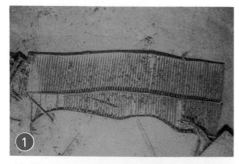

(Ci-dessus) La tubulure d'un des condenseurs principaux. (Ci-dessus, à gauche) Un condenseur avec son carter partiellement enlevé.

(A gauche) La crémaillère d'une porte de cloison étanche (voir page 22) est tombée en travers de la valve de distribution d'un séparateur de vapeur.

(Ci-dessous) Un des trois évaporateurs, chacun pouvant traiter soixante tonnes d'eau par jour. (Ci-dessous, à gauche) Un évaporateur avant son montage.

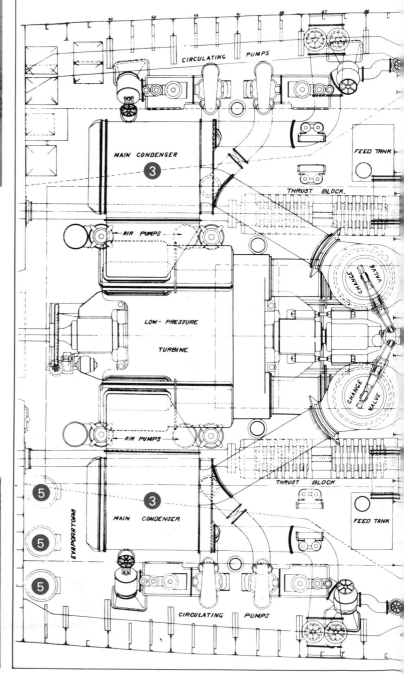

Le bloc-moteur à haute pression de la
turbine alternative tribord, encore fixée
au navire.

⑥

Le bloc-moteur à basse pression de babord
dans le champ des débris. Il pèse environ
50 tonnes pour un diamètre de 2,50 m.

⑦

Un des quatre filtres d'admission
principaux. Deux autres ont été
photographiés par ANGUS.

⑧

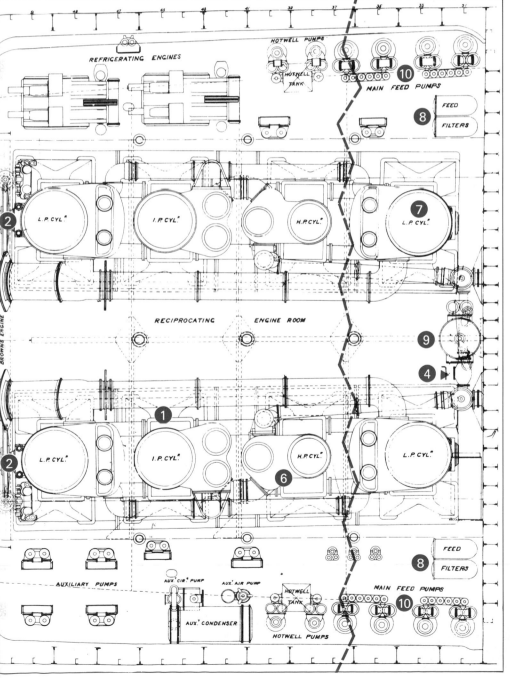

(A droite) Un filtre
d'admission (feed
filter) identique
à celui figurant
ci-dessus. Ils étaient
placés près de la
cloison en avant de
la salle des machines
ainsi qu'il apparaît
sur le diagramme
(à gauche).

(Ci-dessus) Le réchauffeur de contact.
(Ci-dessus, à droite) Le même appareil
avant d'être installé dans le navire.

(Ci-dessous) Une pompe d'alimentation
verticale à action directe qui faisait partie
d'une paire. On peut voir la moitié d'un
ensemble de ces pompes **(ci-dessous,
à droite)**.

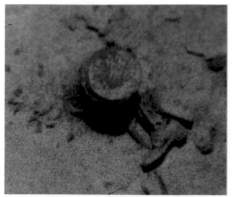

Ceci est sans doute une bottine de femme.

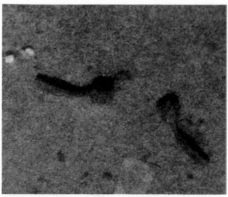

Deux chaussures gisant l'une à côté de l'autre.

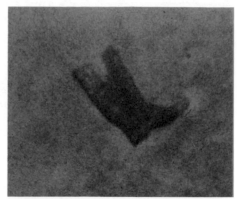

Une botte qui peut avoir appartenu à un soutier.

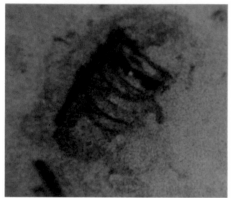

Une pile de seaux.

Une pelle à poussière montrant peu de signes de rouille.

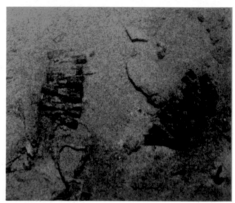

Des bouteilles de vin demeurées dans les restes de leur casier.

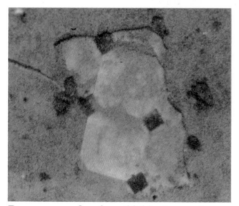

Des carreaux de sol semblables à ceux du gymnase.

Carreaux utilisés en différents endroits du navire (voir la photographie de la cabine, page 183).

Une dalle d'une marche du Grand Escalier arrière (voir page 135).

Résumé des objets dignes d'intérêt découverts dans le champ de dispersion des débris :

Cinq chaudières à foyer unique.

Deux grues outre les trois encore fixées au navire.

Deux blocs-moteurs à basse pression, avec des morceaux de vilbrequin ; deux blocs-moteurs à haute pression visibles dans l'épave ; deux arbres à cames ; de nombreux morceaux de passerelles.

Trois coffres-forts du bureau du Commissaire des 2e classes.

Neuf balustrades de l'escalier arrière des 1re classes.

Trois télégraphes, deux de la passerelle de coupée, un de la timonerie. Quatre habitacles, un de la passerelle du Commandant, un de l'appareil à gouverner, un de la passerelle de navigation et un de la passerelle de coupée. Deux piedestals de roue de gouvernail. Un téléphone de coupée et son pied.

L'embase de la 4e cheminée, des morceaux des autres et deux sirènes.

Six manches à air, la cage d'écureuil du ventilateur de la chaufferie, un séparateur de vapeur, deux filtres d'admission principaux. Quatre baignoires, deux bancs de pont intacts, deux portes de coursive, deux morceaux d'étagères de rangement de la cuisine, trois paires de chaussures, diverses chaussures dépareillées, des bottes et des brosses à cheveux. D'innombrables cuvettes de lavabo, pots de chambre, lattes de sommiers, ressorts de matelas, bouteilles de vins, carreaux de sol et serpentins de réfrigération. Des pieds de lit en émaillé blanc, des radiateurs de chauffage « Promethée », de la vaisselle d'argenterie, des fragments de vitraux de la salle à manger, des grilles d'aérateurs, de la vaisselle de porcelaine.

Chronologie

La présente chronologie retrace les faits saillants et les événements qui ont marqué l'histoire du *Titanic*. (N.B. Les heures indiquées, au cours de la nuit du 14 avril et de la matinée du 15 avril 1912, sont approximatives et basées sur les témoignages recueillis par la Commission d'Enquête Britannique sur le drame de 1912).

1867 — Thomas Henri Ismay rachète la White Star Line, une compagnie de navires à voiles, fondée vers 1850, et dont l'activité était principalement axée sur les transports vers les terrains aurifères d'Australie.

1869 — Ismay crée la Compagnie Ocean Steam Navigation pour faire de la White Star une ligne de paquebots à vapeur de grande classe sur les routes de l'Atlantique.

1869-1870 — Premiers bâtiments construits pour la White Star par les Chantiers Navals Harland & Wolff de Belfast.

1891 — J. Bruce Ismay devient associé de la White Star Line et prend la succession de son père au décès de celui-ci en 1899.

1894 — William J. Pirrie devient Président de Harland & Wolff.

1898 — L'écrivain américain Morgan Robertson publie son romant *Futility* dans lequel un paquebot anglais, baptisé *Titan*, heurte un iceberg et coule lors de son voyage inaugural, sans avoir à son bord assez de canots de sauvetage, au mois d'avril dans l'Atlantique Nord. Ce navire imaginaire est presque semblable au *Titanic* par ses dimensions, sa vitesse, le nombre de ses passagers (à la fois riches et pauvres) et des victimes.

1902 — La White Star Line est rachetée par la Compagnie International Mercantile Marine, société de transport maritime appartenant au financier américain J. Pierpont Morgan. Bien que les navires de la White Star continuent d'arborer le pavillon britannique et d'être servis par des équipages anglais, la Société est essentiellement sous contrôle américain.

1904 — J. Bruce Ismay, à l'âge de 41 ans, avec le plein appui de Pierpont Morgan, devient Président Directeur Général de la Compagnie International Mercantile Marine, avec les pleins pouvoirs. De même, William J. Pirrie, président de Harland & Wolff, devient administrateur de Mercantile Marine.

1907 — A un dîner officiel, au domicile londonien de W. J. Pirrie, Ismay discute de la construction de deux grands bâtiments (un troisième devant s'y ajouter ultérieurement) pour rivaliser le luxe, de taille et de vitesse avec ceux des autres Compagnies. Ces navires seront de la classe dite « Olympic » et sont destinés essentiellement à battre la Compagnie Cunard Line la bataille du transport des passagers à travers l'Atlantique.

1908 — 29 juillet : Les propriétaires de la White Star, y compris Ismay, approuvent les plans de conception des navires de la classe « Olympic » élaborés par les Chantiers Harland & Wolff, sous la supervision directe de Lord Pirrie, avec l'assistance de son neveu Thomas Andrews.

1908 — 31 juillet : Une lettre-contrat est signée pour la construction, par les Chantiers de Belfast, de l'*Olympic*, et du *Titanic* et le troisième, le *Britannic* viendra ultérieurement. Les dernières décisions concernant l'aménagement l'équipement et la décoration seront prises par J. Bruce Ismay. Les dimensions du *Titanic* seront : 882 pieds 9 pouces de longueur, 94 pieds de largeur, 100 pieds de hauteur à la passerelle. Coût total : 1.500.000 Livres Sterling. De nouveaux quais devront être édifiés de chaque côté de l'Atlantique pour recevoir des navires de cette taille. Harland & Wolff bâtissent une cale sèche spécialement renforcée pour supporter leur poids et un nouveau pont roulant sous lequel ils seront construits.

1908 — 16 décembre : La quille montée sur le Chantier Harland & Wolff N° 400, la construction de l'*Olympic* commence.

1909 — 31 mars : La quille montée sur le Chantier Harland & Wolff N° 401, la construction du *Titanic* commence.

1910 — 20 octobre : La carène de l'*Olympic* est lancée avec succès.

1911 — *31 mai :* Celle du *Titanic* est également lancée avec succès, sous le regard de plus de 100 000 personnes. A ce jour (avec l'*Olympic*), c'est le plus gros objet mobile jamais fabriqué de main d'homme. 22 tonnes de suif, de savon et de graisse ont été utilisées pour lubrifier le slipway et le protéger de l'énorme pression, 300 kg/cm², exercée par la carène fraîchement peinte. Le *Titanic* est remorqué jusqu'au bassin de finition où les travaux d'aménagement sont entrepris.

1911 — Juin : L'*Olympic* appareille pour son voyage inaugural.

1911 — Juillet : La première date prévue, et convenue entre White Star Line, et Harland & Wolff, pour le voyage inaugural du *Titanic*, est fixée au 20 mars 1912.

1911 — 20 septembre : L'*Olympic*, sous les ordres du Commandant Edward J. Smith, qui commandera par la suite le *Titanic*, est sérieusement endommagé au cours d'un abordage avec le croiseur de la Royal Navy *Hawke*. Le voyage inaugural du *Titanic* est retardé en raison de l'envoi d'ouvriers et d'outillage pour réparer l'*Olympic*.

1911 — 11 octobre : La White Star Line annonce officiellement, dans le *Times* de Londres, que le voyage inaugural du *Titanic* aura lieu le 10 avril 1912.

1912 — Janvier : Seize canots de sauvetage en bois sont installés à bord du *Titanic* sur des bossoirs basculants Welin (conçus pour manœuvrer chacun 2 ou 3 embarcations). L'ingénieur Alexandre Carlisle (qui ne fait plus partie du personnel de Harland & Wolff) a suggéré l'emploi de bossoirs pouvant desservir plusieurs canots mais cette proposition fut faite dans un souci d'économies et non pas pour accroître la sécu-

S.O.S. pour appeler de l'aide. La position estimée du *Titanic* est alors 41°46' N et 50°14' O. Les chaudières s'éteignent et les sirènes des cheminées vomissent de stridents jets de vapeur.

Lundi 15 avril : *0 heure 05 :* Le court de squash, 10 mètres au-dessus de la quille, est sous l'eau. Ordre est donné de décapeler les canots de sauvetage et de rassembler passagers et équipages. Il n'existe que 1 178 places pour 2 227 personnes à bord, et à la condition que chaque canot fasse son plein de rescapés.

0 heure 10 à 1 heure 50 : Plusieurs membres de l'équipage du *Californian*, à quelques 10 ou 19 milles de distance, observent les feux d'un bateau. Bon nombre de tentatives d'entrer en liaison avec lui par le projecteur Morse échouent. Des fusées sont aperçues, mais elles sont si basses au-dessus des ponts et ne font aucun bruit, si bien qu'elles n'ont en rien l'apparence de signaux de détresse et il n'en est tenu aucun cas. La distance entre les deux navires paraît augmenter jusqu'à ce qu'ils soient hors de vue l'un de l'autre.

0 heure 15 à 2 heures 17 : De nombreux navires entendent les appels au secours du *Titanic*, y compris son frère jumeau, l'*Olympic*, qui se trouve à quelque 500 milles (un peu moins de 1 000 km) de là. Plusieurs, dont le *Mount Temple* (à 49 milles, soit 95 km), le *Frankfurt* (à 153 milles, soit 285 km), le *Bisma* (à 70 milles, soit 130 km), le *Baltic* (à 243 milles, soit 450 km), le *Virginian* (à 170 milles, soit 315 km) et le *Carpathia* (à 58 milles, soit 107 km), se disposent à accourir à la rescousse.

0 heure 15 : L'orchestre se met à jouer des airs entraînants dans le salon des premières classes sur le pont A et se déplace, un peu plus tard, près du hall d'entrée du Grand Escalier.

0 heure 20 : L'eau envahit les quartiers de l'équipage à 48 pieds (plus de 14 mètres) au-dessus de la quille, à l'avant du Pont E.

0 heure 25 : Ordre est donné de faire embarquer les femmes et les enfants dans les embarcations. Le *Carpathia*, à 58 milles (107 km) dans le sud ouest, capte un message de détresse et fait immédiatement route à toute vapeur sur le lieu du naufrage pour porter assistance.

0 heure 45 : Le premier canot, tribord n° 7, est affalé. Il peut contenir 65 passagers mais il n'y en a que 28 à son bord. Les premières fusées de détresse sont mises à feu. Huit autres seront tirées, en tout. Le 4e officier Boxhall observe un bateau s'approchant du *Titanic* mais, malgré ses tentatives d'entrer en contact avec lui à la lampe Morse, il disparaît. Le canot n° 4 commence à charger ses passagers entre 0 heure 30 et 0 heures 45.

0 heure 55 : Le premier canot de babord, le n° 6 est affalé avec seulement 28 personnes, dont Molly Brown et le Major Peuchen. Le canot n° 5 descend. Ismay se fait rabrouer par le 5e officier Lowe pour s'être mêlé de commander les manœuvres. 41 personnes y prennent place et il reste 24 sièges libres.

1 heure : Le canot tribord n° 13 est mis à l'eau avec 32 personnes dont 11 membres d'équipage.

1 heure 10 : Le canot tribord n° 12 est mis à l'eau (sa capacité est de 40 personnes) avec seulement 12

passagers dont Sir Cosmo et Lady Duff Gordon et 7 marins. Le canot babord n° 8 descend avec 39 rescapés. Sa barre sera tenue, en haute mer, par la Comtesse de Rothes.

1 heure 15 : La mer atteint le nom du *Titanic* sur l'étrave et le bateau prend de la gîte sur babord. L'inclinaison des ponts s'accroît. Les canots se remplissent à peu près normalement.

1 heure 20 : Le canot tribord n° 9 déborde avec 56 rescapés. Le *Titanic* accuse maintenant une gîte sensible sur tribord.

1 heure 25 : Le canot n° 12 babord est mis à l'eau avec 40 femmes et enfants. 2 matelots en prennent les commandes. Après le naufrage, il s'amarrera aux canots 4, 10 et 14 ainsi qu'au radeau D. Plus tard, les rescapés seront transbordés et ce canot, sous les ordres du 5e officier Lowe, reviendra sur les lieux pour recueillir les naufragés. Il se retrouvera surchargé, avec 70 passagers dont beaucoup venant du radeau D.

1 heure 30 : Les premiers signes de panique se manifestent parmi les passagers restés à bord du navire. Au moment où, sur babord, le canot 14 est affalé avec 60 personnes, dont le 5e officier Lowe, un groupe de passagers menace de sauter dedans, alors qu'il est presque complet et Lowed est contraint de tirer des coups de feu en l'air pour les tenir à distance.

Les appels au secours du *Titanic* deviennent déchirants : « Nous coulons rapidement !», « Femmes et enfants dans les embarcations ! », « Nous ne tiendrons plus longtemps ! »

2 heures 10 : Le Commandant Smith relève les opérateurs radio Bride et Philipps de leur service.

2 heures 17 : Philipps envoie son dernier message. Smith s'adresse à l'équipage : « Chacun pour soi ! », et retourne à la passerelle pour y attendre la fin. Thomas Andrews, solitaire, le regard perdu dans le vide, est aperçu dans le fumoir des premières classes. La proue du *Titanic* s'enfonce, libérant le radeau B qui était coincé et qui flotte maintenant à la renverse. Le Père Thomas Byles reçoit la confession et donne l'absolution à plus d'une centaine de passagers des 2e et 3e classes, rassemblés à l'extrémité arrière du pont des embarcations. L'orchestre s'arrête de jouer. De nombreux passagers et marins sautent par dessus bord. La cheminée avant tombe, écrasant dans sa chute de nombreuses personnes qui surnageaient. Le radeau A flotte librement et 25 personnes environ s'y agrippe. Il est remis à l'endroit mais, empli d'eau, il se trouve dangereusement surchargé. Lowe, dans le canot 14, les sauvera de justesse avant l'aube. Mais au moins la moitié d'entre eux sont déjà morts.

2 heures 18 : Un énorme grondement se fait entendre lorsque, à l'intérieur, tous les objets mobiles s'écrasent dans les fonds de l'avant submergé. Les lumières du navire clignotent une dernière fois et s'éteignent. De nombreux rescapés voient le navire se briser en deux, la partie avant coule.

2 heures 20 : Après sa séparation d'avec l'avant, la partie arrière demeure quelques instants à flot. Elle se remplit lentement d'eau et la poupe se dresse vers le ciel avant de sombrer. Plus de 1 500 personnes périssent ainsi dans « la plus grande tragédie marine de l'Histoire ».

3 heures 30 : Les canots aperçoivent les fusées tirées par le *Carpathia*. Alors que sa vitesse de croisière est de 14,5 nœuds, il est venu à la rescousse à la vitesse exceptionnelle de 17,5 nœuds.

4 heures 10 : Le premier canot n° 2, est repêché par le *Carpathia*. Des glaçons flottent partout sur les lieux du drame, au milieu de débris du *Titanic*.

5 heures 30 : Le *Californian*, prévenu par le *Frankfurt* de la perte du *Titanic*, se dirige immédiatement sur les lieux du désastre.

5 heures 30/6 heures 30 : Les survivants du radeau A sont recueillis par le canot 14 et ceux du radeau B par les canots 4 et 12.

8 heures 30 : Le dernier canot, n° 12, est repêché par le *Carpathia*. Lightholler est le dernier rescapé à monter à bord. Le *Californian* se range près du *Carpathia* et patrouille dans les parages à la recherche d'autres survivants.

8 heures 50 : Le *Carpathia* quitte le théâtre du drame et fait route sur New York. Il emporte 705 survivants. On estime que 1 522 personnes ont trouvé la mort. Ismay télégraphie aux bureaux de la White Star à New York : « Suis au regret de vous rendre compte du naufrage du *Titanic* ce jour après avoir heurté un iceberg. Il en est résulté la perte d'un grand nombre de vies humaines. Tous détails vous parviendront plus tard ».

17 avril : Affrété par la Compagnie White Star, le *Mackay-Bennett* appareille de Halifax à la recherche de cadavres sur les lieux du sinistre.

18 avril : *9 heures* : Le *Carpathia* arrive à New York. Il est assiégé par des hordes de journalistes, dans des vedettes, réclamant à grands cris des informations. Lorsque le *Carpathia* défile devant la Statue de la Liberté, 100 000 personnes se sont massées pour le voir. Les canots du *Titanic* sont accrochés à ses flancs. Il dépasse les quais de la Cunard Line (N° 54) et remonte la rivière jusqu'aux quais de la White Star où il met à terre les canots du *Titanic*. Le *Carpathia* revient au quai de la Cunard Line pour y débarquer les rescapés.

19 avril/25 mai : Travaux de la Commission d'Enquête du Sénat Américain sur le désastre du *Titanic*, sous la présidence du Sénateur William A. Smith. Quatre-vingt deux témoins sont entendus.

22 avril : La Compagnie White Star envoie de Halifax le navire *Minia* pour assister le *Mackay-Bennett*, qui a repêché 306 corps. Le *Minia* en trouvera 17 autres au bout d'une longue semaine de recherches.

24 avril : Au moment où le jumeau du *Titanic*, l'*Olympic*, est sur le point d'appareiller de Southampton, ses « gueules noires » (les soutiers) se mettent en grève. Ils refusent de travailler aussi longtemps que le navire ne sera pas équipé de moyens de sauvetage en nombre suffisant pour tout le monde. 285 membres de l'équipage désertent et le voyage de l'*Olympic* est annulé.

6 mai : La Compagnie White Star expédie le navire *Montmagny*, de Sorel (Québec) à la recherche d'autres corps. Il n'en trouvera que quatre.

15 mai : La White Star envoie encore le navire *Algeria*, de Saint-Jean-de-Terre-Neuve. Il ne découvrira qu'un cadavre. Au total, les navires affrêtés par la White Star n'auront retrouvé que 328 corps.

2 mai/3 juillet : Enquête menée par le Ministère Britannique du Commerce : 25 622 questions seront posées aux 96 témoins, parmi lesquels on voit déposer l'inventeur de la radio, Marconi, et l'explorateur Sir Ernest Shackleton à propos de banquise et d'icebergs. Les seuls passagers qui témoignent sont Sir Cosmo et Lady Duff Gordon ainsi que J. Bruce Ismay. Parmi les autres témoins, on compte le Commandant Lord, du *Californian* ; Lightholler qui, à lui seul, devra répondre à 1 600 questions ; des membres de l'équipage, les armateurs et des fonctionnaires du Ministère du Commerce. La sentence recommande : « ... Plus de compartiments étanches sur les navires de haute mer, l'installation de canots de sauvetage en nombre suffisant pour prendre toutes personnes se trouvant à bord, et un meilleur système de veille... ».

1913 — **Avril** : Création de la Patrouille Internationale des Glaces pour surveiller les routes de l'Atlantique Nord, sous la direction des Gardes-Côtes américains.

1914 — **Février** : L'autre jumeau du *Titanic*, le *Britannic*, est lancé.

1916 — **Novembre** : Le *Britannic*, converti en navire-hôpital, est coulé par une mine allemande.

1929 — **18 novembre** : Le tremblement de Terre des Grands Bancs est considéré comme ayant provoqué d'énormes avalanches sous-marines dont beaucoup pensent qu'elles ont enseveli l'épave du *Titanic* qui gît à proximité.

1935 — Après 24 années de bons et loyaux services, au cours desquelles il a servi comme transport de troupes et après quatre refontes majeures, l'*Olympic* est désarmé. Il a traversé 500 fois l'Atlantique, couvert 1 500 000 milles (2 750 000 km) et gagné le surnom de « Vieux Fidèle ».

1980 — **Juillet** : L'entrepreneur et explorateur américain Jack Grimm finance une expédition qui prend la mer pour localiser l'épave du *Titanic*. Handicapée par le mauvais temps et le mauvais fonctionnement de son équipement, l'expédition est un échec.

1981 — **Juin** : La seconde expédition de Jack Grimm reprend la mer mais, de nouveau, ne réussit pas retrouver l'épave.

1983 — **Juillet** : Troisième et dernière expédition financée par Jack Grimm qui manque encore de trouver le *Titanic*.

1985 — **1er septembre** : L'expédition scientifique franco-américaine conduite par le professeur Robert D. Ballard découvre enfin et photographie les restes de l'épave du *Titanic* par 12 460 pieds (3 780 mètres) de fond.

1986 — **7 juillet** : Le Pr. Robert Ballard retourne sur le *Titanic* avec une seconde expédition. Faisant poser le submersible *Alvin* sur ses ponts, il explore et photographie toute l'épave et le champ de dispersion des débris dans leurs moindres détails.

Remerciements

Par qui commencer ? Alors que Jean-Louis Michel et moi avons recueilli les lauriers de la gloire d'avoir découvert le *Titanic*, c'est par centaines que se comptent ceux qui ont joué un rôle essentiel dans la réalisation d'un événement historique et qui ont contribué à la publication de ce livre.

Ce sont ceux qui ont combattu avec nous dans les tranchées de l'exploration sous-marine : les équipages du *Suroit*, du *Knorr*, de l'*Atlantis II* ; les équipes techniques qui ont assuré la bonne marche de SAR, de *Argo*, de ANGUS, de *Alvin* et de *Jason Junior* ; tous ceux qui, à terre, nous ont aidé pendant les nombreux longs mois d'études et de mises au point.

Outre ces troupes hautement spécialisées, de nombreuses personnes méritent notre reconnaissance particulière : Bill Tantum, de l'Association Historique du *Titanic*, n'a jamais perdu sa foi en moi et en notre rêve commun, mais il est mort avant qu'il se réalise. Les Amiraux Brad Mooney, Dwaine Griffith et Ron Thurman, de la marine américaine, ont cru en *Argo*, en *Jason* et en la capacité de notre équipe de faire de ces projets technologiques une chose tangible. Le médecin de marine Eugène Silva nous a prêté son constant appui. Le secrétaire d'état à la Marine Melvyn Paisley nous a couverts de son aile tutélaire. Les lieutenants George Rey et Hugh O'Neil étaient là quand les choses allaient mal et, par dessus tout, le secrétaire d'état à la marine John Lehman Jr. qui a pris tous les risques pour que notre mission s'accomplisse.

L'Association National Geographic Society fait l'objet de notre profonde gratitude pour la foi particulière que ses dirigeants ont placé dans mes travaux pendant tant d'années : Bill Garrett, pour son aide de tous les instants ; Sam Matthews et Bill Graves pour m'avoir montré comment écrire mon histoire ; Jan Atkins, pour avoir sauvé ma conférence de presse en 1985 ; Susan Eckert, pour m'avoir guidé grâce à son sens des priorités ; et Emory Kristof qui a pris des milliers de photographies magnifiques.

Mes supporters les plus fervents et les plus patients ont été les membres de ma famille. Pendant 22 ans, j'ai vécu en mer, passant des mois et des mois loin des miens, en expéditions successives. Cependant, ma femme Marjorie et nos fils Todd et Douglas ont gardé la flamme de notre foyer. Je sais que ce fut dur et que nous avons perdu beaucoup que nous ne pourrons retrouver, mais leur appui silencieux m'a donné la force de continuer.

Quand l'*Atlantis II* est revenu à Woods Hole en juillet 1986, le Projet *Titanic* était terminé mais ce livre était à peine ébauché. Comme je m'en rendis rapidement compte, une publication aussi complexe exige autant de personnel et de compétence qu'une expédition scientifique. Ce travail collectif se manifeste à chaque page de *LA DÉCOUVERTE DU TITANIC*. Michael Levine m'a présenté aux Editions Madison qui ont parrainé le projet, depuis l'idée première jusqu'à la finition de l'ouvrage. Davie Weil m'a aidé à en faire le plan ; Rick Archbold a posé des milliers de questions et, avec l'éditeur Patrick Crean, a mis le texte en forme. Hugh Brewster et l'état-major de Madison ont effectué des heures supplémentaires pour s'assurer qu'aucun détail n'avait été omis. Ken Marschall, dont l'assistance et l'enthousiasme pour ce livre n'ont jamais failli, a peint et dessiné de façon superbe, passant des heures innombrables à identifier les objets du *Titanic*, à les comparer avec des documents d'archives, à commenter en expert le manuscrit. Outre sa splendide introduction et les photographies de sa collection particulière, Walter Lord m'a apporté une aide infiniment précieuse par sa connaissance encyclopédique du *Titanic*. Alasdair McCrimmon a gracieusement

consacré son temps et sa compétence à vérifier minutieusement l'exactitude du texte.

Je voudrais aussi remercier un grand nombre de personnalités qui m'ont apporté une assistance inappréciable : Stu Harris, pour tous les détails de la mise au point de *Argo* en 1985 ; Charles Pellegrino, pour sa théorie de « l'écrasement des superstructures » ; Bill Ryan, de l'Observatoire Géologique Lamont-Doherty, qui m'a raconté en détails les trois expéditions de Jack Grimm et offert de nombreuses illustrations ; Fred Spiess, de l'Institut Océanographique Scripps, pour m'avoir décrit son rôle dans les « Aventures » de Grimm ; l'écrivain Bill Stevenson, pour ses souvenirs de la première mission de Grimm ; Anne Tantum, pour m'avoir aidé à faire revivre la participation de son mari dans notre enquête, pour m'avoir remis des photos de Bill et la coupe transversale du paquebot de la White Star ; la topographe Marie Tharp pour sa carte des fonds marins et le professeur Ruth Turner, du Museum de Zoologie Comparée de l'Université de Harvard, pour les détails scientifiques sur les tarets et les images qu'elle m'en a donnée.

A l'Institut Océanographique de Woods Hole, le Professeur Holger Jannasch, pour ses indications scientifiques sur les bactéries métallivores et les formations de rouille ; Bill Lange, pour ses connaissances et son talent d'interprétation et d'identification des vues prises par ANGUS ; John Porteous, pour avoir visionné des kilomètres de film et contribué au montage de la mosaïque ; ma secrétaire Terry Nielsen qui a dactylographié cent fois ma prose et toujours trouvé ce dont j'avais besoin ; Ann Rabuschka et l'équipe du Bureau d'Informations pour avoir trouvé les diapositives et les diagrammes ; le Professeur Elazar Uchupi qui a vécu la manuscrit et proposé d'utiles modifications ; Tom Dettweiler et Bon Squires qui m'ont aidé à situer les détails de notre expédition de 1985.

Pour avoir vérifié l'exactitude historique du manuscrit et offert des photos : Charles Haas et John Eaton, auteurs de « Le *Titanic*, Triomphe et Tragédie » (Editions Patrick Stephens Ltd./W.W. Norton). Pour leurs conseils sur des points particuliers de l'histoire : Cory Keeble et Janet Holmes, du Museum Royal de l'Ontario ; Don Lynch et Bill Sauder.

Au sein de l'Association National Geographic Society : Bob Hernandez, Bill Allen, Virginia Miller et Laura Mink, pour m'avoir fourni des diapositives ; les artistes Davis Meltzer, William H. Bond, Richard Schlecht et Pierre Mion, pour leurs dessins ; les photographes Perry Thorsvik et Joseph Bailey, pour leurs œuvres.

Enfin, mes remerciements vont à tous ceux, non encore nommés, qui ont contribué à l'iconographie de ce livre : Roger Barrable ; George Buckley des Routiers des Mers ; Joe Carvalho et l'Association Historique du *Titanic* ; Margaret Campbell des Archives de Nouvelle-Ecosse ; Eric Sauder ; Janet Homfeld du Musée Margaret Strong ; les Ateliers de Reliure Sangorski & Sutcliffe ; et Roy Varley. Un merci particulier va à Jeremy Nightingale pour les photographies de 1912 de la famille Odell qui sont publiées ici pour la première fois.

Robert D. Ballard.

Les Editions Madison entendent également remercier les personnalités suivantes pour leur assistance et leurs encouragements : Larry Ashmead, Ian Ballantine, June Baird, Carolyn Brunton, Peter Benchley, Alexandra Chapman, Peter Elek, Sharon Gignac, Ed Kamuda, Teri Koenig, Eva Koralnik, Joe Macinnis, Aaron Milrad, le photographe Thomas Moore, Tom Mori, Ute Korner de Moya, Nick Noxon, Charles Sachs, Robert Tosso et Peter Williams.

Iconographie

Nous avons apporté tous nos soins à l'attribution exacte à leurs auteurs des illustrations de cet ouvrage. Si, toutefois, une erreur a pu être involontairement commise, nous nous ferons un devoir et un plaisir de la rectifier dans les éditions suivantes.

Abréviations utilisées :
W.H.O.I.: Woods Hole Oceanographic Institute
N.G.S.: National Geographic Society
I.L.N.: Illustrated London News

Couverture. 1re page : Peinture de Ken Marschall.
Dernière page : (En haut) Peinture de Ken Marschall.
(En bas, à gauche) Robert Ballard/WHOI.
(En bas, à droite) Perry Thorsvik/NGS.
Page de titre : Robert Ballard/WHOI.
Page de faux-titre : Archives Bettmann.
Table des matières : Robert Ballard/WHOI.
Introduction : Harland & Wolff.

Chapitre 1.
8   Emory Kristof/NGS.
9   Emory Kristof/NGS.
10 Peinture de Ken Marschall. Collection Rustie Brown.
11 Archives Bettmann.

Chapitre 2.
12 Collection Eric Sauder.
13 ILN.
14 (Astor et Straus) ILN. « Le *Titanic* en mer ». Beken de Cowes.
15 Harland & Wolff.
16 (en haut) Kate Odell, avec la permission de Jeremy Nightingale.
    (milieu) Journal : The Cork Examiner.
    (en bas) Kate Odell, avec la permission de J. Nightingale.
17 (en haut) Père Francis J. Browne S.J. Collection Charles Haas/John Eaton.
    (milieu) Harland & Wolff
    (en bas, à gauche) ILN.
    (en bas, à droite) Collection Byron. Musée de la Ville de New York.
18 (en haut) ILN.
    (milieu) Père Francis J. Browne S.J. Collection Charles Hass/John Eaton.
19 (en haut) ILN.
    (en bas) Collection Joseph Carvalho.
20 (en haut) Collection Ray Lepien.
    (en bas) Archives Bettmann.
21 ILN.
22 (en haut) Journal : *The Shipbuilder*.
    (en bas) ILN.
23 (en haut et au milieu) ILN.
    (en bas) Peinture de Ken Marschall. Collection Kenneth Smith.
24 (en haut) ILN.
    (en bas) Collection Donald Lynch.
25 (en haut) ILN.
    (en bas, à gauche) Harland & Wolff.
    (Major Butt) ILN.
    (Ben Guggenheim) ILN.
26 (en haut) Collection Ken Marschall.
    (en bas) Peinture de Ken Marschall.
27 (en haut) Journal : *The Corr Examiner*. Collection Ken Marschall.
    (milieu) Collection Ken Marschall.
    (en bas) Extrait de « The Truth About the *Titanic* », Collection Charles Haas/John Eaton.
28 Peinture de Ken Marschall.
29 (à gauche et à droite) Collection Walter Lord.

Chapitre 3.
30 Dann Blackwood/WHOI.
32 Leonard Pinaud/Dr. George Buckley. Les Ecumeurs des Mers.
33 WHOI.
34 Diagramme de *Alvin* par David Meltzer/WHOI.
35 (à gauche et à droite) Emory Kristof/WHOI.
36 (en haut et en bas) John D. Donelly/WHOI.
37 (en haut) WHOI.
    (milieu) Anne Tantum.
    (en bas) Collection Joseph Carvalho.
38 (en haut et en bas) WHOI.
39 WHOI.
40 WHOI.
41 Robert Ballard.
42 Robert Ballard/WHOI.

Chapitre 4.
44 Carte des fonds océaniques par Bruce Heezen et Marie Tharp (c) 1977 Marie Tharp.
45/51 Toutes les photographies du chapitre 4 sont de Anita Brosius, avec la permission de l'Observatoire Géologique Lamont/Doherty.

Chapitre 5.
52/53 Illustrations de Davis Meltzer/NGS.
54 Emory Kristof/NGS.
55 Photographie de *Argo* : Emory Kristof/NGS. Diagramme de *Argo* et photo d'écran/WHOI.
56/57 Emory Kristof/NGS.

Chapitre 6.
58/85 Toutes les photographies de ce chapitre sont dues à Emory Kristof/NGS, sauf autrement indiqué.
63 Deux cartes de Robert Ballard./WHOI.
64 Dessin au fond WHOI.
66 Trois cartes. WHOI.
72 Carte du fond. WHOI.
82 Chaudière en atelier. Harland & Wolff. Chaudières sur l'écran. Robert Ballard/WHOI.
83 Cartes par Robert Ballard/WHOI.

Chapitre 7.
86/144 Toutes les photographies du chapitre 7 sont de Emory Kristof/NGS, sauf autrement indiqué.
91 Trois photos de ANGUS. Robert Ballard/WHOI.
97 (en haut) Le gaillard d'avant de l'*Olympic*. Harland & Wolff.
    Deux photographies de ANGUS. Robert Ballard/WHOI.
    (en bas) L'*Olympic* à New York. Collection Joseph Carvalho.
98 (en haut) Journal : *The Toronto Sun*.
99 Joseph H. bailey (c) NGS.
100 WHOI.
101 Stephen St. John. (c) NGS.

Chapitre 8.
102 Dans le chapitre 8, toutes les photos prises de ou sur l'*Atlantis II* sont de Perry Thorsvik/NGS. Toutes les photos sous-marines de *Argo*, ANGUS et *Alvin* sont de Robert Ballard et de Martin Bowen/WHOI.
106 Dessin de *Alvin* et de *Jason Junior* par William H. Bond/NGS.
111 (en haut) Harland & Wolff.
120/122 Peintures de Ken Marschall.
123/125 Mosaïque. Robert Ballard/WHOI.
    Diagramme par Richard Schlecht/NGS. et Ken Marschall.
126 Chadburn. Collection Bill Sauder.
    Commandant Smith. British Newspaper Library.
127 (en haut) Peinture de Ken Marschall.
    (Photo de passerelle) ILN. Collection Ken Marschall ;
129 Collection Walter Lord.
133 (en haut) Peinture de Ken Marschall.
    (en bas, à gauche) Diagramme de Richard Schlecht/NGS.
135 (en haut) Collection Joseph Carvalho.
    (en bas, à droite et à gauche) Photos avec la permission de NGS.

Chapitre 9.
136/162 Toutes les photographies du chapitre 9 sur ou de l'*Atlantis II* sont de Perry Thorsvik/NGS. Toutes les photographies sous-marines de *Alvin*, *Argo* et ANGUS sont de Robert Ballard et de Martin Bowen/WHOI.
139 Télétransmetteur. Collection Bill Sauder.
140 (en haut) Journal : *The Cork Examiner*.
142 (en haut) Collection Ken Marschall.
143 (en haut) Journal « *Syren and Shipping Magazine* ». Association Historique du *Titanic*.
144 Peinture de Ken Marschall.
145 (en bas) Harland & Wolff.
147 (en bas) Harland & Wolff.
149 (la poupée) Musée Margaret Strong.
    (Lorraine Allison) Collection Lynch.
150/151 Illustration de Richard Schlecht/NGS.
153 (en haut) Collection Nelson Armstein.
    (en bas) F. Sandgorski & G. Sutcliffe Ltd.
154 (en bas) The Mariner's Museum
155 (en bas) Harland & Wolff.
    (Grue) Journal : *The Cork Examiner*.
156/157 Peintures de Ken Marschall.
158 (en haut) Kate Odell, avec la permission de J. Nightingale.
163 (en haut) Kate Odell, avec la permission de J. Nightingale.
164/166 Peinture de Ken Marschall.
167/169 Vue en coupe du *Titanic*, avec la permission d'Anne Tantum.
    Entrée des secondes classes de l'*Olympic*. Collection Joseph Carvalho.

170 (Fenêtre de l'Hôtel du Cygne Blanc) Roy Varley.
170/171 Salon. Harland & Wolff.
171 (Statue) Collection Howard Holtmann.
    (Plan) Journal : *The Ship Builder*.
172 (Escalier) Harland & Wolff.
    (Bois sculpté) Joseph H. Bailey/NGS.
173 (Salle à manger) Collection Ken Marschall.
    (Baie) Journal : *The Ship Builder*.
174 (Salle à manger) Journal : *The Shipbuilder*.
    (menu) Collection Walter Lord.
176 (Les chefs de l'*Olympic*). Collection Ken Marschall.
177 (Office) Collection Ken Marschall.
178 (Fumoir des secondes classes). Harland & Wolff.
178/179 (Fumoir des premières classes). Collection Byron. Musée de la ville de New York.
180 (Cheminées), avec la permission de Jeremie Nightingale.
    (Diagramme des cheminées) Ken Marschall.
    (Cheminée quittant l'atelier). Journal : *The Shipbuilder*.
181 (Appartement B.57) Harland & Wolff.
182 (Photo d'un appartement) Collection Byron. Musée de la ville de New York.
183 (Cabine des troisièmes classes) Collection Byron. Musée de la ville de New York.
    (plus bas à droite) Le Père Françis M. Browne S.J. Collection Charles Haas/John Eaton.
184 (en haut à gauche) Collection Byron. Musée de la ville de New York.
    (milieu à gauche) Harland & Wolff.
    (Baignoire) Harland & Wolff.
185 (en haut) Harland & Wolff.
    (en bas) Père Francis M. Browne S.J. Collection Charles Haas/John Eaton.
    (à droite) ILN.
186 (en haut, à gauche) Père Francis M. Browne. Collection Charles Haas/John Eaton.
    (milieu à gauche) Collection Charles Haas/John Eaton.
    (en bas, à gauche) Collection Ken Marschall.
188 (en haut, à gauche) Journal : *The Cork Examiner*.
    (Comtesses de Rothes) ILN.
    (Canot de sauvetage) Collection Walter Lord.
189 (en haut, à droite) Archives Bettmann.
    (en bas, à droite) Journal : *The Shipbuilder*.
190 (en haut, à gauche) Harland & Wolff.
    (en bas, à droite) Journal : *The Shipbuilder*.
191 (en bas, à droite). Collection Ken Marschall.
192 (en haut, à gauche) Collection Walter Lord.
    (en bas, à gauche) Archives de Nouvelle-Ecosse.
    (en haut, à droite) Journal : *The Cork Examiner*.
193 (en haut, à gauche). Journal : *The Cork Examiner*.
    (en haut, à droite) ILN.
    (milieu à gauche) Harland & Wolff.

Chapitre 10.
194 Perry Thorsvik/NGS.
195 ILN.
196 (en haut) Harland & Wolff.
196/197 (en bas) Robert Ballard/WHOI. Mosaïque par Ken Marschall.
197 (en haut) Collection Walter Lord.
198 (en haut) ILN.
    (en bas) Dessin de Pierre Mion/NGS.
199 (en haut) ILN.
200 (en haut) Collection Walter Lord.
    (en bas) Carte par Elaine McPherson.
201 Extrait de « *The Doomed Insubmersible Ship* ».
202/203 Robert Ballard/WHOI.
203/205 Dessins de Ken Marschall.
206 Robert Ballard/WHOI.
207 Diagramme de Ken Marschall.
208 (en haut) Robert Ballard/WHOI.
    (en bas) Ruth Turner. Musée de Zoologie Comparée, Université de Harvard.
209 (en haut) Kate Odell, avec la permission de J. Nightingale.
    (en bas) Collection Walter Lord.
210 Robert Ballard/WHOI.

Chapitre 11
212/213 Robert Ballard/WHOI.

Inventaire du champ de débris.
214 Le pont arrière de l'*Olympic*, Musée National Maritime de Greenwich. Angleterre. Collection Eric Sauder.
214/215 (Photos de ANGUS). Robert Ballard/WHOI.
216 (Turbine alternative du *Britannic* Harland & Wolff.
216/217 (Photos de ANGUS) Robert Ballard/WHOI.
    (Photos d'archives) Journal : *The Shipbuilder*.
232 Kate Odell, avec la permission de Jeremie Nightingale.

225

Glossaire

Agrès : équipements mobiles d'un navire.

ANGUS : « Acoustically Navigated Geological Underwater Survey ». Acronyme du nom d'un appareil d'exploration sous-marine, constitué d'un châssis métallique sur lequel sont montés des appareils de photographie et de télévision, traîné au bout d'un câble derrière un navire, à grande profondeur.

Argo : appareil d'exploration sous-marine, plus perfectionné que le précédent, constitué d'un châssis de tubes métalliques, équipé de caméras de télévision télécommandées depuis la surface et traîné à une altitude de 20 à 30 mètres au-dessus du fond.

Babord : partie gauche d'un navire, en regardant vers l'avant.

Ballast : réservoir dont la manœuvre de remplissage ou de vidage règle la flottabilité et l'équilibre d'un submersible.

Bastingage : garde-corps d'un navire (rembarde).

Bathyscaphe : submersible autonome habité pour l'exploration sous-marine des grands fonds, constitué essentiellement d'une sphère métallique à très haute résistance où les passagers prennent place, et muni d'un système de guidage et de propulsion sommaire.

« Big Bird » : surnom donné à l'ensemble composé d'appareils de photographie et de caméras de télévision en couleurs montés sur le bras manipulateur de l'engin *Alvin* .

Bitte : forte pièce métallique fixée au pont d'un navire et sur laquelle on tourne les amarres. Aussi appelée : *bollard*.

Bossoir : appareil de levage, à bord d'un navire, utilisé pour relever une ancre ou manœuvrer un canot de sauvetage.

Bouchain : partie de la coque arrondie, à la jonction des parois verticales et du fond. Quille (de bouchain) : stabilisateur à l'extérieur de la coque, fixé à cette jonction.

Brai : résidu de goudron servant au calfatage, pour l'étanchéité entre deux pièces de bois (plancher ou bordé de coque).

Cabestan : treuil à axe vertical, tourné pour commander la manœuvre des aussières ou des ancres.

Calfatage : étanchéïfication d'un plancher de pont ou des bordés d'une coque par de la filasse de chanvre et du brai.

Carène : partie immergée de la coque d'un navire (œuvres vives).

Cénotaphe : monument funéraire élevé à la mémoire d'un mort dont le corps ne repose pas à l'intérieur.

Chadburn : appareil transmetteur d'ordres de la timonerie (passerelle) à la salle des machines.

Château : superstructure établie sur le pont d'un navire.

Coqueron : compartiment situé à l'extrémité d'un navire et servant souvent de citerne de lestage pour assurer son équilibre.

C.Q.D. : autrefois, signal de détresse : « Come Quick, Danger ». Abandonné au profit du signal « S.O.S. » ou, en radiophonie, de « Mayday ».

Coursive : couloir, en général dans le sens de la longueur, à l'intérieur d'un navire et desservant les cabines.

Décapeler : enlever les bâches et les protections pour mettre en état de servir.

Déhaler (se) : s'éloigner d'une position dangereuse.

Dorsale : chaîne de montagnes sous-marines.

Dunette : superstructure d'un navire s'étendant d'un bord à l'autre.

Echo-sondeur : appareil radar ou acoustique servant à mesurer la distance verticale du fond.

Ecoutille : ouverture, généralement rectangulaire, dans un pont, pour une cale ou un accès.

Ecubier : ouverture circulaire dans la coque d'un navire par laquelle passent les amarres ou les chaînes d'ancre.

Encâblure : mesure marine de distance (154 mètres).

Erre : vitesse restante d'un navire.

Etambot : limite arrière de la coque d'un navire, où est généralement fixé le gouvernail.

Etrave : pièce de charpente formant l'extrême avant de la coque d'un navire.

Famous : « French-American Mid-Ocean Underwater Survey ». Opération scientifique franco-américaine pour l'exploration de la Dorsale Médio-Atlantique.

Fumeurs Noirs : sources hydrothermales sous-marines crachant des fluides à très hautes températures (450° Centigrades).

Gaillard : superstructures avant ou arrière d'un navire, surélevées par rapport aux ponts.

Garant : cordage d'un palan.

Gîte : inclinaison.

Goniométrie : méthode de positionnement ou d'orientation par les angles en fonction d'un point fixe dont les coordonnées sont connues.

Grands Bancs : bancs proches de Terre-Neuve, théâtre d'un très puissant tremblement de terre en 1927.

Haubanage : ensemble des cordages assujetissant les mats et/ou les cheminées d'un navire.

Hune : plateforme ou abri situé sur un mât comme poste de guet pour des veilleurs.

Hydrate de Lithium : produit chimique fixant le gaz carbonique et destiné à apurer l'atmosphère dans un engin submersible.

IFREMER : acronyme de Institut Français de Recherche pour l'Exploitation des Mers.

Jason : engin sous-marin inhabité auto-propulsé, télécommandé, opérant à partir de *Argo* auquel il est relié par une « laisse ».

Lest : matière pesante embarquée pour rendre un engin plus lourd que le milieu où il évolue.

Lisse : membrure longitudinale d'un navire ou pièce métallique fixée à la partie supérieure d'un pavois ou d'une rembarde et servant de main-courante.

Magnétomètre : instrument mesurant l'intensité du champ magnétique d'un objet.

Maître-bau : poutre principale d'un navire, où est fixée la quille.

Mât d'artimon : mât arrière d'un navire.

Mât de misaine : mât avant d'un navire.

Mille : mesure de distance correspondant à 1 852 mètres.

Morse : alphabet composé de points et de traits.

Nid-de-pie : poste d'observation situé sur un mât.

Nœud : mesure de vitesse marine. Un nœud correspond à 1 852 mètres par heure.

Œuvres Mortes : parties de la coque hors de l'eau.

Œuvres Vives : parties de la coque immergées.

Palan : appareil de levage.

Passerelle : partie antérieure du château d'un navire, servant de poste de commandement.

Poupe : partie arrière d'un navire.

Proue : partie avant d'un navire.

Radeau : engin de sauvetage dont le fond est constitué d'un plancher de bois et bordé de parois de toile, repliable.

« Remorque Profonde » : (Deep Tow) engin sous-marin d'exploration, équipé d'un sonar de portée intermédiaire, utilisé pour dresser la carte des grands fonds ou la recherche des épaves, mis au point par le Pr. Spiess de l'Institut Océanographique Scripps.

Rift : effondrement de l'écorce terrestre.

Sabord : ouverture dans une paroi d'un navire munie d'un système de fermeture.

S.A.R. : « Sonar Acoustique Remorqué ». Appareil d'exploration sous-marine mis au point par l'IFREMER.

Sea-Marc : engin sous-marin équipé d'un sonar de portée intermédiaire, utilisé pour la cartographie des grands fonds océaniques.

S.I.T. (caméra) : caméra utilisant un système multipliant par 10.000 la luminosité ambiante et permettant des photographies dans le noir à partir d'une faible source lumineuse.

Sonar : appareil de détection sous-marine utilisant les ondes sonores et permettant un repérage des objets immergés. Il existe des sonars à plus ou moins grande portée, à faisceau unique ou multifaisceau.

S.O.S. : signal de détresse utilisant l'alphabet Morse (trois points, trois traits, trois points) en usage après l'abandon du « C.Q.D. ».

Stroboscope : mode d'observation par des éclairs lumineux émis à intervalles réguliers.

Tables de plongée : tables indiquant le temps dont un plongeur peut disposer à des profondeurs variées et fixant la durée des paliers de décompression.

Tarets : mollusques marins qui dévorent le bois en creusant des galeries et laissant des déchets sous forme de tubes calcaires.

Timonerie : partie close et abritée d'une passerelle d'un navire où se tient la roue du gouvernail et les appareils de commande de la marche.

Transpondeur : balise acoustique dont la position est connue, émettant des ondes sonores recueillies par un sonar et permettant ainsi le positionnement exact de l'appareil interrogateur.

Tribord : partie droite d'un navire, en regardant l'avant.

Zoom : objectif à focale variable.

Index

La dernière photographie jamais prise du Titanic, *alors qu'il appareillait de Queenstown pour son fatal voyage inaugural.*

LA DÉCOUVERTE DU TITANIC a été édité simultanément dans dix pays et en huit langues par Madison Press Books sous la direction de A. Cummings.

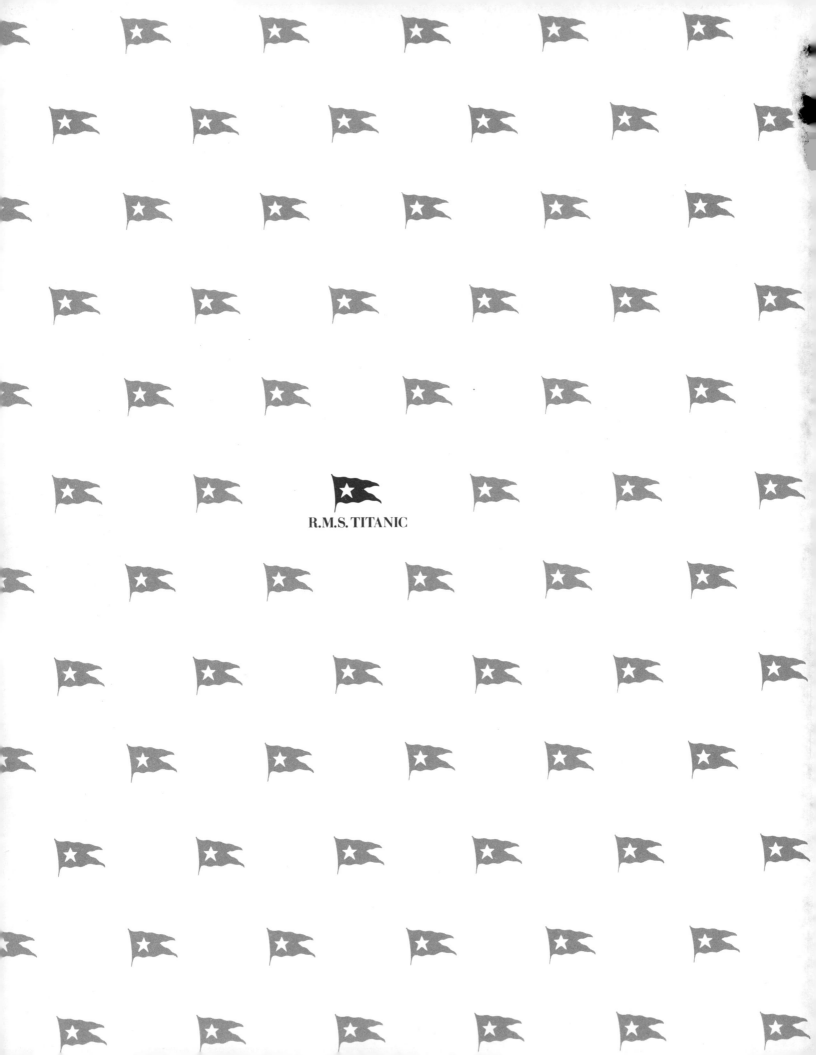

R.M.S. TITANIC